BLV Küchen-Ratgeber

Marlene Große Berg	Selbstgebackenes
Isolde Bräckle	Gerichte aus dem Schnellkochtopf
Hans Jürgen Fahrenkamp	Knuspriges Brot aus dem eigenen Ofen
Ursula Grüninger	Das Käsebuch
Erna Horn	Wild in der Küche
Susanne Lücke	Hausgemachtes für Küche und Keller
Annette Sander	Vorräte selbst gemacht zu jeder Zeit
Sybille Schall	Neue Kalte Küche
Horst Scharfenberg	Das praktische Buch vom Wein
Hedwig Maria Stuber	Ich helf dir kochen

Hans J. Fahrenkamp

Knuspriges Brot
aus dem eigenen Ofen

Aus der Rezeptsammlung
des Bäckermeisters Wilhelm Fahrenkamp
zusammengestellt, ergänzt und ausprobiert
von Hans J. Fahrenkamp

Neuausgabe

BLV Verlagsgesellschaft
München Wien Zürich

CIP-Kurztitelaufnahme der Deutschen Bibliothek

Fahrenkamp, Hans J.:
Knuspriges Brot aus dem eigenen Ofen: aus
d. Rezeptsammlung d. Bäckermeisters Wilhelm
Fahrenkamp / zsgest., erg. u. ausprobiert von
Hans J. Fahrenkamp. – Neuausg., 4., völlig
neubearb. Aufl. – München; Wien; Zürich:
BLV Verlagsgesellschaft, 1983.
  ISBN 3-405-12707-6

NE: Fahrenkamp, Wilhelm [Begr.]

Bildnachweis

Farbfotos: Autorenteam, München S. 191 unten
Deutsches Brotmuseum, Ulm S. 17, 51, 157
Bernt Engelmann, Miesbach S. 103
C. P. Fischer, Baldham S. 121, 139
Keetmann & Hamm, München S. 85
Komplettbüro, München S. 191 oben
Schwarz/Weiß-Fotos: Deutsches Brotmuseum,
Ulm S. 8, 10, 14, 22, 24, 28, 30, 32, 34, 35, 37, 38,
40, 68, 69, 70, 82, 92, 100, 114, 117, 128, 136, 137,
155
Europäisches Brotmuseum, Mollenfelde S. 12, 19,
164

Titelfoto: Gruner + Jahr, G. Rogers

Grafiken: Margit Sillaber, Waltraud Berger, S. 20

Vierte, völlig neubearbeitete Auflage
(Neuausgabe)

Alle Rechte der Vervielfältigung und Verbreitung
einschließlich Film, Funk und Fernsehen sowie
der Fotokopie und des auszugsweisen Nachdrucks
vorbehalten

© 1983 BLV Verlagsgesellschaft mbH, München

Gesamtherstellung: Ludwig Auer, Donauwörth

Printed in Germany · ISBN 3-405-12707-6

Abkürzungen

TL	Teelöffel
EL	Eßlöffel
g	Gramm
kg	Kilogramm
ml	Milliliter · = $^{1}/_{1000}$ l
l	Liter
Tasse ca. 125 ml	

Inhalt

Vorwort

Erinnern Sie sich noch daran, wie gut ofenfrisches, herzhaftes Brot schmeckt? Erinnern Sie sich noch an den verführerischen Duft, der aus der Backstube kommt?

Ja? Dann werden Sie schnell entdecken, wie gut selbstgebackenes Brot schmeckt. Und sicher werden Sie schnell zur immer größer werdenden Gemeinde der »Eigenbrötler« gehören, denen nichts über ihr knuspriges Brot aus dem eigenen Ofen geht.

Wie kommt nun ein Bäckermeister dazu, seine Rezepte und Berufs»geheimnisse« zu verraten? Ganz einfach: Immer wieder baten mich Kunden, die aus unserer Stadt fortzogen, ihnen doch meine Rezepte oder sogar Brot zu schicken. Und da kam ich eines Tages auf die Idee, für alle, die gern knusprig frisches, herzhaf-tes oder auch süßes Brot essen, dieses Buch zu schreiben. Ein Brotbackbuch, das neben Rezepten aus deutschen Landen auch Rezepte aus aller Welt enthält und dazu manchen kleinen Trick verrät, mit dem das Brotbacken im heimischen Backofen einfacher und zu einem vergnüglichen Hobby wird.

Wenn Sie dieses Buch gelesen, wenn Sie schon einmal dieses oder jenes Rezept ausprobiert und die Ergebnisse genossen haben, werden Sie feststellen, daß das Brotbacken eigentlich genauso einfach und unproblematisch ist wie das sonntägliche Kuchenbacken.

Und nun wünsche ich Ihnen viel Freude beim Brotbacken und guten Appetit beim Essen.

Bäckermeister Wilhelm Fahrenkamp

Vom Fladen zum Brot

Oder: Wie die Menschen zum Brot kamen

Der Tag, an dem der Mensch das erste Brot gebacken und gegessen hat, wird wohl für immer im Dunkel der Geschichte verborgen bleiben. Doch gibt es Beweise dafür, daß es schon seit mindestens 8000 Jahren Brot gibt. So fanden vor nicht zu langer Zeit Archäologen bei Ausgrabungen in Kleinasien, bei Tschatal Hüjük, einen Backofen aus der Zeit um 5800 v. Chr.

Doch schon noch früher wurden die ersten Brotfladen auf flachen Steinen im offenen Feuer gebacken. Natürlich waren diese Fladenbrote der Steinzeitmenschen noch nicht mit unseren Backwaren vergleichbar, aber der Grundvorgang des Backens eines Teiges ist bis heute der gleiche geblieben, wenn sich auch vieles verändert hat. Unsere Urmütter zerrieben noch die Körner wildwachsender Gräser, vermengten dieses Mehl mit Wasser und strichen den Teig auf heiße Steinplatten. So bekamen sie ihr flaches Brot, das mit den Fladenbroten, die wir heute noch bei den Eingeborenen in Neuguinea, Afrika oder Südamerika finden, eng verwandt ist. Die Geburtsstunde des Brotes ist eng verknüpft mit der Entwicklung des Ackerbaues, und die Ägypter oder die Perser konnten nur deshalb einen so hohen Stand der Kultur erreichen, weil die urbane Entwicklung dem Menschen alle Möglichkeiten zur intellektuellen Entfaltung erschloß.

Wie wichtig der Ackerbau für diese Völker war, darüber berichtet auch die Bibel. In ihr steht geschrieben, daß schon zu Abrahams Zeiten in Ägypten hochentwickelter Getreidebau betrieben wurde und daß schon damals eine starke Verknüpfung mit kultischen Handlungen bestand, die auch heute noch in vielen Gegenden erhalten geblieben ist. So schlagen fromme Bauern in den Alpenregionen vor dem Anschneiden immer noch ein Kreuz über dem Brot. Und auch der Brauch, einem frisch gebackenen Hausbesitzer Brot und Salz zu schenken, eine Gabe, die das Haus und seine Bewohner vor Unheil schützen soll, ist seit über tausend Jahren so jung wie ehedem. Uns sind viele Darstellungen erhalten, wie in Ägypten der Acker bearbeitet, wie gesät, geerntet, Getreide gedroschen wurde, wie Korn zu Mehl vermahlen und aus Mehl Brot gebacken wurde. So können wir uns heute ein genaues Bild der Entwicklung unseres Hauptnahrungsmittels machen. Vom primitiven Backen der Fladenbrote auf heißen Steinplatten war es dann nur noch ein kurzer Schritt zum ersten Backofen. Schon in Ägypten waren die ersten indirekten Backöfen bekannt, bei denen das Feuer in Tonröhren brannte und die Fladen auf der Außenseite der Röhren gebacken wurden.

Bevor das Brot jedoch in die Öfen bzw. auf die Öfen kam, mußte es erst bereitet werden. Auch bei den Ägyptern wurde dies schon von Bäckern gemacht, so daß wir das Bäckerhandwerk wohl zu Recht zu den ältesten Handwerksberufen der Welt zählen können. Es war auch einer der angesehensten Berufe. Die Größe und Leistungsfähigkeit der Bäckereien jener Zeit können wir leicht rekonstruieren, denn es gibt detaillierte Unterlagen aus den Buchhaltungen. So fertigte ein Bäcker in Ägypten täglich bis zu 300 Brote. Eine enorme Leistung, bedenkt man, daß es sich um reine Handarbeit handelte. Wie diese Arbeit ablief, zeigen uns Zeichnungen (siehe unten) aus der Zeit von Pharao Ramses III. Wie wichtig Brot für die tägliche Ernährung war, zeigt, daß drei Brote zur täglichen Ration der ägyptischen Soldaten gehörten und der Pharao für eine Reise bei der Hofbäckerei 4000 Kuchen und 19 200 (!) Brote bestellte. Wie in Ägypten so entwickelte sich die Kunst des Brotbackens auch im biblischen Zweistromland zwischen Euphrat und Tigris zu höchster Blüte, und das Brot der Syrer war ein begehrter Handelsartikel.

Die größte Entdeckung jedoch, die wir den Forschern Ägyptens verdanken, ist die Erforschung der Gärung des Teiges, die Entdeckung der Eigenschaften des Sauerteiges, der nichts anderes ist als ein gärender Mehlbrei. Vielleicht kam auch seiner Entdeckung, wie so oft bei großen Entdeckungen, der Zufall zu Hilfe. Vielleicht blieb in einer Backstube ein Teig-

Bäckerei am Hofe Ramses III., Ägypten, ca. 1175 v. Chr.

rest stehen, säuerte und trieb auf. Der Sauerteig, das Triebmittel zur Lockerung des Teiges, war entdeckt. Und so war der erste Schritt getan, der die Grundlage unserer heutigen Backkunst bildet.

Der nächste große Schritt kam mit dem Auszug der Juden aus Ägypten. Sie nahmen die in ihrer Knechtschaft erlernten Kenntnisse der Backkunst mit und brachten sie später in die ganze Welt.

Als nächste Station in der Entwicklung des Brotes sollten wir die Backstuben Griechenlands betrachten. In Griechenland war das Brot schon zum Symbol der Gottheit geworden, und die Göttin Demeter ließ durch Tryptolemos die Frohe Botschaft des Brotes verkünden und lehrte die Griechen durch ihn die Kunst des Ackerbaues. Der Demeter-Kult, die Anbetung der »Kornmutter«, wurde eine der großen religiösen Strömungen Griechenlands. Das Handwerk der Bäcker gelangte zu höchster Blüte und speziell Athen und Theben wurden Zentren der Bäckerei und Ausbildungsstätten für Bäcker aus dem gesamten griechischen Reich. Die griechischen Brotrezepte – zum Beispiel die des Weißbrotes – entsprachen im wesentlichen schon den Rezepten, nach denen wir heute unsere Weißbrote backen. Ein Bericht über die Herstellung des Brotes finden wir in der berühmten Lobrede eines Tischgenossen des Aristophanes aus dem Jahr 363 v. Chr. Dort heißt es: »Das Brot, das man auf die Tafel bringt, selbst das, was auf dem Markte zu kaufen ist, ist von blen-

dender Weiße und von bewundernswertem Geschmack. Unsere Mittel, Mehl in gesunde und köstliche Brote zu verwandeln, sind zahlreich. Wir backen unsere Brote mit Sesam, Honig und Öl. Und sie sind die Zierde unserer Zeit.«

Griechisches Brot wurde – wie zuvor das Brot der Syrer – ein kostbarer, gesuchter Handelsartikel. Ein Artikel, dessen Wert in Gold aufgewogen wurde und dessen Vielfalt schon um 200 v. Chr. so immens war, daß die Bäcker Griechenlands 72 verschiedene Rezepte kannten. Neben gesäuertem Brot, das als Delikatesse galt und an Feiertagen gegessen wurde, verstanden es die Griechen, Brot ohne Sauerteig herzustellen, das mit Soda oder vergärendem Traubensaft gebacken wurde. Teigtriebmittel sind also keineswegs eine Errungenschaft der Neuzeit.

Und auch die Brotformen, die wir heute kennen, können in alten Berichten entdeckt werden. So ist die Form der Schnecke schon den Ägyptern bekannt gewesen. Und unter den Formen, die die Griechen kannten, waren Rundbrote, Wecken, Kränze und Ringe genauso wie Brezeln.

Daß ein Volk, das das Brot in so hohem Ansehen hielt wie die Griechen, auch seinen Göttern ganz besondere Backwaren als Opfer darbrachte, versteht sich eigentlich von selbst. Wie kunstvoll diese Gebäcke waren, erzählen uns Beschreibungen. So opferte man der Jagdgöttin Artemis Gebildbrote in Hirschform, die mit Rahm, Honig und Sesam gewürzt waren. Und zur Feier der Ernte wurden in Athen zu Ehren der Schutzgöttin Pallas Athene prachtvolle Dankfeste abgehalten, bei der in feierlichen Prozessionen geschmückte Kränze und Körbe mit vielgestaltigen Opferbroten von den edelsten Jungfrauen auf dem Kopf getragen und der Gottheit geopfert wurden.

Diese Verbindung des Menschen mit seinen Göttern durch die Kraft des Brotes übernahmen dann die Römer und es entwickelte sich daraus einer der wichtigsten Bestandteile ihrer Kultur. Sie vervollkommneten auch die von den Griechen übernommene Technik des Backens zu bewundernswerter Perfektion.

So entwickelte sich das Bäckerhandwerk im römischen Reich zu einem straff organisierten, bedeutenden Wirtschaftszweig,

Ährenmünze des Kaisers Augustus

dessen Mitglieder hohes Ansehen genossen. Die Bäcker waren oft zugleich Müller, und der Lohn, den die Gesellen dieses Berufsstandes in jener Zeit bezogen, kann als wirklich königlich bezeichnet werden. So bezog ein Bäcker zu Zeiten des Kaisers Augustus bis zu 100 000 Sesterze im Jahr – ein Betrag, der heute etwa 16 000,– DM entspricht. Dieser Lohn ist sehr hoch, wenn man die Preise bedenkt, die damals für Dinge des täglichen Lebens bezahlt wurden. Ebenso wie der Reichtum der Bäcker wuchs ihr Ansehen im Staat. Ihre erste Zunft entstand um das Jahr 0, und ihr Zunftzeichen – ein mit 3 Ähren verzierter Backtrog – wurde eines der geehrtesten im römischen Imperium.

Welche Bedeutung das Brot in Rom hatte, zeigt das Wort »panem et circenses«, das zugleich die Praktiken der Herrscher offenlegt, die versuchten, sich das Volk durch »Brot und Spiele« für ihre Politik geneigt zu machen. Die kostenlose Versorgung der Bürger mit Brot war ein Brauch, den um 50 n. Chr. über 300 000 Römer genießen konnten. Mit der großen Bedeutung, die die Backwarenherstellung und ihre Zulieferer hatten, wuchs natürlich auch das Interesse an der wissenschaftlichen Erforschung der Backkunst und des Getreidebaus, und es entstand eine regelrechte Getreidewissenschaft, deren erste Abhandlung der Gelehrte Cato um 200 v. Chr. niederlegte. In diesem Werk mit 162 Kapiteln finden wir alles, was die Römer an Erkenntnissen über Getreidebau und die Backwarenherstellung hatten. Dieses Werk enthält zahlreiche Rezepte für Brot und Kuchen, die von den Römern gegessen wurden, die zur Verpflegung der großen Heere und Flotten dienten, so z. B. das römische Kommißbrot »panem militaris« und der erste bekannte Schiffszwieback, »panem nauticus«. Unter dem Kaiser und Tyrannen Nero entwickelten die Bäcker eine Kunstfertigkeit, die wir heute nur bestaunen können, und auf die Tafeln kamen Backwaren, die eher Kunstwerken glichen als Broten. So wird uns von Broten in Form von Ferkeln berichtet und von Dessertgebäcken in Form von Muscheln.

Und auch wie das Brot jener Tage schmeckte, können wir heute noch nachvollziehen, denn der römische Feinschmecker Apicius hat uns die Rezepte überliefert. So finden wir zum Beispiel ein Rezept für Mustacea, auf Lorbeerblättern gebackene Weinbrötchen, hier in einem heute praktikablen Rezept:

Mustacea

300 g Weizenmehl mit ca. 100 ml Weißwein verrühren. 40 g weiche Butter, 2 EL geriebenen Parmesan, 2 TL gestoßene Aniskörner und etwas frisch geriebene Muskatnuß gründlich untermengen und zu einem geschmeidigen Teig verarbeiten. Kleine, längliche Brötchen daraus formen, auf gewässerte Lorbeerblätter legen und auf einem gefetteten Backblech im vorgeheizten Ofen (E: 200 °C, G: Stufe 3) 15–20 Minuten backen. Warm servieren.

So wie die römischen Wissenschaftler den Getreidebau und die Backtechnik erforschten, so erforschten sie auch die er-

nährungsphysiologischen Eigenschaften. Sie entdeckten auch die Heilwirkung des Brotes, entwickelten die ersten Diätbrote, und ihre Ärzte bauten ganze Kuren auf Brot auf.

Aber nicht nur backen konnten die Römer, sie verstanden es auch, den Brotverbrauch in hervorragender Weise zu fördern. So errichteten sie besonders in ihren Kolonien neben den großen Wassermühlen Backöfen, die beim Mehlkauf kostenlos benutzt werden konnten. Was in der ersten Zeit zur Werbung für den Brotverbrauch gedacht war, entwickelte sich später zu von den Zünften betreuten Gemeinschaftsbacköfen. Daß es sich um richtige Zünfte handelte, zeigen uns Anweisungen des Kaisers Trajanus, der den »pistores« (heute finden wir dieses Wort noch in dem Familiennamen »Pfister«, der besonders in Süddeutschland verbreitet ist) eine straff organisierte Zunftstruktur vorschrieb.

Das Ansehen der Bäcker war hoch. Das Grabmal des Bäckermeisters Eurysaces können wir heute noch besichtigen. Es zeigt in kostbarer Ausführung den Ablauf der Arbeitsgänge in der Müllerei und Bäckerei: vom Handel mit Getreide, über die mit Eseln betriebenen Mühlen, die Siebvorgänge des Mehles bis zur Teigbereitung mit einer von Eseln angetriebenen Teigknetmaschine, dem Kneten und Formen der Brote und dem Bakken im Kuppelofen. So geehrt wie die Bäcker waren auch die Erzeugnisse ihres Handwerks. So war das Brot dem Gott

ENGLAND—PLATE 39.

Published Jan.ᵗ 1813 by J.Murray, Albemarle Street.—

Jupiter geweiht. Mit Brot wurden Ehen geschlossen. Durch das Brotopfer, das die Liebenden in Gegenwart von Zeugen spendeten, erhielt die Ehe den Schutz und Segen des Gottes.

Mit dem Untergang des römischen Weltreiches verfiel auch der Stand der Bäcker. Ihre Nachfolger wurden in erster Linie die Germanen, die die Kunst des Brotbackens von den Römern erlernt hatten. Zwar betrieben die Germanen auch schon früh Ackerbau, aber noch in recht primitiver Form, und es wurde in erster Linie Hafer für das Bier angebaut. Die Hauptspeise der Germanen war ein Haferbrei, der bis ins Mittelalter hinein die Tagesspeise des kleinen Mannes blieb.

Die Brotbereitung und Verwendung als Nahrungsmittel ist in Deutschland erst um die Mitte des ersten Jahrtausends bekannt. Die Bäcker werden im Alemannenrecht, dem »lex alemannorum« erwähnt.

Erst Karl der Große verfügte, daß jeder Bezirk Handwerker zu halten habe. Darunter waren an vorderer Stelle Bäcker und Müller erwähnt, die Mehl und Brot für den Bedarf der Bevölkerung bereitzuhalten hatten. Die Verbreitung der Backkunst kommt in erster Linie den Klöstern zu, deren Bäckereien es hervorragend verstanden, Brote, Brezeln und Pasteten herzustellen.

Erst um das Jahr 1000 entstanden dann die ersten gewerblichen Backbetriebe und mit ihnen die ersten Zünfte in den damaligen Reichsstädten. Das bis dahin gebräuchliche Brot wurde durch das feine Herrenbrot abgelöst, das geröstet und mit heißem Schmalz übergossen eine gelobte Delikatesse war.

Ein ungeschriebenes Gesetz schrieb vor, dem Gast das erste Stück Brot zu reichen und, ehe man es brach, das Kreuz darüber zu schlagen. Sitten, die der christlichen Mythologie entstammen. Ist Christus für die christliche Symbolik das Brot des Lebens, so wurde das Brotwunder Vorbild aller Brotwunderlegenden. Und eine ganz seltene Brotkrankheit – die Blutende Hostie – eine Krankheit, die ihren Grund in einem sich bei bestimmten Wärme- und Feuchtigkeitsverhältnissen rotfärbenden Bakterium hat, wurde als Blutwunder verehrt.

Der Kreuzschnitt vieler unserer Brote ist ebenfalls auf christliche Einflüsse zurückzuführen. Das Kreuz sollte das Brot schützen – und es diente zugleich zum leichteren Teilen.

Daß das Brot schon im Mittelalter Grundnahrungsmittel war, geht auch aus den Vorschriften für die Zünfte hervor, in denen die Bäcker verpflichtet wurden, Brot an jedermann – an arm und reich – auch gegen Pfand liefern zu müssen. Mit der Bedeutung des Brotes als Nahrungsmittel wuchs natürlich auch das Ansehen der Zünfte und Meister. Es wird von einer Hochzeit eines Bäckers am Ende des 15. Jahrhunderts berichtet, die eine Woche dauerte und zu der über 700 Gäste geladen waren. Und die Mitgift der Braut war so groß, daß noch die Kinder und Enkel Nutzen davon hatten. Die Mitglieder der Bäckerzünfte, die eines der ältesten Handwerke repräsentierten, kamen zu Macht und Ansehen, wie kaum ein anderer Stand. Im Auf und Ab der Geschichte mag ihre Macht gesunken sein, ihr Ansehen und ihre Bedeutung jedoch hat sich bis heute erhalten.

Die Rezepte, die Backvorschriften, die schon im Mittelalter und schon früher gültig waren, werden heute in fast unveränderter Form eingehalten. Was sich grundlegend verändert hat, ist die Backtechnik. Hier ist mit der Einführung der ersten Bäckereimaschinen gegen Ende des 18. Jahrhunderts ein Wandel eingetreten, der einer Revolution gleichkommen mag. Und schauen wir uns heute eine moderne Bäckerei oder Brotfabrik an, so finden wir eigentlich außer dem frischen Brot, daß aus dem Ofen kommt, nichts mehr, was uns an all das erinnert, was im Wort Bäckerhandwerk an Sinngehalt mitschwingt. Wenn auch viel verlorengegangen sein mag, einiges ist aber geblieben. Und das ist das Wichtigste: der Wert des Brotes für unsere Ernährung. Denn vom Brot hängt und hing über Jahrtausende das Wohlergehen und die Gesundheit der Menschen ab. Und so ist es auch heute. Das was uns das Brot in konzentrierter Form gibt, finden wir kaum in einem anderen Nahrungsmittel. Und an Vielfalt der Geschmacksnuancen, Formen und Verwendungsmöglichkeiten kommt kein anderes Nahrungsmittel unserem Brot gleich.

So mag uns ein Satz vielleicht aufs neue verständlich werden, der in jeder Religion der Weltgeschichte Bedeutung hatte und hat: Die Bitte um das tägliche Brot.

Der Bäckerrufer
Ölbild von J. A. Berckheyde, 1681

Aus Korn wird Mehl

Aus Korn wird Mehl

Die wichtigste Zutat für das Brot ist Mehl. Mehl, das wir aus Korn, aus Getreide gewinnen. In erster Linie aus Weizen und Roggen, manchmal auch aus Mais. Blicken wir zurück in die Geschichte des Brotes, so finden wir neben Weizen und Roggen noch Mehl aus Gerste, Hafer, Emmer und anderen Getreidearten.

Wenn wir einen Beutel Mehl in die Hand nehmen, so sollten wir daran denken, daß es eines der wenigen noch verhältnismäßig unveränderten Naturprodukte ist, die wir heute kaufen können. Denn Mehl ist das Innere des Getreidekorns.

Wie ein solches Getreidekorn aufgebaut ist, zeigt der abgebildete Längsschnitt durch ein Weizenkorn.

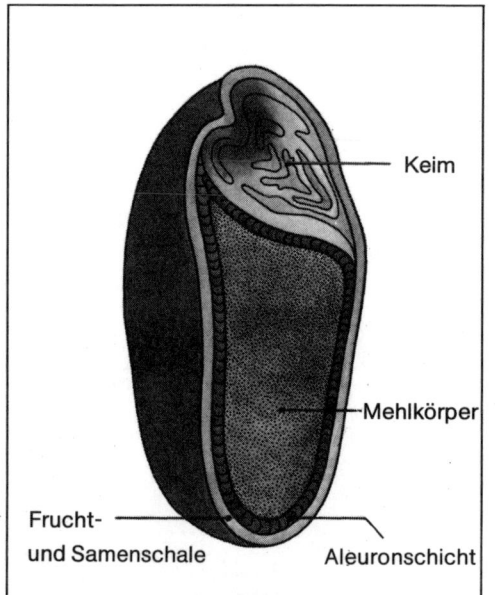

Keim

Mehlkörper

Frucht- und Samenschale

Aleuronschicht

Fruchtschale
Oberhaut; äußere Fruchthaut; innere Fruchthaut

Samenschale
eigentliche Samenschale; Samenhaut

Aleuronschicht
äußere Schicht des Innenkörpers (Eiweiß, Fett)

Mehlkörper
Zelltrennwand (Zellulose), Stärkekörner (Kohlenhydrate) und Eiweißbestandteile (Kleber)

Keim
Nährgewebe (Eiweiß, Fett), Keimling

Beim Mahlvorgang in der Mühle wird das Korn zu Mehl vermahlen, d. h., es wird in einem vielstufigen Vorgang gereinigt, gewaschen, zerkleinert und gesiebt. Das fertige Mehl wird danach je nach Feinheit unterteilt in:

Schrot Grob zerkleinertes ganzes Korn, mit Schalen- und Keimlingsteilen durchsetzt, reich an unverdaulichen Ballaststoffen, pflanzlichem Fett und Eiweiß.

Grieß Grob gemahlen.

Dunst Fein gemahlen, auch Feingrieß genannt.

Mehl Sehr fein gemahlen.

Mehl wird heute in unterschiedlichen Typen angeboten. Diese Typenbezeichnung richtet sich nach dem Aschegehalt, dem Anteil an unverbrennbaren Stoffen, die auch bei einer Erhitzung auf + 900 °C nicht veraschen. Die Typenzahl gibt das Tausendfache des zurückbleibenden Mineralstoffgehaltes an.

Zum Beispiel:

Bei 100 g Mehl der Type 550 bleiben 550 mg (0,550%) Asche zurück. Bei 100 g Mehl der Type 815 bleiben 815 mg (0,815%) Asche zurück. Je höher die Type, desto reicher ist das Mehl an Mineralstoffen. Die folgende Tabelle zeigt, was die einzelnen Mehltypen von Weizen und Roggen enthalten.

Wer also ein Mehl bevorzugt, das mehr bietet als überwiegend Kohlenhydrate, wird immer zu einem Mehl mit einer hohen Typenzahl greifen. Diese Mehle liefern neben den Kohlenhydraten wertvolles pflanzliches Eiweiß, Fett und nicht zu vergessen: lebenswichtige Mineralstoffe, Spurenelemente und Vitamine.

Mittlerer Nährstoffgehalt der wichtigsten Mehltypen
(Nährstoffgehalt in 100 g Mehl)

Mehltype	Eiweiß g	Fett g	Kohlenhydrate g	Joule kJ	Kalorien kcal	Kalzium mg	Kalium mg	Eisen mg	B_1 µg	B_2 µg	Niacin mg
Weizen											
Type 405	10,6	0,98	74,0	1540	368	15	108	1,95	60	30	0,7
Type 550	10,6	1,13	74,0	1546	369	16	126	1,1	110	80	0,5
Type 630	11,4	1,54	72,1	1544	369	18	142	0,8	120	50	0,84
Type 812	12,7	1,30	70,2	1526	365	20	170	1,7	260	60	0,89
Type 1050	12,1	1,75	71,2	1550	370	14	203	2,81	430	70	1,42
Type 1700 (Schrot)	12,1	2,10	69,4	1532	366	41	290	3,3	470	170	5,0
Roggen											
Type 815	8,0	1,20	75,3	1518	363	22	170	2,1	180	92	0,6
Type 997	7,4	1,14	75,6	1514	362	31	240	2,2	190	110	0,8
Type 1150	9,0	1,30	75,1	1541	368	20	297	2,4	220	100	1,15
Type 1370	8,9	1,42	74,5	1534	367	31	303	2,6	300	130	1,6
Type 1800 (Schrot)	10,8	1,50	70,1	1496	357	23	439	4,0	300	140	1,9

(nach Souci, Fachmann, Kraut)

Wer will gute Brote backen, der muß haben 7 Sachen

So kann man in Abwandlung eines bekannten Kinderreimes sagen. Denn wer knuspriges Brot im eigenen Ofen backen will, der muß sich zuerst die notwendigen Geräte bereitstellen.

1. **Schüsseln**
Eine große Schüssel zum Rühren, Kneten und zum Ruhen des Teiges aus Kunststoff und eine kleine Schüssel oder Tasse

2. **Meßbecher oder Küchenwaage**
Zum Abmessen von Flüssigkeiten, Mehl und anderen Zutaten

3. **Sieb**

4. **Küchenmaschine**
oder Handrührgerät mit Knethaken oder zwei kräftige Arme (in diesem Fall müssen Sie sehr ausdauernd kneten, damit der Teig völlig glatt durchgearbeitet ist)

5. **Löffel, Messer, Pinsel**

6. **Teigthermometer**
(gibt es bei den Bäckereinkaufsgenossenschaften)

7. **Backtuch**
Abdecktuch aus Baumwolle zum Zudecken des Teiges.

Jetzt müssen Sie nur noch die Zutaten bereitstellen und die 10 goldenen Backregeln beherzigen, dann können Sie schon heute Ihr erstes selbstgebackenes Brot anschneiden.

Wer gern richtig wie in der Backstube einer Bäckerei backen möchte, sollte sich eine Schamotte- oder Solnhofener Platte im Innenformat des Backofens anschaffen. Diese Steinplatte wird auf das Kuchengitter im Ofen gelegt und beim Vorheizen etwa 30 Minuten im Ofen miterhitzt. Der Teigling wird nach der Gare auf die heiße Steinplatte gesetzt. Die Platte speichert die Wärme des Ofens länger und besser als das Backblech und ist daher beim Backen mit abfallender Hitze oder beim Nachbacken vorteilhaft. Dabei entfällt natürlich das in den Rezepten angegebene Fetten des Blechs.

Die Grundteige für die Hausbäckerei

Zum Brotbacken brauchen wir neben Mehl, Wasser und Salz noch ein Trieb- und Lockerungsmittel, das den Teig aufgehen läßt, ihn locker und porös macht, und ihm dazu noch eine besondere Geschmacksnote verleiht. Für Brot und Brötchen gibt es verschiedene Triebmittel:

1. Hefe
2. Sauerteig
3. Backpulver
4. Spezial-Backferment

Es gibt auch eine Reihe von Rezepten, die mit einer Mischung der Triebmittel zubereitet werden.

Hefeteig

Hefeteig ist jedem, der schon einmal Kuchen mit Hefe gebacken hat, geläufig.
Hefe gibt es heute als »Preßhefe« in Würfelform und als »Trockenhefe« in Form von Pulver oder kleinen Kügelchen. Trockenhefe ist besonders einfach zu handhaben und monatelang problemlos zu lagern.

Beide Hefesorten können für die Rezepte dieses Buches verwendet werden. Wichtig ist nur, daß Sie sich an die Gebrauchsanleitung halten.

Mit Hefe als Triebmittel werden alle Weizenbrote, Weizenmischbrote und ein Teil der Roggenmischbrote gebacken. Auch Brötchen werden überwiegend mit Hefe gebacken. Um Ihnen auch die Möglichkeit zu erschließen, Roggen- und Roggenschrotbrote zu backen, enthält dieses Buch aber auch einige Rezepte mit Hefe für diese Brotarten.

Arbeitsregeln für Hefeteig

1. Die Hefe zerbröckeln, in lauwarmer Flüssigkeit (30 °C) auflösen und etwas gehen lassen. Beschleunigt wird dieser Vorgang durch die Zugabe von 1 TL Zucker.

Bei Verwendung von Trockenhefe sollten Sie genau nach Anleitung auf der Verpackung verfahren.

2. Das Mehl in eine Schüssel sieben, damit es nicht klumpt. In die Mitte eine Vertiefung drücken.

3. Die aufgelöste Hefe in die Vertiefung gießen. (Sie können die aufgelöste Hefe sofort weiter verarbeiten, besser ist es jedoch, wenn Sie sie etwa 10 Minuten angehen lassen, da Brotteige sehr schwer sind und Sie ansonsten sehr lange kneten müßten.) Von der Mitte aus mit dem Mehl vermengen.

4. Die angegebene Flüssigkeit nach und nach unter ständigem Kneten unterarbeiten. Salz zugeben (es darf nie mit der Hefe direkt in Berührung kommen). Wenn der Teig sich von der Schüssel löst, mit etwas Mehl bestäuben, zudecken und an einem warmen Ort nach Rezeptangabe gehen lassen.

5. Teig kurz durchkneten und die im Rezept angegebene Form wirken. Die Teigstücke nochmals ruhen lassen.

6. Teigstücke in den vorgeheizten Ofen schieben. Mit heißem Wasser für den notwendigen Schwaden sorgen.

7. Soll das Brot eine besonders knusprige Kruste bekommen, die Ofentür 15 Minuten nach dem Einschieben öffnen, damit der Schwaden entweichen kann.

8. Wenn Sie das Brot gleich nach dem Herausziehen mit etwas Wasser, Milch oder Stärkelösung abstreichen, bekommt es eine appetitlich glänzende Kruste.

Sauerteig

Sauerteig erfordert mehr Zeit für die Zubereitung als Hefeteig und auch schon etwas Backerfahrung. Sauerteig ist ein gärender Roggenmehlbrei, dessen Bakterien Säure bilden und vor allem bei Roggenmehl, das weniger Kleber als Weizenmehl enthält, als Lockerungsmittel dient.

Die Grundrezepte für Sauerteig finden Sie auf den Seiten 82 (für Weizen- und Roggenmischbrote) und 123 (für Roggen- und Schrotbrote). Mit Sauerteig gebackene Brote sind kräftiger im Geschmack und können auch länger gelagert werden als Hefebrote.

Arbeitsregeln für Sauerteig

1. Den Sauerteig genau nach Rezept zubereiten. Er muß die beschriebene Konsistenz haben, damit er seine Triebkraft voll entfalten kann.

2. Das Mehl in eine Schüssel sieben, damit es nicht klumpt. In die Mitte eine Vertiefung drücken.

3. Den Sauerteig in die Vertiefung schütten und von der Mitte aus mit dem Mehl vermengen.

4. Die Flüssigkeit unter ständigem Kneten anschütten. Besonders bei Roggenbroten darauf achten, daß die Flüssigkeit ganz aufgenommen ist, bevor Sie nachschütten. Der Teig muß meistens mittel-

fest sein (genaue Angabe im Rezept). Arbeiten Sie den Teig immer sorgfältig durch. Lieber etwas länger kneten als zu kurz. Wenn er sich ganz von der Schüssel löst, ist er gut.

5. Den Teig aus der Schüssel nehmen, eine Kugel formen, die Schüssel ausmehlen, etwas Mehl über den Teig stäuben, zudecken und gehen lassen, am besten auf der Heizung oder im Warmhaltefach des Ofens.

6. Nach dem Gehen den Teig noch einmal durchkneten und die angegebene Form wirken. Die Teiglinge dann nochmals ruhen lassen.

7. Teiglinge in den vorgeheizten Ofen schieben. Wer es besonders gut machen will, schüttet etwa 2–3 Minuten vor dem Einschieben ½ Tasse heißes Wasser in den Ofen. Dann das Brot unter Schwaden einschieben. Wasser dazustellen oder in den Ofen schütten. Die Tür schnell schließen, damit der Schwaden nicht entweichen kann.

Seien Sie vorsichtig bei der Arbeit mit dem Schwaden!

Der heiße Dampf ist sehr gefährlich und kann bei leichtsinniger Handhabung zu schmerzhaften Verbrennungen führen. Bedienen Sie beim Herstellen und beim Auslassen der Schwaden den Ofen immer nur von der Seite, am besten mit Handschuhen und wenden Sie ihr Gesicht ab.

8. Wenn Sie den Schwaden nach etwa 15 Minuten Backzeit ablassen, bekommt Ihr Brot eine knusprig-knackige Kruste.

9. Streichen Sie das Brot, wenn es im Rezept angegeben ist, gleich nach dem Herausziehen mit Wasser oder Stärkelösung ab, dann glänzt die Kruste appetitlich.

Hefe- und Sauerteig

Ein Mischteig aus Hefe- und Sauerteig ist eine besondere Spezialität der Brotbäckerei. Er ist einfacher und schneller zu backen als ein reiner Sauerteig, da vor allem die Teigruhezeiten verkürzt werden.

Mit diesem Mischteig gebackene Brote schmecken milder als Sauerteigbrote und sind lockerer.

Arbeitsregeln für Hefe- und Sauerteig

1. Den Sauerteig genau nach dem Rezept zubereiten. Die Hefe zerbröckeln, in lauwarmer Flüssigkeit (30 °C) auflösen und etwas gehen lassen.

2. Das Mehl in eine Schüssel sieben, damit es nicht klumpt. In die Mitte eine Vertiefung drücken.

3. Hefelösung und Sauerteig in die Vertiefung schütten und von der Mitte aus mit dem Mehl vermengen.

4. Die Flüssigkeit unter ständigem Kneten anschütten. Besonders bei Roggenbroten darauf achten, daß die Flüssigkeit

ganz aufgenommen ist, bevor Sie nachschütten. Der Teig muß meistens mittelfest sein (genaue Angabe im Rezept). Arbeiten Sie den Teig immer sorgfältig durch. Lieber etwas länger kneten als zu kurz. Wenn er sich ganz von der Schüssel löst, ist er gut.

5. Den Teig aus der Schüssel nehmen, eine Kugel formen, die Schüssel ausmehlen, etwas Mehl über den Teig stäuben, zudecken und an einem warmen Ort gehen lassen, z. B. auf der Heizung oder im Warmhaltefach des Ofens.

6. Nach dem ersten Gehen den Teig noch einmal kräftig durchkneten, damit er nochmals gelockert wird, und die angegebene Form wirken. Die Teiglinge dann wieder ruhen lassen.

7. Teiglinge in den vorgeheizten Ofen schieben. Wer es besonders gut machen will, schüttet etwa 2–3 Minuten vor dem Einschieben ¹/₂ Tasse heißes Wasser in den Ofen. Dann das Brot unter Schwaden einschieben. Wasser dazustellen oder in den Ofen schütten. Die Tür schnell schließen, damit der Schwaden nicht entweichen kann.

Seien Sie vorsichtig bei der Arbeit mit dem Schwaden!

Der heiße Dampf ist sehr gefährlich und kann bei leichtsinniger Handhabung zu schmerzhaften Verbrennungen führen. Bedienen Sie beim Herstellen und beim Auslassen der Schwaden den Ofen immer nur von der Seite, am besten mit Handschuhen und wenden Sie ihr Gesicht ab.

8. Wenn Sie den Schwaden nach etwa 15 Minuten Backzeit ablassen, bekommt Ihr Brot durch die trockene Hitze eine knusprig-knackige Kruste.

9. Streichen Sie das Brot, wenn es im Rezept angegeben ist, gleich nach dem Herausziehen mit Wasser oder Stärkelösung ab, dann glänzt die Kruste appetitlich.

Backpulverteig

Backpulverteig ist besonders einfach und unkompliziert zu backen. Denn wie beim Kuchenbacken wird auch hier ein Rührteig hergestellt. Mit diesem Teig können vor allem leichte Weizenbrote und Kleingebäck gebacken werden.

Mit Backpulver gebackenes Brot hat überwiegend eine süße Note und eignet sich besonders natürlich als Frühstücks- und Kaffeegebäck.

Bauernfamilie, ca. 1800

Arbeitsregeln für Backpulverteig

1. Das Mehl mit dem Backpulver mischen und in eine Schüssel sieben, damit es nicht klumpt.
2. Die übrigen Zutaten, bis auf die Flüssigkeit, zugeben und mit dem Mehl vermengen.
3. Die Flüssigkeit zugießen und einen schwer fließenden Rührteig herstellen.
4. Den Teig in eine vorbereitete Form geben, in den vorgeheizten Backofen schieben und nach Vorschrift backen.

Spezial-Backferment

Neben den erwähnten, traditionellen Teiglockerungs- und Triebmitteln gibt es – in Reformhäusern und Bioläden – heute auch noch ein Spezial-Backferment.
Spezial-Backferment ist ein, auf rein biologischer und natürlicher Basis hergestelltes, Produkt aus Honig und verschiedenen Getreidesorten. Ähnlich wie beim Backen mit Sauerteig wird auch hier erst ein Ansatz hergestellt. Mit dem Backferment gebackenes Brot schmeckt aromatisch und hält sich lange frisch.

Arbeitsregeln für Backfermentteige

1. Den Ansatz nach der auf Seite 170 beschriebenen Grundzubereitung herstellen. Er muß gut ausgereift sein, damit er die volle Triebkraft entfalten kann.
2. Für den Vorteig den Ansatz und das zusätzliche Backferment mit dem Wasser verrühren, das Mehl zufügen und untermischen.
3. Den Vorteig zudecken, damit die Oberfläche nicht trocken wird, und nach Rezeptangabe ruhen lassen.
4. Salz im Wasser auflösen. Das Mehl für den Hauptteig über den Vorteig sieben und unter Zugabe des Wassers gut unterkneten.
5. Den Teig nun nach Rezeptangabe das erste Mal gehen lassen.
6. Den Teig noch einmal durchkneten, ggf. in Teile schneiden, ausformen und die Teiglinge zur Stückgare zugedeckt ruhen lassen.
7. Die Teiglinge nach Rezeptangabe im vorgeheizten Backofen ausbacken, aus dem Ofen nehmen und auskühlen lassen.

Die Herstellung von Broten und Kleingebäck mit Hilfe von Backferment ist etwas langwieriger als die Arbeit mit Sauerteig, da längere Ruhezeiten notwendig sind. Besonders zu empfehlen ist die Verwendung von Backferment beim Backen mit Vollwertgetreide (siehe »Backen mit vollem Korn« Seite 170 f.).

Der Backvorgang

Backen ist kein so einfacher Vorgang, wie es aufgrund der einfachen Arbeitsvorgänge – Einschieben der Teigstücke in den Backofen, Backen, Herausziehen der fertigen Brote – erscheinen mag. Denn während des Backvorganges durchläuft das Brot eine ganze Reihe von Stationen, bis es fertig gebacken ist.

▷ Zwischen 30–60 °C beginnt der sogenannte »Ofentrieb«, bei dem sich Gase im Teig ausdehnen und das Teigstück aufblähen.

▷ Bei 50 °C beginnt die Roggenstärke, bei 60 °C die Weizenstärke zu verkleistern und das Gebäck bekommt das »Gerüst«, das ihm Halt und Stand verleiht.

▷ Zwischen 50–60 °C werden die Hefe und einige Enzyme inaktiv.

▷ Bei ca. 70 °C beginnt die Eiweißgerinnung.

▷ Zwischen 80–90 °C sterben die restlichen Enzyme sowie die Schimmelpilze ab.

▷ Zwischen 90–100 °C ist die Verkleisterung der Stärke abgeschlossen.

▷ Über 100 °C karamelisieren Zuckerstoffe und bilden Dextrine, Röst- und Farbstoffe.

Beim Backvorgang wird die Brotkruste zwischen 150–160 °C heiß, die Krume dagegen nie über 100 °C.
Besonders wichtig ist die Ausbildung von Aroma- und Geruchsstoffen, die den verführerischen Duft und köstlichen Geschmack unseres Brotes ausmachen und bei etwa 100 °C entstehen.

Kleine Brotschule

Formen und Krusten

In Deutschland gibt es über 200 Brotsorten, die man am einfachsten nach der Form unterscheiden kann.

Freigeschobene Brote
Brote, die beim Backen nicht aneinander stoßen. Sie sind länglich, rund, oval, zu Zöpfen geflochten oder zu Kränzen geformt, und haben ringsum eine gleichmäßige Kruste.

Angeschobene Brote
Brote, die beim Backen aneinander stoßen. Sie sind kastenförmig mit knackigkrustiger Oberfläche und krustenlosen Seiten.

Formbrote
Sie werden in Kastenformen, Körben usw. gebacken und haben eine ringsum gleichmäßige, relativ weiche Kruste.

Von Fladen bis zum Zopfbrot
Wenn man jedoch die Formen und Krusten genauer betrachtet, sind sie genauso vielfältig und variationenreich wie die Rezepte für Brot und Kleingebäck, die durch ihre unterschiedliche Krustenbildung auch den Geschmack des Brotes mit beeinflussen. Die Urform aller Brote ist *der Fladen,* ein rundes, flaches Brot mit hohem Krustenanteil, der ja auch heute noch – zum Beispiel als Vintschgerl – beliebt ist.

Die nächste Form ist das *genetzte Brot,* das vorzugsweise in Süddeutschland gebacken wird. Es ist ein runder, unregelmäßiger Laib, der nur leicht angewirkt und nicht ausgeformt wird. Daher erhält er seinen typischen Charakter im Aussehen, seine »rohe« Form mit rauher Kruste. Dazu kam später *das runde Bauernbrot,* ein runder, halbovaler Laib, der sowohl eine glatte Kruste (mit dem Schluß nach unten gebacken) als auch eine rauhe, ausgebundene Kruste (mit dem

Schluß nach oben gebacken) haben kann. Ferner werden diese Brote (mit dem Schluß nach unten gebacken) auch mit den verschiedensten Einschnitten versehen, so zum Beispiel mit den folgenden Einschnitten:

Einfacher Kreuzschnitt Das Brot wird vor der zweiten Gare etwa 1–2 cm tief über Kreuz eingeschnitten.

Rautenschnitt Das Brot wird nach der zweiten Gare mit etwa 1 cm tiefen, parallel verlaufenden Einschnitten in Abstand von 3–4 cm eingeschnitten. Dann nochmals mit im spitzen Winkel dazu verlaufenden Schnitten, so daß sich Rauten bilden. Vor dem Backen das Brot noch einmal 10 Minuten gehen lassen, damit sich die Einschnitte öffnen.

Schachbrettmuster Das Brot nach der zweiten Gare zuerst mit etwa 1 cm tiefen, im Abstand von 3–4 cm parallel verlaufenden Einschnitten versehen, dann mit entsprechenden Einschnitten, die im rechten Winkel zu den ersten Schnitten verlaufen. Das Brot vor dem Backen noch einmal 10 Minuten gehen lassen, damit sich die Einschnitte öffnen.

Randschnitt Das Brot wird vor der zweiten Gare rundherum im Abstand von etwa 4 cm senkrecht gut 1 cm tief eingeschnitten.

Eine weitere Traditionsform ist *das lange Landbrot,* ein länglicher, halbovaler Laib, der sowohl eine glatte Kruste (mit dem Schluß nach unten gebacken) als auch eine verschiedenartig eingeschnittene Kruste haben kann. Zu nennen sind:

Längsschnitt Vor der zweiten Gare werden die Brote zwei- oder mehrfach etwa 1 cm tief eingeschnitten und müssen dann noch einmal 10 Minuten gehen, damit sich die Schnitte öffnen.

Seitenschnitte Nach der zweiten Gare werden die Brote aus halber Seitenhöhe etwa 1 cm tief der Länge nach eingeschnitten, müssen 5 Minuten ruhen und kommen dann in den Backofen zum Abbacken.

Alle Einschnitte vergrößern den Anteil der Brotkruste, da sich auch das Volumen des Brotes vergrößert.

Mönch, der Teig knetet, 1466

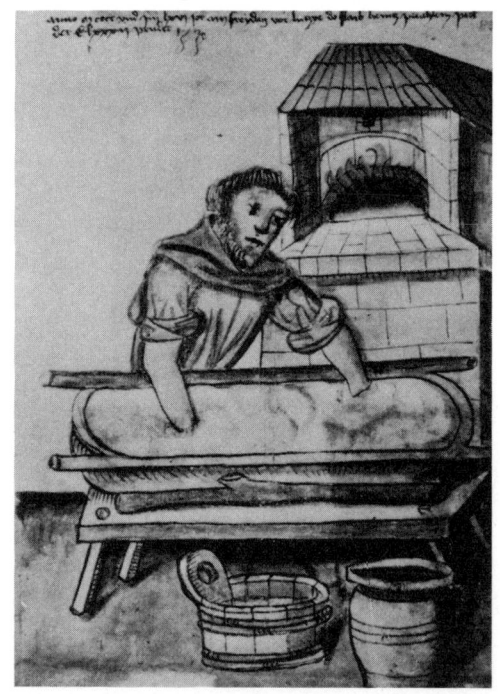

Neben den vorgehend beschriebenen Traditionsformen gibt es noch eine Vielzahl von geformten Broten wie:

Schnecke Der Teig wird zu einer langen, zylindrischen Rolle geformt, zu einem Ring gelegt und dabei an den Enden fest zusammengedrückt.

Scheinzopf (Korkenzieherform) Der Teig wird zu einer langen, an den Enden spitz zulaufenden Rolle geformt, in der Mitte geknickt und zu einem Scheinzopf verflochten. Das Flechtende wird unterschlagen (siehe Abb. Seite 61).

Der Zopf Er kann aus drei und mehr Teilen geflochten werden. Zuerst die erforderliche Anzahl gleich langer Rollen formen, dann in der Mitte zum Zopfflechten übereinanderlegen. Eine Hälfte des Zopfes flechten, den Zopf umdrehen, die zweite Hälfte des Zopfes flechten. Die Enden unterschlagen und den ganzen Zopf noch etwas ziehen, um seine Form zu betonen (siehe Abb. Seite 58).

Der Igel Nach der zweiten Gare wird das Brot mit der Schere mit tiefen, rechtwinklig verlaufenden Einschnitten versehen, so daß es den Stachelcharakter eines Igels bekommt. Nach weiteren 10 Minuten Ruhe wird es dann gebacken (siehe Rezept »Sylter Igel« Seite 127).

Mönch, der Brot in den Ofen schiebt, 1514

Mönch, der Brot verkauft, 1465

Die Ähre Ein dünner, langer Laib (Stangenweißbrot oder Baguette) wird im Abstand von 4–5 cm mit der Schere bis auf etwa $3/4$ des Durchmessers wechselseitig eingeschnitten. Die Einschnitte dabei etwas zur Seite ausziehen (siehe Abb. Seite 65).

Neben den vorgenannten Formen, bei denen es sich um freigeschobene Brote handelt, gibt es noch in Formen gebackene Brote.

Kastenbrot Es wird in einer einfachen Kastenform, die jedoch aus Schwarzblech bestehen sollte, gebacken.

Rundbrot Es wird in einer einfachen Springform gebacken.

Ringbrot Es wird in einer Ring- oder Frankfurter Kranz-Form gebacken. Vielfach wird die Oberseite dieser Brote mit Längsschnitten versehen, wodurch sie größer und knackiger wird.

Neben den vorher beschriebenen Backformen, die eigentlich in jedem Haushalt vorhanden sind, gibt es noch spezielle Backformen für Brot.

Backkörbe Sie werden aus Stroh oder Peddigrohr hergestellt und haben eine runde oder auch lange Form. Die Teiglinge werden zur Stückgare in die Körbe gelegt, wodurch es möglich ist, daß der Teig weicher gehalten werden kann. Zum Backen werden die Teiglinge aus den Körben gestürzt. Das fertige Brot hat eine noch gut erkennbare Korbstruktur auf der Kruste, die das Aussehen bestimmt. Backkörbe können Sie bei Ihrer örtlichen Bäcker-Einkaufsgenossenschaft beziehen.

Backschalen Sie werden aus hitzefester, glasierter Keramik hergestellt, in meist länglicher Form. Die Teiglinge werden zur Stückgare in die Backschalen gegeben und dann in den Schalen gebakken, wodurch auch hier ein weicherer Teig verwendet werden kann. Das fertige Brot besitzt eine kräftige Kruste auf der Oberfläche und an den Seiten eine weichere.

Backschalen gibt es in Kauf- und Warenhäusern sowie in vielen Lebensmittelgeschäften.

Darüber hinaus kann Brot auch in anderen Formen gebacken werden, z. B. in Tonformen.

Tonformen sind meist unter Bezeichnungen »Römertopf« eingeführt. Die Tonformen müssen vorbereitet werden und dann wird das Brot nach Rezeptangabe darin gebacken. Dabei bekommt es eine knusprige Oberfläche und weichere Seiten. Originell ist das Backen in Blumentöpfen, die wie Tontöpfe behandelt werden. Man kann sie aber vor dem Bakken noch mit Alufolie auskleiden, wenn man sicher gehen will, daß keine gesundheitsschädlichen Stoffe aus dem Ton in das Brot übergehen.

Über die verschiedenen Formen für Kleingebäck und ihre Herstellung finden Sie detaillierte Informationen bei den Rezepten ab Seite 143.

DAS BACKEN, KUPFERSTICH VON I. D. PHILIPPIN, GEB. SYSANGIN, LEIPZIG 1769

Das Backen, 1769

Brotsorten

Eine andere Möglichkeit der Unterscheidung ist die Einstufung nach den verwendeten Mehlen, die durch ihre unterschiedlichen Nährgehalte die Nährwerte bestimmen. Die Tabelle Seite 39 gibt eine Übersicht.

Weizenbrote Diese Brote werden nur aus Weizenmehl gebacken. Dabei hat das Mehl verschiedene Ausmahlungsgrade, von der ganz hellen Type 405 bis zur kräftigen Type 1050. Weizenbrote – im Volksmund auch Weißbrot genannt – werden mit Hefe zubereitet. Neben Wasser setzt man als Flüssigkeit auch Milch oder Buttermilch zu. Mit Fett und Zukker bekommen Weizenbrote eine kuchenhafte Note.

Brötchen, Semmeln oder Schrippen So werden die »kleinen Brote«, das Kleingebäck aus Weizenmehl, genannt, die besonders hoch in unserer Gunst stehen, z. B. beim Frühstück, bei der Vesper, bei der Brotzeit. Sie werden, mit wenigen Ausnahmen, wie Weißbrot zubereitet und schmecken ebenfalls mild, sind aber knuspriger.

Weizenmischbrote Diese Brote bestehen aus wenigstens 60% Weizen- und höchstens 40% Roggenmehl. Durch den Roggenanteil schmecken sie kräftiger als die reinen Weizenbrote. Sie werden vor-

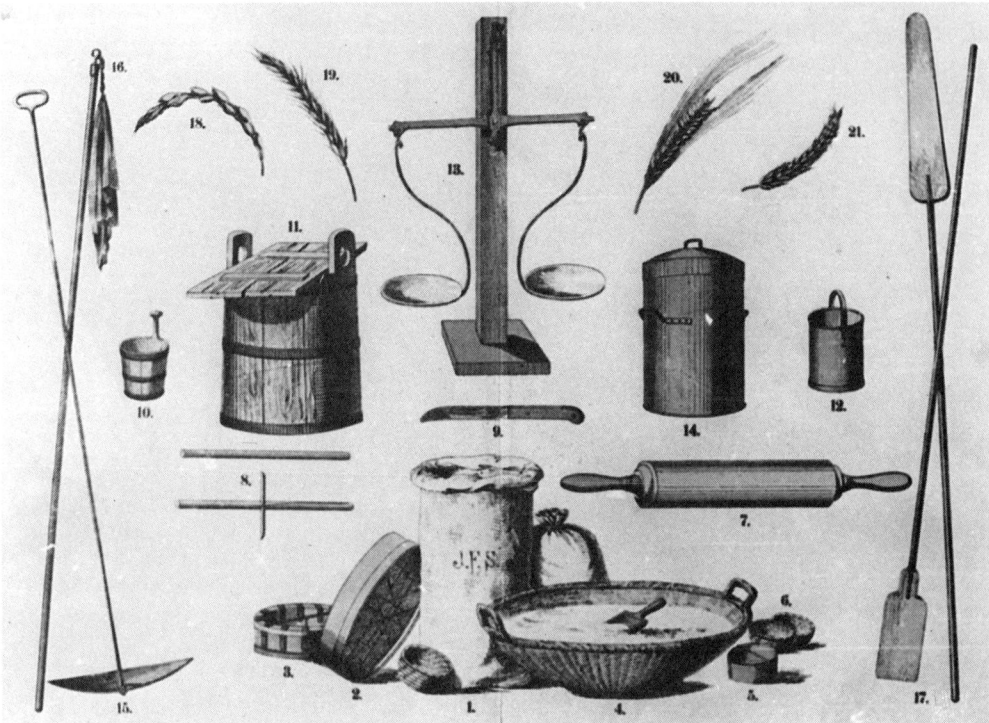

Backgeräte aus der Esslinger Backstube, um 1840

zugsweise in Süddeutschland, Österreich und der Schweiz gebacken. Wie bei den Weizenbroten nimmt man auch bei ihnen Hefe als Triebmittel und setzt anstelle von Wasser auch Milch oder Buttermilch zu.

Roggenmischbrote Brote mit einem Roggenanteil von wenigstens 60% und einem Weizenanteil von höchstens 40% werden vorzugsweise in Norddeutschland gebacken. Neben Hefe wird bei ihnen vor allem Sauerteig als Triebmittel verwendet. Roggenmischbrote mit Hefe sind mildwürzig. Roggenmischbrote mit Sauerteig sind kräftiger.

Roggenbrote Diese Brote werden aus Roggenmehlen verschiedener Ausmahlungen gebacken. Als Triebmittel nimmt man überwiegend Sauerteig, der den Broten einen besonders kräftigen Charakter verleiht. Aber es können auch Roggenbrote mit Hefe gebacken werden. Sie finden im Rezeptteil dieses Buches auch dafür einige Rezepte – und Rezepte mit beiden Triebmitteln. Das erleichtert die etwas schwierige Handhabung von

Roggen und Sauerteig und verkürzt die langen Teigruhezeiten.

Schrotbrote Es gibt sowohl Weizen- als auch Roggenschrotbrote. Sie werden unter Hinzunahme von Schrot (sehr grob gemahlenem Getreide) gebacken und sind sehr kräftig.

Neben diesen Grundsorten gibt es noch eine Reihe von Brotspezialitäten, die sich nicht einordnen lassen. Sie sind in einem besonderen Kapitel zusammengefaßt. Welche köstlichen Geheimnisse sich dahinter verstecken, sollten Sie unbedingt einmal ausprobieren.

Mittlerer Nährstoffgehalt der wichtigsten Brotsorten
(Nähr- und Ballaststoffgehalt in 100 g Brot)

Brotsorte	Eiweiß g	Fett g	Kohlenhydrate g	Ballaststoffe g	Joule kJ	Kalorien kcal
Brötchen (Semmeln)	8,95	1,87	51,0	5,4	1139	272
Weizenbrot (Weißbrot)	8,2	1,2	50,1	2,7	1083	259
Weizenmischbrot	6,72	1,11	52,4	2,6	1092	261
Weizenschrotbrot (Grahambrot)	8,4	1,0	48,2	12,26	1046	250
Weizenvollkornbrot	7,55	0,86	47,4	4,6	1010	241
Roggenmischbrot	6,88	1,1	50,7	3,1	1065	254
Roggenbrot	6,7	1,0	51,5	10,43	1071	256
Roggenvollkornbrot	7,3	1,2	46,4	5,7	1001	239

(nach Souci, Fachmann, Kraut)

Brezenbäck.   Boulanger de craquelins.

10 goldene Regeln für Eigenbrötler

Selbstgebackenes, knuspriges Brot aus eigenem Ofen schmeckt nicht nur besonders gut, sondern es macht auch noch viel Spaß, selbst zu backen. Wenn Sie die folgenden Regeln beachten, werden Ihnen Brote und Brötchen immer gelingen.

1. Zum Brotbacken sollte Ihre Küche gleichmäßig warm und zugfrei sein.

2. Das Mehl muß immer zimmerwarm sein. Ebenso alle anderen Zutaten. Flüssigkeiten wie Milch oder Wasser müssen immer lauwarm (mindestens 30 °C) sein, möglichst mit einem Backthermometer nachgemessen.

3. Die Flüssigkeit immer nach und nach an das Mehl schütten. Der Teig muß elastisch und fest (der Bäcker sagt: mittelfest) sein.

4. Der Teig muß immer gut durchgeknetet werden. Er löst sich dann von der Schüssel und wirft Blasen. Wenn Sie mit einer Küchenmaschine arbeiten, dauert das etwa 10 Minuten. Wenn Sie den Teig mit der Hand kneten, etwa 30 Minuten.

5. Lassen Sie den Teig immer lange genug gehen. Decken Sie ihn mit einem Tuch zu und stellen Sie ihn an einen warmen Platz (auf die Heizung o. ä.).
Hefeteige müssen sich verdoppeln. Sauerteige sollen etwa um die Hälfte zunehmen. Ein Eindruck mit dem Finger muß sich sofort wieder schließen.

6. Den Backofen immer lange genug vorheizen, damit die Backtemperatur beim Einschieben erreicht ist. Evtl. können Sie den Ofen stärker vorheizen und beim Einschieben niedriger stellen.

7. Große Brote (ab ca. 1500 g) oder Brote mit grobem Mehl zum Backen immer auf die untere Schiene des Ofens schieben. Kleine Brote, Brötchen und Kuchenbrote immer auf die mittlere Schiene schieben.

8. Damit das Brot gut aufgehen kann, immer mit »Schwaden« (Wasserdampf) backen. Bei Weizen- und Weizenmischbroten stellen Sie einfach eine Tasse oder Schale heißes Wasser dazu. Oder Sie gie-

ßen vorsichtig Wasser auf die Bodenplatte des Ofens. Bei Roggenmisch-, Roggen- und Schrotbroten empfiehlt es sich, einige Minuten vor dem Hineinschieben das Gefäß mit heißem Wasser in den Ofen zu stellen, damit sich schon vorher genug Schwaden entwickeln kann.

Richtige Schwadenentwicklung erreichen Sie am besten, wenn Sie heißes Wasser in den Ofen gießen. Dabei ist aber große Vorsicht am Platz, da der Schwaden zu schweren Verbrennungen führen kann. Ziehen Sie sich also Handschuhe an und halten Sie Ihr Gesicht vom Ofen abgewandt. Die Ofentür schnell schließen, damit der Schwaden nicht entweichen kann. Wenn Sie die Ofentür nach einer gewissen Backzeit öffnen müssen, damit der Schwaden entweichen kann, der Zeitpunkt ist jeweils im Rezept angegeben, müssen Sie ebenfalls vorsichtig sein.

9. Das Brot ist gut durchgebacken, wenn es beim Anklopfen der Unterseite hohl klingt. Bei Kastenbroten und Broten mit Füllung sollten Sie eine Garprobe mit einem Holzstäbchen (Schaschlikspieß, Zahnstocher o. ä.) machen. Es muß beim Herausziehen trocken sein, dann ist das Brot durchgebacken.

10. Ihre Brote und Brötchen bekommen einen besonders schönen Glanz, wenn Sie wie folgt verfahren:

Mattglanz Das Brot kurz vor dem Herausziehen mit heißem Wasser bepinseln und im Ofen abtrocknen lassen.

Seidenglanz Das Brot kurz vor dem Herausziehen mit Milch oder verdünnter Kondensmilch bepinseln und im Ofen abtrocknen lassen.

Spiegelglanz Das Brot kurz vor dem Herausziehen mit Speisestärkelösung (2 TL Speisestärke in 4 EL warmem Wasser auflösen) bepinseln und im Ofen abtrocknen lassen.

Wenn Sie die zehn Regeln beherzigen, kann eigentlich nichts mehr schiefgehen. Am besten, Sie suchen sich gleich ein Brotrezept heraus und gehen frisch ans Werk. Wenn Sie ein echter Brotbackneuling sind, sollten Sie auf alle Fälle erst einmal mit Weizenbroten anfangen. Sie werden mit Hefe- oder auch Backpulverteig gebacken und sind daher einfach zuzubereiten.

Weizenbrote

Vom Weißbrot bis zum Hefezopf

In unserer Alltagssprache kennen wir Weizenbrote meist unter der Bezeichnung Weißbrot. Sie werden aus Weizenmehlen verschiedener Ausmahlungsgrade hergestellt und sind mild im Geschmack. Ihr ernährungsphysiologischer Wert jedoch entspricht bei weitem nicht ihrer Beliebtheit.

Eines muß man jedoch allen Weizenbroten zugute halten: Sie lassen sich vielseitig verwenden – zum Frühstück schmekken sie ebenso gut wie mittags zur Suppe oder abends als Toast zu Wein oder Bier. Der neutrale Eigengeschmack der Weizenbrote überlagert niemals den Geschmack des Belages.

Auch wenn ich einiges Negatives über Weizenbrote sagen mußte, so heißt das nicht, daß ich kein Weizenbrot mag. Ganz im Gegenteil. Sie werden schon an der Vielzahl der Rezepte dieses Kapitels feststellen – ich mag sie sehr gern. Nur sollten sie ihren speziellen Pfiff haben. Für Sie sind Weizenbrote die Brote, mit denen Sie das Abenteuer der »Eigenbrötlerei« – Ihre ersten Backversuche mit Brot aus dem eigenen Ofen – beginnen sollten. Eigentlich sind Weizenbrote nicht schwieriger zu backen als Kuchen. Und die vielen Spezialitäten, von denen eine Reihe von mir selbst entwickelt wurden, werden Ihnen viel Freude beim Backen machen – und Ihrer Familie und Ihren Freunden viel Genuß beim Essen bringen.

Die Zutaten für Weizenbrote – helles Weizenmehl der im Haushalt üblichen Typen 405 oder 550, Hefe oder Backpulver und verschiedene Gewürze und Kräuter – können Sie problemlos überall kaufen oder haben Sie ohnehin schon im Haus, so daß Sie gleich in die Küche gehen können, um Ihr erstes, selbstgebakkenes Brot herzustellen.

Weißbrot
1–2 Brote

> Vorbereiten: ca. 60 Minuten
> Backen: ca. 30 Minuten
> E: 200 °C, G: Stufe 3–4

30 g Hefe
1 Tasse lauwarmes Wasser (30 °C)
500 g Weizenmehl Type 405
2 TL Salz
ca. ³/₈ l lauwarmes Wasser (30 °C)
Mehl zum Bestäuben
Fett für das Backblech
Wasser zum Bestreichen
1 Tasse heißes Wasser

Die Hefe zerbröckeln und in der Tasse Wasser auflösen. Das Mehl in eine Backschüssel sieben, in die Mitte eine Vertiefung drücken und die aufgelöste Hefe dazugeben. Nun das Mehl von der Mitte her mit der Hefe verrühren, das Salz zugeben und nach und nach das Wasser zugießen. Den Teig so lange rühren, bis er Blasen wirft und sich von der Schüssel löst. Die Backschüssel mit einem Tuch zudecken und den Teig an einem warmen Ort etwa 30–40 Minuten gehen lassen.
Wenn er sich verdoppelt hat, kann er weiterverarbeitet werden. Dazu etwas Mehl auf ein Backbrett stäuben, den Teig mit Mehl bestäuben und aus der Schüssel nehmen. Ein bis zwei längliche Rollen formen, mit Mehl bestäuben und mit dem Tuch bedeckt nochmals 15–20 Minuten gehen lassen.

Das Backblech fetten, die Teigrollen darauflegen, mit einem scharfen Messer 3mal schräg einschneiden, mit Wasser bestreichen und in den vorgeheizten Ofen – untere Schiene – schieben. Die Tasse heißes Wasser, die den nötigen Backschwaden erzeugt, dazustellen oder vorsichtig auf die Bodenplatte gießen und die Brote ca. 30 Minuten backen. Nach 10 Minuten den Ofen kurz öffnen, damit der Schwaden entweichen kann. Das Brot soll goldbraun sein und muß beim Anklopfen des Bodens hohl klingen. Bei der Garprobe mit einem Holzstäbchen darf kein Teig kleben bleiben. Die Brote nach dem Backen sofort mit etwas Wasser abstreichen.

Kastenweißbrot
1–2 Brote

> Vorbereiten: ca. 55 Minuten
> Backen: ca. 30 Minuten
> E: 225 °C, G: Stufe 5–6

30 g Hefe
1 EL Zucker
1 Tasse lauwarmes Wasser (30 °C)
500 g Weizenmehl Type 405
2 TL Salz
25 g Fett (Butter oder Margarine)
ca. ³/₈ l lauwarmes Wasser (30 °C)
Mehl zum Bestäuben
Fett für die Kastenform
Wasser zum Bestreichen
1 Tasse heißes Wasser

Die Hefe zerbröckeln und mit dem Zucker in der Tasse Wasser auflösen. Das Mehl in eine Backschüssel sieben, in die Mitte eine Vertiefung drücken und die aufgelöste Hefe dazugeben. Das Mehl von der Mitte her mit der Hefe verrühren. Salz, das zerlassene Fett und nach und nach unter Rühren das Wasser zugeben. Den Teig so lange rühren, bis er Blasen wirft und sich von der Schüssel löst. Mit Mehl bestäuben, die Backschüssel mit einem Tuch bedecken und an einen warmen Ort stellen, damit der Teig gehen kann.

Nach 30–40 Minuten, wenn der Teig sich verdoppelt hat, kann er weiterverarbeitet werden. Den Teig auf ein mit Mehl bestäubtes Backbrett legen und kräftig durchwirken. Ein oder zwei Rollen formen und in die ausgefettete Kastenform legen, zudecken und nochmals gut 15 Minuten gehen lassen.

Das Brot mit einem scharfen Messer der Länge nach einmal einschneiden, mit Wasser abstreichen und auf den Bratrost – untere Schiene – stellen. Die Tasse mit heißem Wasser dazustellen oder vorsichtig auf die Bodenplatte gießen. Das Brot nun im vorgeheizten Ofen ca. 30 Minuten backen. Nach 10 Minuten kurz öffnen, damit der Schwaden entweichen kann. Das Brot soll goldbraun sein und muß beim Anklopfen des Bodens hohl klingen.

Nach dem Backen das Brot mit etwas Wasser abstreichen, so bekommt es einen schönen, matten Glanz.

Rundes Weißes
1–2 Brote

Vorbereiten: ca. 60 Minuten
Backen: ca. 30 Minuten
E: 225 °C, G: Stufe 5–6

30 g Hefe
1 TL Zucker
1 Tasse lauwarme Milch (30 °C)
500 g Weizenmehl Type 550
1 EL Salz
ca. 3/8 l lauwarmes Wasser (30 °C)
50 g Schweineschmalz
Mehl zum Bestäuben
Fett für das Backblech
1 Tasse heißes Wasser

Die zerbröckelte Hefe mit dem Zucker in der Tasse Milch auflösen. Das Mehl in eine Backschüssel sieben, in die Mitte eine Vertiefung drücken und die aufgelöste Hefe zugießen. Die Hefe von der Mitte mit dem Mehl vermengen, Salz, nach und nach das lauwarme Wasser und das zerlassene Schmalz unter Rühren zugeben. Den Teig kräftig durchrühren, bis er sich von der Schüssel löst und rissig fällt. Mit etwas Mehl bestäuben, mit einem Tuch zudecken und an einem warmen Ort 30–40 Minuten gehen lassen.

Wenn er sich verdoppelt hat, kann er weiterverarbeitet werden. Den Teig auf ein bemehltes Backbrett heben, ein bis zwei Kugeln formen, zudecken und nochmals gut 15 Minuten warm stellen und gehen lassen. Dabei muß der Schluß

– der Teil an dem der Teig zusammen-
schließt – auf dem Backbrett liegen.

Das Backblech aus dem vorgeheizten
Ofen nehmen, einfetten und Teigstücke
mit dem Schluß nach oben auf das Blech
legen. Das Blech wieder in den Ofen –
untere Schiene – schieben. Die Tasse
Wasser dazustellen oder vorsichtig auf
die Bodenplatte gießen. Ofen schließen
und das Brot ca. 30 Minuten backen. Das
Brot ist gar, wenn es beim Anklopfen des
Bodens hohl klingt.

Baguette paysan
Ländliches Stangenweißbrot
aus Frankreich
2 Brote

Vorbereiten: ca. 60 Minuten
Backen: ca. 20 Minuten
E: 225 °C, G: Stufe 5–6

40 g Hefe
1 TL Zucker
1 Tasse lauwarmes Wasser (30 °C)
500 g Weizenmehl Type 405
1 EL Salz
ca. ³/₈ l lauwarmes Wasser (30 °C)
Mehl zum Bestäuben
Fett für das Backblech
Wasser zum Abstreichen
1 Tasse heißes Wasser

Die zerbröckelte Hefe und den Zucker in
der Tasse Wasser auflösen. Das Mehl in
eine Schüssel sieben, in die Mitte eine
Vertiefung drücken und die aufgelöste
Hefe zugießen. Das Mehl von der Mitte
her mit der Hefe vermengen, Salz und
nach und nach das Wasser zugeben. Den
Teig so lange durcharbeiten, bis er Blasen wirft und sich von der Schüssel löst.
Mit Mehl bestäuben, mit einem Tuch zudecken und warm gestellt 30–40 Minuten
gehen lassen.

Wenn der Teig sich verdoppelt hat, wei-
terverarbeiten. Den Teig auf ein bemehltes Backbrett heben, in 2 gleiche Teile
schneiden und ca. 40 cm lange Rollen
auswirken. Mit dem Schluß nach oben
legen, zudecken und nochmals ca. 15 Minuten warm stellen und gehen lassen.

Umdrehen, auf das gefettete Backblech
legen und mit einem Messer 5- bis 6mal
schräg einschneiden. In den vorgeheizten
Ofen schieben und die Tasse heißes Wasser dazustellen oder vorsichtig auf die
Bodenplatte schütten.

Ungefähr 5 Minuten backen, die Ofentür
etwas öffnen, damit der Schwaden entweichen kann und weitere 10–15 Minuten backen. Ist das Brot goldbraun und
klingt es beim Anklopfen des Bodens
hohl, so ist es gar.

Herausziehen und mit Wasser kurz abstreichen.

▷ Dieses knusprige Weißbrot aus der
  französischen Provinz ist in den letzten
  Jahren auch bei uns immer beliebter
  geworden. In Frankreich wird es teil-
  weise auch vor dem Backen mit Mehl
  bestäubt und erhält dadurch eine besonders rustikale Note.

Baguette parisienne

Pariser Stangenweißbrot
2–3 Brote

Vorbereiten: ca. 60 Minuten
Backen: ca. 20 Minuten
E: 225 °C, G: Stufe 5–6

30 g Hefe
1 EL Zucker
1 Tasse lauwarmes Wasser (30 °C)
500 g Weizenmehl Type 405
1 EL Salz
ca. 3/8 l lauwarme Milch (30 °C)
Mehl zum Bestäuben
Fett für das Backblech
Wasser zum Bestreichen
1 Tasse heißes Wasser

Die zerbröckelte Hefe mit dem Zucker in der Tasse Wasser auflösen. Das Mehl in eine Backschüssel sieben, in die Mitte eine Vertiefung drücken und die aufgelöste Hefe zugeben. Die Hefe von der Mitte her mit dem Mehl verrühren, Salz und nach und nach die lauwarme Milch unter ständigem Rühren zuschütten. Der Teig muß so lange gerührt werden, bis er Blasen wirft und sich von der Schüssel löst. Die Backschüssel mit einem Tuch zudecken und an einen warmen Ort stellen, damit der Teig gehen kann.
Nach ca. 45 Minuten wird der Teig auf ein mit Mehl bestäubtes Backbrett gehoben und in 2–3 Stücke geteilt. Die Teigstücke zu 40–50 cm langen Rollen wirken und mit dem Schluß nach oben auf das eingefettete Backblech legen. Mit dem Tuch zugedeckt warm stellen und nochmals 15 Minuten gehen lassen.
Die Brote umdrehen, mit einem scharfen Messer 4 bis 5mal schräg einschneiden und mit Wasser bestreichen. Die Tasse heißes Wasser vorsichtig auf die Bodenplatte des Ofens gießen oder daraufstellen. Das Blech in den vorgeheizten Ofen – untere Stufe – einschieben und ca. 15–20 Minuten backen. Das Brot soll goldbraun sein und muß beim Anklopfen des Bodens hohl klingen.
Damit das Brot appetitlich glänzt, wird es sofort nach dem Herausnehmen mit Wasser leicht bestrichen.

Tafelbrot

2 Brote

Vorbereiten: ca. 60 Minuten
Backen: ca. 30 Minuten
E: 225 °C, G: Stufe 5–6

30 g Hefe
1 EL Zucker
1 Tasse lauwarmes Wasser (30 °C)
500 g Weizenmehl Type 405
1 EL Salz
50 g Butter
ca. 1/4 l Milch (30 °C)
ca. 1/8 l Wasser (30 °C)
Mehl zum Bestäuben
Milch zum Abstreichen
Fett für das Backblech
1 Tasse heißes Wasser

Die zerbröckelte Hefe mit dem Zucker in der Tasse Wasser auflösen. Das Mehl in eine Backschüssel sieben und in die Mitte eine Vertiefung drücken, die aufgelöste Hefe zugeben. Das Mehl nun von der Mitte her mit der Hefe vermengen, Salz, die zerlassene Butter und nach und nach das Milch-Wasser-Gemisch unter Rühren zugießen. Den Teig kräftig rühren, bis er Blasen wirft und sich von der Schüssel löst. Mit Mehl bestäuben und mit einem Tuch bedeckt an einem warmen Ort 30–40 Minuten gehen lassen.

Wenn der Teig sich verdoppelt hat, auf ein bestäubtes Backbrett heben, in drei gleiche Teile schneiden und ca. 30 cm lange Rollen formen. Die Teigstücke nun nochmals zugedeckt ca. 15 Minuten gehen lassen.

Das Backblech fetten, die Teigstücke darauflegen, mit einem scharfen Messer 4mal schräg einschneiden, mit Milch abstreichen und in den vorgeheizten Ofen – untere Schiene – schieben. Die Tasse heißes Wasser dazustellen oder vorsichtig auf das Bodenblech gießen. Das Brot ca. 30 Minuten abbacken, bis es knusprig goldbraun ist und beim Anklopfen des Bodens hohl klingt.

Nach dem Backen werden die Brote nochmals leicht mit Milch abgestrichen.

Basler Landbrot
1 Brot

Vorbereiten: ca. 60 Minuten
Backen: ca. 30 Minuten
Vorheizen: E: 250 °C, G: Stufe 6–7
Backen: E: 225 °C, G: Stufe 5–6

40 g Hefe
1/2 Tasse lauwarmes Wasser (30 °C)
300 g Weizenmehl Type 550
300 g Weizenmehl Type 1050
ca. 1/2 l lauwarmes Wasser (30 °C)
2 EL Salz
Mehl zum Bestäuben
Fett für das Backblech
1/2 Tasse heißes Wasser

Die Hefe zerbröckeln und in der halben Tasse Wasser auflösen. Das Mehl mischen und in eine Backschüssel sieben, in die Mitte eine Vertiefung drücken, die aufgelöste Hefe hineingießen und von der Mitte aus mit dem Mehl vermengen. Nach und nach das Wasser unterkneten, das Salz zugeben und den Teig durcharbeiten, bis er sich rissig von der Schüssel löst, zudecken und an einem warmen Ort 30–40 Minuten gehen lassen.

Wenn der Teig sich verdoppelt hat, bemehlen und auf ein bemehltes Backbrett heben, kurz durchkneten und ein längliches Teigstück formen. Gut mit Mehl bestäuben, zudecken und 10 Minuten ruhen lassen. Mit einem scharfen Messer einmal längs einschneiden, zudecken und weitere 5 Minuten ruhen lassen.

Das Brot auf das gefettete Backblech legen, in den vorgeheizten Ofen einschieben, die halbe Tasse mit heißem Wasser dazustellen oder vorsichtig auf die Bodenplatte gießen, die Backtemperatur herunterschalten und das Brot gut 30 Minuten backen. Nach 10 Minuten den Ofen kurz öffnen, damit der Schwaden entweichen kann. Wenn es im Schnitt knusprig braun ist und beim Anklopfen des Bodens hohl klingt, ist es gar.

Maltesisches Landbrot
2 Brote

Vorbereiten: ca. 60 Minuten
Backen: ca. 30 Minuten
E: 225 °C, G: Stufe 5–6

70 g Hefe
1 TL Zucker
1 Tasse lauwarme Milch (30 °C)
1 kg Weizenmehl Type 630
ca. ³/₄ l lauwarmes Wasser (30 °C)
1 EL Salz
Mehl zum Bestäuben
Wasser zum Bestreichen
Fett für das Backblech
¹/₂ Tasse heißes Wasser

Die Hefe zerbröckeln und mit dem Zucker in der Tasse Milch auflösen. Das Mehl in eine Schüssel sieben, in die Mitte eine Vertiefung drücken und die aufgelöste Hefe hineingießen. Nun von der Mitte aus das Mehl und die Hefe vermengen.

Nach und nach das Wasser untermengen, Salz zugeben und den Teig kneten, bis er sich von der Schüssel löst. Zudecken, warm stellen und 30–40 Minuten gehen lassen.

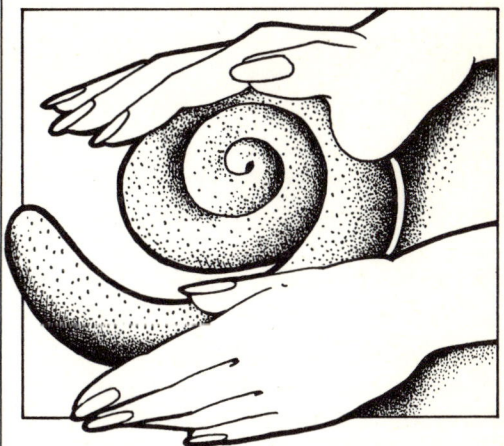

Wenn er sich verdoppelt hat, leicht mit Mehl bestäuben und auf ein bemehltes Backbrett heben. Den Teig in zwei Teile schneiden, kurz durchkneten und in 40 cm lange Rollen auswirken. Eine Seite mit Wasser einstreichen und die Rollen zu Schnecken drehen, das Ende andrükken, die Schnecken mit Mehl bestäuben, zudecken und 15 Minuten ruhen lassen. Die Schnecken auf das gefettete Backblech setzen, in den vorgeheizten Ofen – untere Schiene – schieben, das heiße Wasser dazustellen oder vorsichtig auf die Bodenplatte gießen und das Brot ca. 30 Minuten abbacken. Ist das Brot knusprig braun und klingt es beim Anklopfen des Bodens hohl, so ist es gar und kann herausgezogen werden.

Heidjer Tennenkranz
Eine Spezialität aus der
Lüneburger Heide
1 Brot

Vorbereiten: ca. 60 Minuten
Backen: ca. 30 Minuten
E: 200 °C, G: Stufe 3–4

40 g Hefe
1 Tasse lauwarmes Wasser (30 °C)
500 g Weizenmehl Type 630
1 EL Salz
ca. ³/₈ l Wasser (30 °C)
150 g gekochter Schinken
je ¹/₂ Bund Schnittlauch und Petersilie
50 g Schweineschmalz
Mehl zum Bestäuben
Fett für das Backblech
Milch zum Abstreichen
1 Tasse heißes Wasser

Die Hefe im lauwarmen Wasser auflösen.
Das Mehl in eine Schüssel sieben, in die
Mitte eine Vertiefung drücken und die
aufgelöste Hefe hineingießen. Die Hefe
von der Mitte mit dem Mehl vermengen.
Salz und nach und nach das Wasser unter
ständigem Rühren zugießen. Den Teig
durcharbeiten, bis er sich von der Schüssel löst. Mit Mehl bestäuben und mit einem Tuch zugedeckt ca. 30–40 Minuten
warm stellen und gehen lassen.
Den Schinken fein würfeln und die Kräuter fein wiegen.
Den Teig, wenn er sich verdoppelt hat,
auf ein bemehltes Backbrett heben,
Schinken, Kräuter und Schmalz gut unterarbeiten und eine ca. 10 cm dicke
Rolle formen.
Den Teig als Kranz auf das gefettete
Backblech legen. Die Enden anfeuchten
und gut zusammendrücken. Mit einem
scharfen Messer zickzack einschneiden,
zudecken und nochmals gut 15 Minuten
warm stellen und gehen lassen.
Mit Milch abstreichen und in den vorgeheizten Ofen – untere Schiene – schieben. Die Tasse heißes Wasser dazustellen
oder vorsichtig auf die Bodenplatte gießen. Ca. 30 Minuten abbacken; den Ofen
nach ca. 10 Minuten öffnen, damit der
Schwaden entweichen kann. Wenn das
Brot beim Anklopfen des Bodens hohl
klingt, ist es gar.
Herausziehen und kurz nochmals mit
Milch abstreichen.
▷ Mit Schmalz oder frischer Landbutter
  schmeckt der Heidjer Tennenkranz
  besonders gut.

Oben: *Werdegang des Brotes*
kolorierte Lithografie, 19. Jahrhundert

Unten: *Backstube mit Verkauf*
kolorierte Lithografie, um 1870

Buttermilchbrot
1 großes Brot

Vorbereiten: ca. 60 Minuten
Backen: ca. 30 Minuten
E: 225 °C, G: Stufe 5–6

80 g Hefe
1 EL Zucker
1 Tasse lauwarme Buttermilch (30 °C)
500 g Weizenmehl Type 550
500 g Weizenmehl Type 1050
ca. ³/₄ l Buttermilch (30 °C)
2–3 EL Salz
Mehl zum Bestäuben
Wasser zum Bestreichen
Fett für das Backblech

Die Hefe zerbröckeln und mit dem Zucker in der Tasse Buttermilch auflösen. Das Mehl in eine Schüssel sieben, in die Mitte eine Vertiefung drücken und die Hefelösung hineingießen. Von der Mitte aus mit dem Mehl vermengen. Nach und nach die Buttermilch und das Salz zugeben und den Teig kräftig durcharbeiten, bis er sich von der Schüssel löst. Mit Mehl bestäuben, zudecken und warm gestellt ca. 45 Minuten gehen lassen, bis der Teig sich verdoppelt hat.
Auf ein bemehltes Backbrett heben, durchkneten und einen länglichen Laib formen, mit Wasser leicht abstreichen, mit einem scharfen Messer längs einschneiden, zudecken und nochmals ca. 15 Minuten warm stellen und gehen lassen.

Auf das gefettete Backblech legen, die Seiten leicht mit Mehl bestäuben, in den vorgeheizten Ofen – untere Schiene – schieben. Ungefähr 30 Minuten abbakken. Das Brot ist gar, wenn es beim Anklopfen des Bodens hohl klingt.

Joghurtbrot
2 Brote

Vorbereiten: ca. 50 Minuten
Backen: ca. 30 Minuten
E: 225 °C, G: Stufe 5–6

40 g Hefe
1 TL Zucker
¹/₂ Tasse Wasser (30 °C)
500 g Weizenmehl Type 405
ca. ³/₈ l Flüssigkeit (halb Wasser, halb Joghurt; 30 °C)
1 EL Salz
Mehl zum Bestäuben
Fett für das Backblech
Wasser zum Abstreichen
1 Tasse heißes Wasser

Die Hefe zerbröckeln und mit dem Zucker in der halben Tasse Wasser auflösen. Das Mehl in eine Backschüssel sieben, in die Mitte eine Vertiefung drücken und die aufgelöste Hefe hineingießen. Die Hefe von der Mitte aus mit dem Mehl vermengen, nach und nach die Flüssigkeit und das Salz unter Rühren dazugeben. Den Teig durcharbeiten, bis er Blasen wirft und sich von der Schüssel löst.

Mit etwas Mehl bestäuben, zudecken und warm gestellt 30–40 Minuten gehen lassen.

Wenn sich der Teig verdoppelt hat, auf ein bemehltes Backbrett heben, in zwei gleiche Teile schneiden und daraus Rollen formen. Zudecken und noch 10 Minuten ruhen lassen.

Auf das gefettete Backblech legen. Mit einem scharfen Messer einmal der Länge nach einschneiden, mit Wasser abstreichen und in den vorgeheizten Backofen – untere Stufe – schieben. Die Tasse heißes Wasser dazustellen oder vorsichtig auf die Bodenplatte gießen. 25–30 Minuten abbacken. Nach etwa 10 Minuten den Ofen kurz öffnen, damit der Schwaden entweichen kann. Das Brot ist gar, wenn es beim Anklopfen des Bodens hohl klingt. Herausziehen und mit etwas Wasser abstreichen.

Leinsamenbrot
1 Brot

Vorbereiten: ca. 75 Minuten
Backen: ca. 35 Minuten
E: 200 °C, G: Stufe 3–4

100 g geschroteter Leinsamen
heißes Wasser
40 g Hefe
1 TL Zucker
1 Tasse lauwarmes Wasser (30 °C)
500 g Weizenmehl Type 550
1 EL Salz

ca. ³/₈ l lauwarmes Wasser (30 °C)
Mehl zum Bestäuben
Fett für das Backblech
Wasser zum Abstreichen
¹/₂ Tasse heißes Wasser

Leinsamen in heißem Wasser ca. 5 Minuten quellen und dann abtropfen lassen. Die zerbröckelte Hefe mit dem Zucker in der Tasse Wasser auflösen. Das Mehl in eine Backschüssel sieben, in die Mitte eine Vertiefung drücken, die Hefelösung dazugießen und von der Mitte aus mit dem Mehl vermengen. Leinsamen und Salz zugeben. Nach und nach das lauwarme Wasser unter ständigem Rühren zugießen. Den Teig so lange durcharbeiten, bis er Blasen wirft und sich rissig von der Backschüssel löst, mit einem Tuch zudecken und an einem warmen Ort ca. 45 Minuten gehen lassen.

Den Teig, wenn er sich verdoppelt hat, mit Mehl bestäuben, kräftig durchkneten und einen runden Kloß formen, leicht zusammendrücken und mit dem Schluß nach unten auf das gefettete Backblech legen, zudecken und an einem warmen Ort ca. 15 Minuten gehen lassen.

Mit Wasser abstreichen und in den vorgeheizten Ofen – untere Schiene – schieben. Die halbe Tasse mit heißem Wasser dazustellen oder vorsichtig auf die Bodenplatte gießen. Nach ca. 10 Minuten den Ofen kurz öffnen, damit der Schwaden entweichen kann. Das Brot 30–35 Minuten backen. Wenn es beim Anklopfen des Bodens hohl klingt, ist es gar.

Sesambrot
1 Brot

Vorbereiten: ca. 60 Minuten
Backen: ca. 30 Minuten
E: 200 °C, G: Stufe 3–4

100 g Sesamkörner
heißes Wasser, 40 g Hefe
1 Tasse lauwarme Milch (30 °C)
500 g Weizenmehl Type 550
1 EL Salz
ca. ³/₈ l lauwarme Buttermilch (30 °C)
Mehl zum Bestäuben
Fett für das Backblech
Wasser zum Abstreichen
¹/₂ Tasse heißes Wasser

Die Sesamkörner mit heißem Wasser gut überbrühen und abtropfen lassen.
Die zerbröckelte Hefe in der lauwarmen Milch auflösen. Das Mehl in eine Schüssel sieben und in die Mitte eine Vertiefung drücken. Die aufgelöste Hefe in die Vertiefung schütten und das Mehl damit von der Mitte her vermengen. Salz, Sesamkörner und nach und nach die lauwarme Buttermilch zugeben und unterkneten. Den Teig durcharbeiten, bis er Blasen wirft und sich von der Schüssel löst, zudecken und an einem warmen Ort gut 45 Minuten gehen lassen.
Den Teig, wenn er sich verdoppelt hat, mit Mehl bestäuben und auf einem bemehlten Backbrett nochmals gut durchkneten. Einen Kloß formen und mit dem Schluß nach unten auf das gefettete Backblech legen. Mit einem Tuch zudecken und ca. 15 Minuten an einem warmen Ort gehen lassen.
Tuch entfernen und den Teig ca. 5 cm von der Unterkante entfernt einmal rundherum mit einem scharfen Messer einschneiden. Mit Wasser abstreichen und in den vorgeheizten Ofen – untere Schiene – schieben. Die halbe Tasse heißes Wasser dazustellen oder vorsichtig auf die Bodenplatte gießen. Nach ca. 10 Minuten den Ofen öffnen, damit der Schwaden entweichen kann. Das Brot gut 30 Minuten abbacken. Wenn es gar ist, klingt es beim Anklopfen des Bodens hohl. Herausziehen und kurz mit Wasser abstreichen.

Speckfladen aus Arkansas
2 Fladen

Vorbereiten: ca. 75 Minuten
Backen: ca. 35 Minuten
E: 225 °C, G: Stufe 5–6

200 g durchwachsener Bauchspeck
2 Zwiebeln
40 Hefe, 1 TL Zucker
¹/₂ Tasse lauwarme Milch (30 °C)
500 g Weizenmehl Type 550
1 EL Salz
1 TL zerstoßene schwarze Pfefferkörner
ca. ³/₈ l lauwarme Milch (30 °C)
Mehl zum Bestäuben
Fett für das Backblech
1 Tasse heißes Wasser

Den Speck und die Zwiebeln klein würfeln. Den Speck auslassen, die Zwiebeln dazugeben und goldgelb anbraten.

Die zerbröckelte Hefe und den Zucker in der halben Tasse Milch auflösen. Das Mehl in eine Backschüssel sieben, in die Mitte eine Vertiefung drücken und die aufgelöste Hefe zugeben. Die Hefe von der Mitte aus mit dem Mehl vermengen. Salz, Pfeffer, Zwiebeln, Speck und nach und nach die Milch untermengen. Den Teig gut durcharbeiten, bis er sich von der Schüssel löst. Zudecken und warm gestellt 30–40 Minuten gehen lassen.

Den Teig, wenn er sich verdoppelt hat, bestäuben und auf eine bemehlte Arbeitsplatte heben, in zwei gleiche Teile schneiden. Die Teigstücke kurz durchwirken und Klöße formen. Die Klöße werden auf das gefettete Backblech gelegt und auf ca. 2 cm Höhe flach gedrückt. Zudecken und warm gestellt noch einmal 15 Minuten gehen lassen.

Die Fladen mit Mehl bestäuben und mit einem scharfen Messer gitterförmig einschneiden. Das Blech in den vorgeheizten Ofen – mittlere Schiene – schieben. Die Tasse heißes Wasser dazustellen oder auf die Bodenplatte gießen. Die Fladen ca. 35 Minuten abbacken, bis sich eine schöne braune Kruste gebildet hat. Nach ca. 10 Minuten den Ofen kurz öffnen, damit der Schwaden entweichen kann. Bei der Garprobe mit einem Holzstäbchen muß dieses trocken bleiben.

▷ Die Speckfladen schmecken vorzüglich mit Butter bestrichen.

Schweizer Karottenbrot
2 kleine Brote

Vorbereiten: ca. 75 Minuten
Backen: ca. 30 Minuten
E: 200 °C, G: Stufe 3–4

250 g Karotten
40 g Hefe
2 EL Zucker
1 Tasse lauwarme Milch (30 °C)
600 g Weizenmehl Type 550
1 EL Salz
20 g Butter
ca. $^3/_8$ l lauwarme Milch (30 °C)
Mehl zum Bestäuben
Fett für die Kastenformen
1 Tasse heißes Wasser

Die Karotten putzen und grob raspeln. Die zerbröckelte Hefe und den Zucker in der Tasse Milch auflösen. Das Mehl in eine Schüssel sieben, in die Mitte eine Vertiefung drücken und die aufgelöste Hefe hineingießen. Die Hefe von der Mitte aus mit dem Mehl vermengen. Die geraspelten Karotten, Salz, die zerlassene Butter und nach und nach die lauwarme Milch unter ständigem Rühren zugeben. Den Teig so lange durcharbeiten, bis er sich rissig von der Schüssel löst. Mit einem Tuch zudecken und an einem warmen Ort gut 45 Minuten gehen lassen. Wenn er sich verdoppelt hat, mit Mehl bestäuben und auf eine bemehlte Arbeitsfläche heben. Gut durchwirken, in zwei gleiche Stücke teilen und jeweils eine Rolle formen. Die Kastenformen ausfetten, mehlen, die Teigrollen hineinlegen und mit Mehl bestäuben. Zudecken und warm gestellt 15 Minuten gehen lassen.

Im vorgeheizten Ofen – untere Schiene – ca. 30 Minuten abbacken, die Tasse mit Wasser dazustellen oder vorsichtig auf die Bodenplatte gießen. Nach ca. 10 Minuten den Ofen kurz öffnen, damit der Schwaden entweichen kann. Das Brot ist gar, wenn es sich beim Anklopfen des Bodens hohl anhört.

Parmesan-Kräuterbrot

Ein würziges Kräuterbrot aus Norditalien
1 Brot

Vorbereiten: ca. 60 Minuten
Backen: ca. 30 Minuten
E: 200 °C, G: Stufe 3–4

40 g Hefe
1 TL Zucker
1 Tasse lauwarme Milch (30 °C)
500 g Weizenmehl Type 550
1 EL Salz
50 g geriebener Parmesan
1/2 Kräutersträußchen (gemischte Kräuter nach Angebot, z. B. Petersilie, Schnittlauch, Thymian, Basilikum, Dill usw.)
ca. 3/8 l lauwarmes Wasser (30 °C)
Mehl zum Bestäuben
Fett für die Kastenform
Milch zum Abstreichen
1/2 Tasse heißes Wasser

Die zerbröckelte Hefe und den Zucker in der Tasse Milch auflösen. Das Mehl in eine Schüssel sieben, in die Mitte eine Vertiefung drücken und die aufgelöste Hefe hineingießen. Die Hefelösung von der Mitte her mit dem Mehl vermengen. Salz, Parmesan und die feingewiegten Kräuter sowie nach und nach das Wasser unter Rühren zugeben. Den Teig so lange kneten, bis er sich von der Schüssel löst. Mit einem Tuch zudecken und warm gestellt 30–40 Minuten gehen lassen.

Den Teig, wenn er sich verdoppelt hat, mit Mehl bestäuben und auf ein bemehltes Backbrett heben. Kurz durchkneten und eine Rolle formen, die in eine Kastenform paßt. Die Kastenform ausfetten und den Teig hineinlegen, zudecken und nochmals ca. 15 Minuten ruhen lassen.

Mit einem scharfen Messer das Brot kreuzweise einschneiden, mit Milch abstreichen und in den vorgeheizten Ofen – untere Schiene – schieben.

Die halbe Tasse heißes Wasser dazustellen oder vorsichtig auf die Bodenplatte gießen. Ungefähr 30 Minuten backen. Nach ca. 10 Minuten den Ofen kurz öffnen, damit der Schwaden entweichen kann. Ist das Brot gar, so klingt es beim Anklopfen des Bodens hohl.

Nach dem Herausnehmen wird es kurz mit Milch abgestrichen und zum Abtrocknen wieder kurz in den Ofen gestellt.

▷ Mit Butter bestrichen gegessen, vermißt man den Belag gar nicht. Auch als Snack zur Suppe ist das Brot ideal.

Mohnzopf
2 Brote

Vorbereiten: ca. 70 Minuten
Backen: ca. 30 Minuten
E: 225 °C, G: Stufe 5–6

60 g Hefe, 1 TL Zucker
1 Tasse lauwarme Milch (30 °C)
900 g Weizenmehl Type 405
ca. ¹/₂ l Milch (30 °C)
1 EL Salz
30 g Butter
Mehl zum Bestäuben
Fett für das Backblech
1 Eigelb
etwas Milch
Mohn zum Bestreuen
¹/₂ Tasse heißes Wasser

Die zerbröckelte Hefe mit dem Zucker in der Tasse Milch auflösen. Das Mehl in eine Schüssel sieben, in die Mitte eine Vertiefung drücken, die aufgelöste Hefe zugießen. Das Mehl von der Mitte her mit der Hefe vermengen. Nach und nach die Milch, das Salz und die erwärmte, cremige Butter untermengen. Den Teig durcharbeiten, bis er Blasen wirft und sich von der Schüssel löst. Zudecken und warm gestellt 30–40 Minuten gehen lassen, bis der Teig sein Volumen verdoppelt hat.
Den Teig durchkneten, in 6 gleiche Teile schneiden und ca. 5 cm dicke Rollen wirken. Jeweils 3 Rollen in der Mitte übereinanderlegen und dann von der Mitte zu einem Zopf flechten. Umdrehen und die zweite Hälfte ebenfalls von der Mitte zu einem Zopf flechten. Zum Schluß beide Enden unterschlagen. Den Zopf auf das gefettete Backblech legen, zudecken und gut 15 Minuten gehen lassen.
Das Eigelb und die Milch verquirlen, die Zöpfe damit einstreichen und mit dem Mohn bestreuen. Das Blech in den vorgeheizten Ofen – untere Schiene – schieben und die halbe Tasse heißes Wasser dazustellen oder vorsichtig auf die Bodenplatte gießen. Die Zöpfe ca. 30 Minuten abbacken. Nach ca. 10 Minuten den Ofen kurz öffnen, damit der Schwaden entweichen kann. Klingt das Brot beim Anklopfen des Bodens hohl, ist es gar.

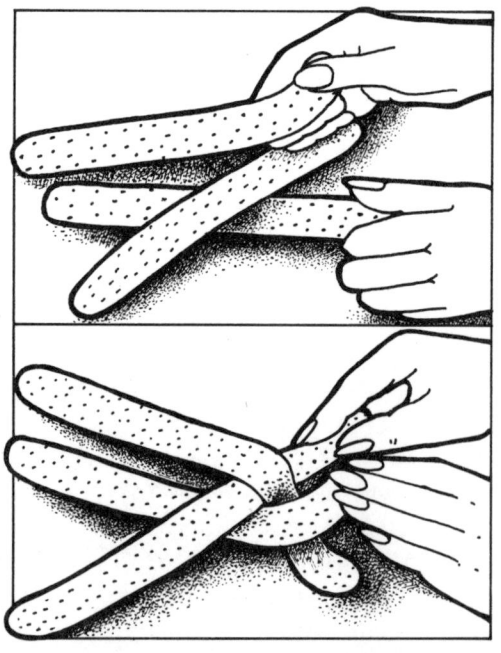

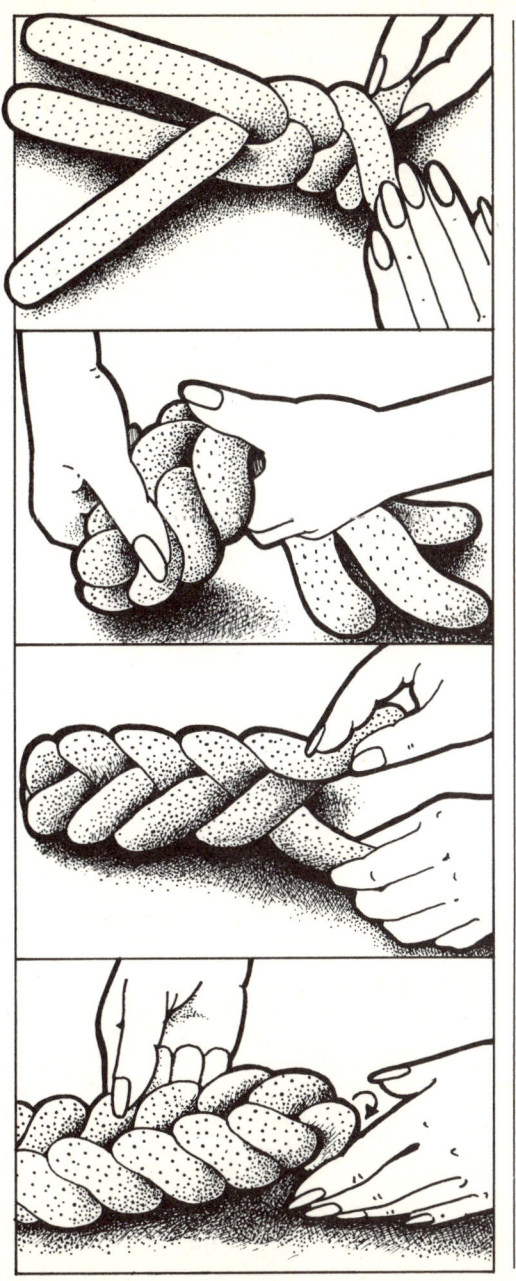

Goudaknüppel

2 kleine Brote

Vorbereiten: ca. 60 Minuten
Backen: ca. 25 Minuten
E: 200 °C, G: Stufe 3–4

40 g Hefe
½ Tasse lauwarmes Wasser (30 °C)
500 g Weizenmehl Type 405
1 EL Salz
ca. ³⁄₈ l lauwarme Milch (30 °C)
25 g Butter
200 g geriebener Gouda
Mehl zum Bestäuben
Fett für das Backblech
Milch zum Abstreichen
½ Tasse heißes Wasser

Die Hefe zerbröckeln und im Wasser
auflösen. Das Mehl in eine Backschüssel
sieben, in die Mitte eine Vertiefung drükken und die aufgelöste Hefe hineingießen. Die Hefelösung von der Mitte aus
mit dem Mehl vermengen. Salz, nach und
nach Milch, die erwärmte, cremige Butter und den geriebenen Gouda – 4 EL
zurückbehalten – unter ständigem Rühren untermengen. Den Teig durcharbeiten, bis er sich von der Schüssel löst. Mit
Mehl bestäuben, zudecken und warm gestellt 30 Minuten gehen lassen.
Wenn der Teig sich verdoppelt hat, auf
ein bemehltes Backbrett heben, in zwei
gleich große Stücke schneiden und zwei
Rollen in der Länge des Backblechs wirken. Mit dem Schluß nach unten auf das

Backblech legen, das zuvor eingefettet wurde. Zudecken und warm gestellt 15 Minuten ruhen lassen.

Mit Milch abstreichen und mit dem restlichen Gouda bestreuen, in den vorgeheizten Ofen – mittlere Schiene – schieben. Die halbe Tasse heißes Wasser dazustellen oder vorsichtig auf die Bodenplatte gießen. Nach ca. 10 Minuten den Ofen kurz öffnen, damit der Schwaden entweichen kann. 20–25 Minuten abbacken. Das Brot ist gar, wenn es beim Anklopfen des Bodens hohl klingt. Herausnehmen und kurz mit Milch abstreichen.

▷ Als Snack zur Suppe oder dick mit Butter bestrichen schmecken sie am besten.

Weißbrot mit Schafskäse

2 Brote

Vorbereiten: ca. 75 Minuten
Backen: ca. 45 Minuten
E: 200 °C, G: Stufe 3–4

60 g Hefe
1/2 Tasse lauwarme Milch
1 kg Weizenmehl Type 550
ca. 1/2 l Flüssigkeit (halb Milch, halb Wasser; 30 °C)
1–2 TL Salz
30 g Margarine oder Butter
1 Zwiebel, 150 g Schafskäse
Mehl zum Bestäuben
Fett für das Backblech
1 Tasse heißes Wasser

Die Hefe zerbröckeln und in der halben Tasse Milch auflösen. Das Mehl in eine Backschüssel sieben, in die Mitte eine Vertiefung drücken und die Hefelösung hineingießen. Die Hefe von der Mitte aus mit dem Mehl vermengen, nach und nach die Flüssigkeit, das Salz und die erwärmte, cremige Margarine oder Butter unterkneten. Die Zwiebel und den Schafskäse fein würfeln und ebenfalls gut vermengen. Wenn der Teig sich von der Schüssel löst, mit etwas Mehl bestäuben, zudecken und gut warm stellen. 30–40 Minuten gehen lassen.

Wenn der Teig sich verdoppelt hat, auf ein bemehltes Backbrett heben, in zwei gleiche Teile schneiden und Klöße formen, flach drücken und zugedeckt nochmals 15 Minuten ruhen lassen.

Die Brote mit dem Schluß nach unten auf das gefettete Backblech legen, mit einem scharfen Messer rautenförmig einschneiden und in den vorgeheizten Ofen – untere Schiene – schieben. Die Tasse heißes Wasser dazustellen oder vorsichtig auf die Bodenplatte schütten. Ungefähr 45–60 Minuten backen. Das Brot ist gar, wenn es beim Anklopfen des Bodens hohl klingt.

▷ Als Snack zur Suppe eine würzige Ergänzung.

Challah

Sesambrot aus Israel
3 kleine Brote

Vorbereiten: ca. 80 Minuten
Backen: ca. 25 Minuten
E: 200 °C, G: Stufe 3–4

40 g Hefe
1 EL Honig
1 Tasse lauwarmes Wasser (30 °C)
3 Eier
ca. 500 g Weizenmehl Type 405
1 EL Salz
3 EL Sonnenblumenöl
Mehl zum Bestäuben
Fett für das Backblech
1 Eigelb
2–3 EL Sesamkörner (aus dem Reformhaus)
1/2 Tasse heißes Wasser

Die Hefe zerbröckeln und mit dem Honig in der Tasse Wasser auflösen. Die Eier in eine Schüssel schlagen und gut verquirlen. Die Hefelösung zugießen und vermischen. Nach und nach das Mehl zugeben und durchkneten. Salz und Sonnenblumenöl ebenfalls gut unterkneten. Der Teig muß sich von der Schüssel lösen. Wird der Teig zu fest, eventuell noch etwas lauwarmes Wasser untermengen. Leicht mit Mehl bestäuben und zugedeckt an einem warmen Ort 30–40 Minuten gehen lassen.
Den Teig, wenn er sich verdoppelt hat, auf ein bemehltes Backbrett heben, kräf-

tig durchkneten und in 3 gleiche Stücke schneiden. Die Teigstücke zu ca. 5 cm dicken Rollen ausrollen und jeweils einen Scheinzopf flechten, indem Sie die Rolle in der Mitte zusammenklappen und die Enden kreuzweise flechten.

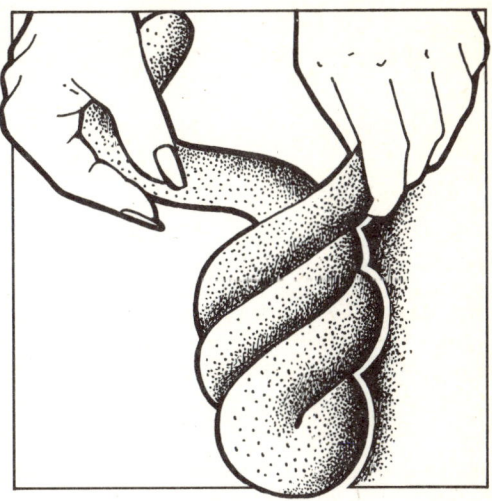

Die Scheinzöpfe auf das gefettete Backblech legen, mit dem verquirlten Eigelb bestreichen und die Sesamkörner daraufstreuen. Mit einem Tuch zugedeckt nochmals ca. 25 Minuten gehen lassen.
Das Blech dann in den vorgeheizten Ofen – untere Schiene – schieben.
Die halbe Tasse heißes Wasser dazustellen oder auf die Bodenplatte gießen. Nach ca. 10 Minuten den Ofen kurz öffnen, damit der Schwaden entweichen kann und die Scheinzöpfe insgesamt etwa 20–25 Minuten abbacken. Das Brot ist gar, wenn es beim Anklopfen des Bodens hohl klingt.

Currybrot
1 Brot

Vorbereiten: ca. 60 Minuten
Backen: ca. 30 Minuten
E: 225 °C, G: Stufe 5–6

40 g Hefe
1 Tasse Wasser (30 °C)
500 g Weizenmehl Type 550
ca. $^3/_8$ l Wasser (30 °C)
20 g Butter
1 EL Salz
1 TL Currypulver
Mehl zum Bestäuben
Wasser zum Abstreichen
1 EL grobes Salz
Fett für das Backblech
$^1/_2$ Tasse heißes Wasser

Die zerbröckelte Hefe in der Tasse Wasser auflösen. Das Mehl in eine Schüssel sieben, in die Mitte eine Vertiefung drükken und die aufgelöste Hefe zugießen. Von der Mitte aus mit dem Mehl vermengen, nach und nach das Wasser unterarbeiten, die Butter mit Salz und Currypulver vermengen und auch unter den Teig arbeiten. Den Teig kneten, bis er sich von der Schüssel löst, mit Mehl bestäuben, zudecken und warm gestellt etwa 30–40 Minuten gehen lassen.
Den Teig, wenn er sich verdoppelt hat, auf ein bemehltes Backbrett heben und einen länglichen Laib formen, mit einem Tuch bedecken und nochmals ca. 15 Minuten ruhen lassen.

Mit etwas Wasser abstreichen, mit dem groben Salz bestreuen, mit einem scharfen Messer 3mal schräg einschneiden und auf das gefettete Backblech legen. In den vorgeheizten Ofen – untere Schiene – schieben. Die halbe Tasse heißes Wasser dazustellen oder vorsichtig auf die Bodenplatte gießen. Ungefähr 30 Minuten abbacken. Das Brot ist gar, wenn es beim Anklopfen des Bodens hohl klingt.

Lawa aus Armenien
Das schnellste Brot der Welt
4 Fladen

Vorbereiten: ca. 10 Minuten
Backen: ca. 5 Minuten
E: 250 °C, G: Stufe 6–7

250 g Mehl
ca. $^1/_4$ l Wasser
3–4 EL Öl
1 TL Salz
Öl zum Bestreichen des Backbleches

Mehl, Wasser, Öl und Salz zu einem dickflüssigen Teig verarbeiten.
Den Ofen vorheizen. Das Backblech heiß werden lassen, mit Öl einpinseln und den Teig dünn aufstreichen. Abbacken, bis die Fladen durchgebacken sind und sich vom Blech lösen. Das dauert ca. 3–5 Minuten.
▷ In Armenien belegt man die Fladen mit Schafskäse, Tomaten, Oliven und Zwiebeln und ißt sie noch warm.

Würzstangen

6–8 kleine Stangenbrote

> Vorbereiten: ca. 60 Minuten
> Backen: ca. 15 Minuten
> E: 225 °C, G: Stufe 5–6

80 g Hefe
2 EL Zucker
1 Tasse Milch (30 °C)
1 kg Weizenmehl Type 405
ca. ³/₄ l Flüssigkeit (halb Milch, halb
Wasser; 30 °C)
2–3 EL Salz
100 g Margarine oder Butter
Mehl zum Bestäuben
Wasser zum Bestreichen
je 1 EL Kümmel, Mohn, grobes Salz und
geriebener Gouda
Fett für das Backblech
¹/₄ Tasse heißes Wasser

Hefe zerbröckeln und mit dem Zucker in der Tasse Milch auflösen. Das Mehl in eine Schüssel sieben, in die Mitte eine Vertiefung drücken und die aufgelöste Hefe hineingießen. Von der Mitte aus mit dem Mehl vermengen, nach und nach die Flüssigkeit, Salz und die erwärmte, cremige Margarine zugeben. Den Teig kräftig durcharbeiten, bis er sich von der Schüssel löst. Mit Mehl bestäuben, zudecken und 30–40 Minuten gehen lassen. Wenn der Teig sich verdoppelt hat, auf eine bemehlte Arbeitsfläche heben, in 6–8 gleiche Stücke teilen und Rollen in der Länge des Backblechs auswirken.

Anfeuchten und mit den Gewürzen und dem Käse gut bestreuen, auf das gefettete Backblech legen, zudecken.
Nach 10 Minuten Ruhe in den vorgeheizten Ofen – mittlere Schiene – schieben. Das heiße Wasser dazustellen oder vorsichtig auf die Bodenplatte gießen. Ungefähr 15 Minuten abbacken. Die Stangen müssen beim Anklopfen des Bodens hohl klingen, dann sind sie gar.

Pilzbrot

Eine würzige Spezialität
1 Brot

> Vorbereiten: ca. 60 Minuten
> Backen: ca. 40 Minuten
> E: 225 °C, G: Stufe 5–6

150 g Blätterteig (aus der Gefriertruhe)
1 kleine Dose geschnittene Champignons
¹/₂ Bund Petersilie
40 g Hefe
1 Tasse lauwarme Milch (30 °C)
500 g Weizenmehl Type 405
1 EL Salz
25 g Butter
ca. ³/₈ l lauwarme Milch (30 °C)
Mehl zum Bestäuben
Wasser für das Backblech
1 Eigelb zum Bestreichen
¹/₄ Tasse Wasser

Den Blätterteig auftauen lassen. Die Champignons abtropfen lassen und die Petersilie fein hacken.

Die Hefe in der lauwarmen Milch auflösen. Das Mehl in eine Schüssel sieben, in die Mitte eine Vertiefung drücken, die aufgelöste Hefe zugießen und von der Mitte aus mit dem Mehl vermengen. Salz, die erwärmte Butter und nach und nach die Milch untermengen. Die Champignons und die Petersilie zugeben und gut unterarbeiten. Wenn der Teig sich von der Schüssel löst und Blasen wirft, mit Mehl bestäuben, zudecken und warm gestellt 30–40 Minuten gehen lassen.

Den Blätterteig auf einem bemehlten Brett ausrollen, so daß sich eine etwa 30 cm breite und entsprechend lange Platte ergibt.

Den Teig, wenn er sich verdoppelt hat, aus der Schüssel auf ein bemehltes Backbrett heben und zu einer ca. 25 cm langen Rolle formen, auf den Blätterteig legen und einschlagen. Die Kanten anfeuchten und zusammendrücken. Das Brot mit der Nahtstelle nach unten auf das nasse Backblech legen und mit einem scharfen Messer einmal längs einschneiden. Zudecken und nochmals 5 Minuten ruhen lassen.

Mit dem verquirlten Eigelb bestreichen, das heiße Wasser auf das Blech stellen und das Brot in den vorgeheizten Ofen – untere Stufe – schieben. Nach ca. 10 Minuten den Ofen kurz öffnen, damit der Schwaden entweichen kann. 30–40 Minuten abbacken. Das Brot ist gar, wenn das Holzstäbchen bei der Garprobe trocken bleibt. Herausziehen und mit dem restlichen Eigelb abstreichen.

Helles Zwiebelbrot
3 kleine Brote

Vorbereiten: ca. 75 Minuten
Backen: ca. 30 Minuten
E: 200 °C, G: Stufe 3–4

2–3 Zwiebeln
1 EL Butter
40 g Hefe
1 Tasse lauwarmes Wasser (30 °C)
500 g Weizenmehl Type 550
2 EL Salz
ca. 3/8 l lauwarmes Wasser (30 °C)
Mehl zum Bestäuben
Fett für das Backblech
Wasser zum Abstreichen
1/2 Tasse heißes Wasser

Die Zwiebeln in kleine Würfel schneiden und in der Butter glasig dünsten.

Die zerbröckelte Hefe in der Tasse Wasser auflösen. Das Mehl in eine Schüssel sieben, in die Mitte eine Vertiefung drücken und die aufgelöste Hefe zugießen. Die Hefe von der Mitte her mit dem Mehl vermengen. Salz, nach und nach das Wasser und die Zwiebelwürfel untermengen. Den Teig gut durcharbeiten, bis er Blasen wirft und sich von der Schüssel löst. Zugedeckt und warm gestellt ca. 30 Minuten gehen lassen.

Hat sich der Teig verdoppelt, mit Mehl bestäuben und auf ein bemehltes Backbrett heben, in 3 gleiche Teile schneiden und gut durchwirken. Aus jedem Stück eine Rolle formen und mit einer Schere ährenartig einschneiden. Die Brote auf das gefettete Backblech legen, zudecken und nochmals 20 Minuten warm gestellt gehen lassen.

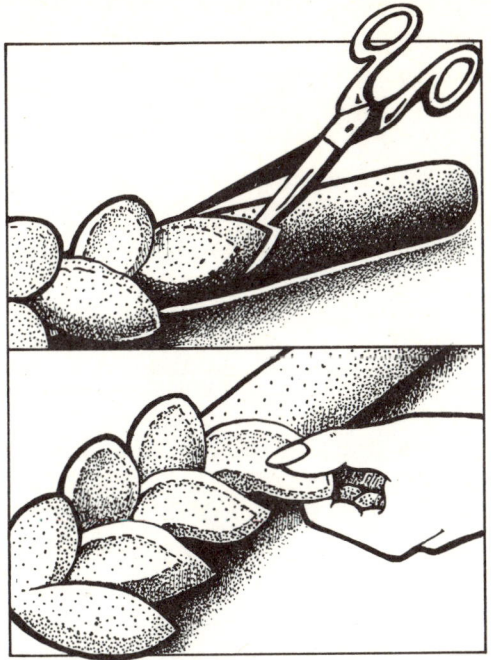

Mit Wasser abstreichen in den vorgeheizten Ofen – untere Schiene – schieben, die halbe Tasse heißes Wasser dazustellen oder vorsichtig auf die Bodenplatte schütten. Nach ca. 10 Minuten den Ofen kurz öffnen, damit der Schwaden entweichen kann. Gut 30 Minuten abbacken. Das Brot ist gar, wenn es beim Anklopfen des Bodens hohl klingt.
Herausziehen und mit etwas Wasser abstreichen.
▷ Zwiebelbrot schmeckt auch zu Suppen oder mit Butter bestrichen zu Käse.

Schinkenbrot mit Kräutern

1 Brot

Vorbereiten: ca. 60 Minuten
Backen: ca. 30 Minuten
E: 225 °C, G: Stufe 5–6

40 g Hefe
1 TL Zucker
$^1/_2$ Tasse lauwarmes Wasser (30 °C)
500 g Weizenmehl Type 550
1 EL Salz
20 g Schmalz
200 g milder roher Schinken
ca. $^3/_8$ l Wasser (30 °C)
Mehl zum Bestäuben
je $^1/_2$ Bund Petersilie und Schnittlauch
Fett für das Backblech
Wasser zum Bestreichen
1 EL zerstoßener schwarzer Pfeffer
$^1/_2$ Tasse heißes Wasser

Die zerbröckelte Hefe mit dem Zucker in dem Wasser auflösen. Das Mehl in eine Schüssel sieben, in die Mitte eine Vertiefung drücken, die aufgelöste Hefe zugießen und von der Mitte her mit dem Mehl vermengen. Salz, das erwärmte Schmalz, den in kleine Würfel geschnittenen Schinken und nach und nach das Wasser unterkneten. Der Teig soll mittelfest sein und sich rissig von der Schüssel lösen.
Mit etwas Mehl bestäuben, mit einem Tuch zudecken und warm gestellt 30–40 Minuten gehen lassen.
Inzwischen die Kräuter waschen, abtrocknen und fein wiegen.

Den Teig, wenn er sich verdoppelt hat, auf ein bemehltes Backbrett heben, die Kräuter gut unterkneten und einen Kloß formen. Den Kloß mit dem Schluß nach unten auf das gefettete Backblech legen und mit der Hand etwas flach drücken. Mit dem Tuch bedeckt warm stellen und nochmals gut 5 Minuten ruhen lassen.

Mit einem scharfen Messer kreuzweise einschneiden, mit etwas Wasser abstreichen und mit den zerstoßenen Pfefferkörnern bestreuen. In den vorgeheizten Ofen – untere Schiene – schieben, die halbe Tasse heißes Wasser dazustellen oder vorsichtig auf die Bodenplatte gießen. Gut 30 Minuten abbacken. Wenn das Brot schön goldbraun ist, die Einschnitte aufgesprungen sind und es beim Anklopfen des Bodens hohl klingt, ist es gar.

Herausziehen und mit etwas Wasser abstreichen.

▷ Dick mit Butter oder gutem Schmalz bestreichen, dazu ein Glas Wein, da vergessen Sie die schönste Wurst.

Schnelles Mohnbrot
Mit Backpulver gebacken
1 Brot

Vorbereiten: ca. 10 Minuten
Backen: ca. 45 Minuten
E: 200 °C, G: Stufe 3–4

500 g Weizenmehl Type 405
½ TL Salz
½ TL Zucker
gut ¼ l Milch
100 g Margarine
1 Päckchen Backpulver
Fett für die Kastenform
1 Eigelb
Wasser
Mohn zum Bestreuen

Das Mehl in eine Schüssel geben, Salz und Zucker darüberstreuen, mit der Milch zu einem glatten Teig verrühren, die weiche Margarine unterarbeiten und zuletzt das Backpulver kräftig unterkneten. Dieser Teig muß eine schwer fließende Konsistenz haben. Eine Kastenform ausfetten, den Teig hineingeben und das Brot im vorgeheizten Ofen ca. 45 Minuten backen.

Das Eigelb mit etwas Wasser verrühren, das Brot kurz vor Ende der Backzeit damit bestreichen und mit Mohn bestreuen.

▷ Dieses Brot ist besonders geeignet für Backanfänger, die sich das Backen mit Hefe oder Sauerteig noch nicht zutrauen und es erst einmal mit einem leichten Brot probieren wollen. Und natürlich auch für alle Gelegenheiten, zu denen ofenfrisches Brot völlig überraschend serviert werden soll.

▷ Für das Sonntagsfrühstück können noch in Rum eingeweichte Rosinen und Mandelsplitter oder gehackte Haselnüsse unter den Teig gemischt werden. Anstelle der Margarine kann dieses Brot auch mit Butter oder Schmalz zubereitet werden.

Indische Curryfladen
Eine pikant-würzige Spezialität
18 Fladen

Vorbereiten: ca. 75 Minuten
Backen: ca. 15 Minuten
E: 175 °C, G: Stufe 2–3

150 g Weizenmehl Type 550
150 g Weizenschrot Type 1700
1 TL Salz
60 g Butter
¹/₄ l Joghurt
Fett für das Backblech
50 g Butter
1 EL Currypulver
2 Eigelb

Etwa 50 g Weizenschrot zur Seite stellen. Das Mehl und das restliche Weizenschrot mit dem Salz in eine Schüssel geben, die weiche Butter und den Joghurt unterkneten, bis ein weicher Teig entstanden ist. Zugedeckt 60 Minuten ruhen lassen, damit das Mehl ausquellen kann.
In 18 Portionen teilen, Kugeln formen und auf der mit Schrot bestreuten Arbeitsfläche dünne Fladen ausrollen. Die Fladen auf das gefettete Backblech legen. Die Butter zerlassen, Currypulver darin kurz anschwitzen und wieder erkalten lassen. Mit dem Eigelb verrühren, die Fladen damit bestreichen und im vorgeheizten Ofen ca. 10–15 Minuten goldbraun und knusprig backen. Herausnehmen, auskühlen lassen und trocken aufbewahren.

▷ Diese würzigen Fladen passen besonders gut zu Bier und Wein, zu Käse und herzhaften Wurstsorten. Wer mag, kann sie vor dem Backen auch noch mit Gewürzen wie Fenchel, Anis und Koriander bestreuen.

Rosinenplatz
Eine Spezialität für das Sonntagsfrühstück im Rheinland
1 Brot

Vorbereiten: ca. 75 Minuten
Backen: ca. 40 Minuten
E: 200 °C, G: Stufe 3–4

40 g Hefe
1 TL Zucker
1 Tasse lauwarme Milch (30 °C)
500 g Weizenmehl Type 405
ca. ³/₈ l Flüssigkeit (halb Wasser, halb Milch; 30 °C)
30 g Butter
100 g Rosinen
1 Prise Salz
Mehl zum Bestäuben
Fett für die Kastenform
Milch zum Abstreichen
¹/₂ Tasse heißes Wasser

Die Hefe zerbröckeln und mit dem Zucker in der Tasse Milch auflösen. Das Mehl in eine Backschüssel sieben, in die Mitte eine Vertiefung drücken, die aufgelöste Hefe hineingießen und von der Mitte her mit dem Mehl verarbeiten.

Nach und nach die Flüssigkeit unter Kneten zugießen, die erwärmte, cremige Butter, Rosinen und Salz zugeben und gut unterarbeiten. Den Teig kneten, bis er sich von der Schüssel löst, mit etwas Mehl bestäuben, zudecken und warm gestellt 30–40 Minuten gehen lassen.

Den Teig, wenn er sich verdoppelt hat, auf ein bemehltes Backbrett heben, kurz durchkneten und eine kastenformlange Rolle formen. Die Teigrolle in die ausgefettete Kastenform legen, mit einem scharfen Messer einmal längs einschneiden, zudecken und nochmals gut 10–15 Minuten ruhen lassen.

Mit etwas Milch abstreichen, in den vorgeheizten Ofen schieben – untere Schiene – und die halbe Tasse heißes Wasser dazustellen oder vorsichtig auf die Bodenplatte gießen. Ungefähr 30–40 Minuten backen, bis die Kruste braun ist und ein Holzstäbchen bei der Garprobe trocken herausgezogen wird.

Nach dem Herausziehen mit etwas Milch abstreichen.

▷ Ersetzen Sie die Rosinen einmal durch die gleiche Menge Mandeln.

Backofenleuchte, Schwaben, 1830

Hefezopf
Ein süßes Frühstücksbrot
1 Brot

Vorbereiten: ca. 75 Minuten
Backen: ca. 40 Minuten
E: 200 °C, G: Stufe 3–4

40 g Hefe
1 TL Zucker
1 Tasse lauwarme Milch (30 °C)
500 g Weizenmehl Type 405
ca. 3/8 l lauwarme Milch
1 Prise Salz
1 EL Zucker
25 g Butter
50 g Rosinen
Mehl zum Bestäuben
Fett für das Backblech
1 Eigelb
1/2 Tasse heißes Wasser
1 EL Puderzucker
etwas Milch
1 EL Mandelblätter

Die zerbröckelte Hefe mit dem Zucker in der Tasse Milch auflösen. Das Mehl in eine Schüssel sieben, in die Mitte eine Vertiefung drücken und die Hefelösung hineingießen. Die Hefe von der Mitte aus mit dem Mehl vermengen, nach und nach die Milch, Salz, Zucker, die erwärmte, cremige Butter und die Rosinen unterheben. Den Teig durcharbeiten, bis er sich von der Schüssel löst, mit etwas Mehl zudecken und warm gestellt 30–40 Minuten gehen lassen.

Wenn der Teig sich verdoppelt hat, auf ein bemehltes Backbrett heben, durchkneten, in 3 gleiche Teile schneiden und ca. 50 cm lange Rollen formen. Aus den drei Rollen nun einen Zopf flechten, wie auf Seite 58/59 beschrieben, und die Enden unterschlagen, zudecken und ca. 20 Minuten ruhen lassen.

Den Zopf auf das gefettete Backblech legen, mit dem verquirlten Eigelb bestreichen, in den vorgeheizten Ofen – untere Schiene – schieben, die halbe Tasse heißes Wasser dazustellen und ca. 30–40 Minuten goldbraun abbacken. Der Zopf ist gar, wenn ein Holzstäbchen nach dem Einstechen trocken wieder herausgezogen wird.

Aus Puderzucker und etwas Milch einen Zuckerguß anrühren, den Zopf damit einstreichen und die Mandelblätter darüberstreuen.

Den Hefezopf können Sie beliebig abwandeln:

▷ Ohne Rosinen gebacken, als Frühstücksbrot, zu dem besonders gut fruchtige Marmeladen schmecken.

▷ Anstelle mit Zuckerguß und Mandeln schon vor dem Backen Hagelzucker auf das verquirlte Ei streuen.

▷ 100 g gemahlene Hasel- oder Walnüsse (oder auch Pecannüsse) unter den Teig rühren und so einen schmackhaften Nußzopf zubereiten, der auch zu Käse schmeckt.

Steinzeitlicher, ägyptischer und mittelalterlicher Backofen

Weizenmischbrote

Vom Weizenmischbrot bis zum Kümmelbrot

Die kräftigeren Brüder des sanften Weizenbrotes werden besonders in den südlichen Gefilden unseres Brotlandes bevorzugt. Neben einem Weizenanteil von 60 bis 90% wird ihnen 40 bis 10% Roggenmehl zugesetzt. Dadurch werden sie herzhafter im Geschmack, und auch die Kruste wird knackiger als beim reinen Weizenbrot.

Die Herstellung von Weizenmischbroten ist genauso unkompliziert wie die der Weizenbrote. Das notwendige Roggenmehl können Sie in Reformhäusern kaufen oder bei Ihrer örtlichen Mühle, bei einem Mehlhändler oder bei der Bäckereinkaufsgenossenschaft. Und auch Ihr Bäcker wird es Ihnen sicherlich verkaufen. Außerdem gibt es in einigen Städten Roggenmehl auch schon in Warenhäusern zu kaufen.

Weizenmischbrote eignen sich besonders für fruchtige Marmeladen und milde Wurst- und Käsesorten.

Nicht ganz so einfach wie Weizenmischbrote mit Hefe als Triebmittel sind die Rezepte, bei denen Sauerteig als Triebmittel angegeben ist. Denn für das Backen von Broten mit Sauerteig braucht man schon einige Erfahrung. Und die Herstellung von Sauerteig – die richtige – ist auch nicht ganz ohne Schwierigkeiten. Deshalb sollten Sie, wie gesagt, Ihre ersten Versuche mit Hefeteigbroten machen und an Sauerteigbrote erst gehen, wenn Sie die anderen im Griff haben.

Wie Sie Sauerteig herstellen, lesen Sie auf Seite 82. Sie können ihn aber auch für die ersten Versuche bei Ihrem Bäcker kaufen. Ferner gibt es fertigen Natursauer heute schon in Warenhäusern zu kaufen. Den Sauerteig können Sie dann auch als »Grundsauer« aufbewahren.

Und nun: Was bietet Ihnen der Weizenmischbrot-Korb?

Weizenmischbrot

1 großes Brot

> Vorbereiten: ca. 75 Minuten
> Backen: ca. 40 Minuten
> E: 200 °C, G: Stufe 3–4

60 g Hefe
¹/₂ TL Zucker
¹/₂ Tasse lauwarmes Wasser (30 °C)
700 g Weizenmehl Type 550
300 g Roggenmehl Type 997, 1150
oder 1370
ca. ³/₄ l lauwarmes Wasser (30 °C)
1¹/₂ EL Salz
Mehl zum Bestäuben
Fett für das Backblech
1 Tasse heißes Wasser

Die Hefe zerbröckeln und mit dem Zucker in der halben Tasse Wasser auflösen. Das Mehl mischen und in eine Schüssel sieben, in die Mitte eine Vertiefung drükken, die aufgelöste Hefe zugießen und von der Mitte aus mit dem Mehl vermengen. Nach und nach Wasser und Salz unter ständigem Kneten zugeben. Den Teig durcharbeiten, bis er sich von der Schüssel löst. Bemehlen, einen Kloß formen und wieder in die mit Mehl bestäubte Schüssel legen. Mit einem Tuch zudecken und 30–40 Minuten gehen lassen.
Den Teig, wenn er sich verdoppelt hat, auf eine bemehlte Arbeitsfläche heben, durchkneten, einen länglichen Laib formen. Mit dem Schluß nach oben, zugedeckt 10–15 Minuten ruhen lassen.

Mit Mehl bestäuben, mit dem Schluß nach unten auf das gefettete Backblech legen, mit Mehl bestäuben und 5mal quer einschneiden. In den vorgeheizten Ofen – untere Schiene – schieben, die Tasse mit heißem Wasser vorsichtig auf die Bodenplatte gießen. Ungefähr 40 Minuten backen. 15 Minuten vor Ende der Backzeit den Ofen einen Spalt öffnen, damit der Schwaden entweichen kann. Das Brot ist gar, wenn es beim Anklopfen des Bodens hohl klingt.

Fladenbrot mit Pfeffer und Salz

Für 3 kleine Fladen   Foto Seite 121

> Vorbereiten: ca. 60 Minuten
> Backen: ca. 40 Minuten
> E: 200 °C, G: Stufe 3–4

60 g Hefe
¹/₂ Tasse lauwarmes Wasser (30 °C)
700 g Roggenmehl Type 1370
300 g Weizenmehl Type 1050
ca. ¹/₂ l lauwarmes Wasser (30 °C)
1¹/₂ EL Salz
2 EL eingelegte grüne Pfefferkörner
grobes Salz zum Bestreuen
Fett für das Backblech

Hefe zerbröckeln und in der halben Tasse Wasser auflösen. Das vermischte Mehl in eine Backschüssel sieben, in die Mitte eine Vertiefung drücken, die aufgelöste Hefe zugießen und von der Mitte aus mit dem Mehl vermengen. Nach und nach Wasser, Salz und den grünen Pfeffer unterarbeiten. Den Teig kneten, bis er sich von der Schüssel löst. Mit etwas Mehl bestäuben, zudecken und warm gestellt 30–40 Minuten gehen lassen.

Hat sich das Teigvolumen ungefähr verdoppelt, den Teig auf eine bemehlte Arbeitsplatte heben, kurz und kräftig durchkneten, in drei gleiche Teile schneiden und Kugeln formen. Die Kugeln ganz flach drücken, auf das gefettete Backblech legen, mit Wasser abstreichen, mit dem groben Salz bestreuen, zudecken und noch einmal etwa 10 Minuten gehen lassen.

In den vorgeheizten Ofen – mittlere Schiene – schieben. 35–40 Minuten abbacken. Das Fladenbrot ist gar, wenn es sich vom Blech gelöst hat.

Speckbrot mit Gartenkräutern
Für 2 Brote   Foto Seite 121

Vorbereiten: ca. 60 Minuten
Backen: ca. 35 Minuten
E: 200 °C, G: Stufe 3–4

60 g Hefe, ¹/₂ Tasse Wasser (30 °C)
300 g Weizenmehl Type 550
300 g Weizenmehl Type 1050
400 g Roggenmehl Type 1370
ca. ³/₄ l Wasser (30 °C)
1¹/₂ EL Salz
Mehl zum Bestäuben
200 g durchwachsener Räucherspeck
je ¹/₂ Bund Petersilie, Schnittlauch, Dill
¹/₂ Kästchen Kresse
Fett für das Blech
Wasser zum Abstreichen
je 1 EL Kümmel, Koriander, Sesam
¹/₂ Tasse heißes Wasser

Die zerbröckelte Hefe in der halben Tasse Wasser auflösen. Das Mehl mischen, in eine Schüssel sieben, in die Mitte eine Vertiefung drücken, die aufgelöste Hefe hineingießen und von der Mitte aus mit dem Mehl vermengen. Nach und nach Wasser und Salz unterarbeiten. Den Teig durchkneten, bis er sich von der Schüssel löst, mit Mehl bestäuben, zudecken und warm gestellt etwa 30–40 Minuten gehen lassen, bis sich das Teigvolumen verdoppelt hat.

In der Zwischenzeit den Speck in kleine Würfel schneiden und goldbraun braten. Die Kräuter waschen, abtrocknen und fein hacken. Alles auf den Teig geben und gut unterkneten. Den Teig in zwei gleiche Stücke teilen, längliche Brote formen und mit dem Schluß nach unten auf das gefettete Backblech legen. Zudecken und noch einmal etwa 15 Minuten warm gestellt gehen lassen. Mit Wasser abstreichen.

In den vorgeheizten Ofen schieben – untere Schiene – die halbe Tasse heißes Wasser dazustellen oder vorsichtig auf die Bodenplatte gießen. Ungefähr 30–35 Minuten abbacken. Wenn das Brot beim Anklopfen des Bodens hohl klingt, ist es gar. Herausziehen und kurz mit Wasser abstreichen.

Weizenmischbrote

Buttermilchbrot
1 großes Brot

Vorbereiten: ca. 75 Minuten
Backen: ca. 90 Minuten
E: 200 °C, G: Stufe 3–4

60 g Hefe
1 Prise Zucker
$^1/_2$ Tasse lauwarmes Wasser (30 °C)
700 g Weizenmehl Type 550
300 g Roggenmehl Type 1370
$^1/_4$ l lauwarmes Wasser (30 °C)
ca. $^1/_2$ l lauwarme Buttermilch (30 °C)
2 EL Salz
Mehl zum Bestäuben
Fett für die Kastenform
1 Tasse heißes Wasser

Die Hefe zerbröckeln und mit dem Zucker in der Tasse Wasser auflösen. Das Mehl mischen und in eine Schüssel sieben, in die Mitte eine Vertiefung drücken, die aufgelöste Hefe hineingießen und von der Mitte aus mit dem Mehl vermengen. Unter ständigem Kneten Wasser, Buttermilch und Salz zugeben. Den Teig durcharbeiten, bis er sich von der Schüssel löst, herausnehmen, mit Mehl bestäuben und einen Kloß formen. In die mit Mehl bestäubte Schüssel legen, zudecken und warm gestellt 30–40 Minuten gehen lassen.
Den Teig, wenn er sich verdoppelt hat, kurz durchkneten und eine kastenformlange Rolle wirken. Die Kastenform ausfetten, mehlen und die Teigrolle mit dem Schluß nach unten hineinlegen. Mit Mehl bestäuben und mit einem scharfen Messer einmal längs einschneiden, zudecken und ca. 15 Minuten ruhen lassen.
In den vorgeheizten Ofen – untere Schiene – schieben, die Tasse Wasser dazustellen oder vorsichtig auf die Bodenplatte gießen. Ungefähr 90 Minuten backen. Nach ca. 15 Minuten den Ofen öffnen, damit der Schwaden entweichen kann. Das Brot ist gar, wenn es beim Anklopfen des Bodens hohl klingt.

Hefebrot
1 großes Brot

1500 Gr. Weizen
1000 " Stufe 2
500 " " 1

Vorbereiten: ca. 70 Minuten
Backen: ca. 100 Minuten
E: 200 °C, G: Stufe 3–4

80 g Hefe
$^1/_2$ Tasse Wasser (30 °C)
800 g Weizenmehl Type 1050
200 g Roggenmehl Type 1370
ca. $^3/_4$ l Wasser (30 °C)
2 EL Salz
Mehl zum Bestäuben
Fett für die Backform
$^1/_2$ Tasse heißes Wasser

Die Hefe zerbröckeln und in der halben Tasse Wasser auflösen. Das Mehl mischen, in eine Schüssel sieben, in die Mitte eine Vertiefung drücken und die aufgelöste Hefe hineingießen. Das Wasser und das Salz unter ständigem Kneten unterarbeiten. Den Teig durcharbeiten, bis er sich von der Schüssel löst. Mit etwas Mehl bestäuben, zudecken, warm stellen und 35–45 Minuten gehen lassen. Den Teig, wenn er sich verdoppelt hat, auf eine bemehlte Arbeitsfläche heben, kurz durchkneten und eine kastenformlange Rolle formen. In die ausgefettete, mit Mehl bestäubte Kastenform legen, mit Mehl bestäuben und mit einem scharfen Messer der Länge nach einmal einschneiden. Mit einem Tuch bedecken und 10 Minuten ruhen lassen.

In den vorgeheizten Ofen – untere Schiene – schieben, die halbe Tasse heißes Wasser dazustellen oder auf die Bodenplatte gießen. Ungefähr 100 Minuten backen. Nach 20 Minuten den Ofen kurz öffnen, damit der Schwaden entweichen kann. Klingt das Brot beim Anklopfen des Bodens hohl, ist es gar.

Münsterländer Bauernstuten

1 großes Brot

> Vorbereiten: ca. 70 Minuten
> Backen: ca. 40 Minuten
> E: 225 °C, G: Stufe 5–6

80 g Hefe, 1 TL Zucker
1 Tasse Wasser (30 °C)
900 g Weizenmehl Type 550
100 g Roggenmehl Type 997
ca. ¹/₄ l Wasser (30 °C)
ca. ¹/₄ l Buttermilch (30 °C)
2 EL Salz

20 g Schweineschmalz
Mehl zum Bestäuben, Fett für das Backblech
¹/₂ Tasse heißes Wasser

Hefe zerbröckeln und mit dem Zucker in Wasser auflösen. Das Mehl vermischen, in eine Schüssel sieben, in die Mitte eine Vertiefung drücken, die aufgelöste Hefe hineingießen und mit dem Mehl vermengen. Wasser zugeben und den Teig durcharbeiten, bis er rissig wird. Buttermilch, Salz und das erwärmte Schmalz anschütten und kräftig durchkneten. Wenn der Teig sich von der Schüssel löst, herausnehmen, mit Mehl bestäuben und einen Kloß formen. Den Kloß wieder in die bemehlte Schüssel legen, zudecken und warm gestellt 30–40 Minuten gehen lassen, bis er sein Volumen verdoppelt hat; auf eine bemehlte Arbeitsfläche heben, kurz durchkneten, einen länglichen Laib formen, mit dem Schluß nach oben in ein bemehltes Tuch einschlagen und 15 Minuten ruhen lassen.

Den Laib mit dem Schluß nach unten auf das gefettete Backblech legen, mit der Hand im ganzen leicht flach drücken, mit einem scharfen Messer der Länge nach einschneiden, noch einmal etwa 10 Minuten ruhen lassen und in den vorgeheizten Ofen schieben. Die halbe Tasse Wasser dazustellen oder vorsichtig auf die Bodenplatte schütten. Gut 40 Minuten abbacken. Nach 20 Minuten den Ofen etwas öffnen, damit der Schwaden entweichen kann. Das Brot ist gar, wenn es beim Anklopfen des Bodens hohl klingt.

Kasseler Landbrot
1 großes Brot

Vorbereiten: ca. 70 Minuten
Backen: ca. 50 Minuten
E: 200 °C, G: Stufe 3–4

60 g Hefe
¹/₂ Tasse Wasser (30 °C)
700 g Weizenmehl Type 550
300 g Roggenmehl Type 1370
ca. ³/₄ l Wasser (30 °C)
2¹/₂ EL Salz
Mehl zum Bestäuben
Fett für das Backblech
Wasser zum Abstreichen
¹/₂ Tasse Wasser
Milch zum Abstreichen

Die zerbröckelte Hefe in der halben Tasse Wasser auflösen. Das Mehl vermischen, in eine Schüssel sieben, in die Mitte eine Vertiefung drücken, die aufgelöste Hefe zugießen und von der Mitte aus mit dem Mehl vermengen. Nach und nach das Wasser unter Kneten zugießen. Das Salz zugeben und den Teig durcharbeiten, bis er sich von der Schüssel löst. Mit Mehl bestäuben, zudecken und warm gestellt 30–40 Minuten gehen lassen.
Den Teig, wenn er sich verdoppelt hat, auf eine bemehlte Arbeitsfläche heben, kurz durchkneten, und eine Rolle formen, die fast die Länge des Backblechs haben sollte. Mit dem Schluß nach oben in ein Tuch einschlagen und 15 Minuten ruhen lassen.

Das Backblech aus dem vorgeheizten Ofen nehmen, leicht mit Fett einstreichen, das Brot mit dem Schluß nach unten darauflegen, mit einem scharfen Messer 3mal schräg einschneiden und mit Wasser abstreichen. In den Ofen schieben, die halbe Tasse heißes Wasser dazustellen oder vorsichtig auf die Bodenplatte gießen. Gut 45–50 Minuten abbacken. Nach 20 Minuten den Ofen etwas öffnen, damit der Schwaden abziehen kann. Dann wieder schließen und zu Ende backen. Wenn das Brot beim Anklopfen des Bodens hohl klingt, ist es gar. Herausziehen, mit Milch abstreichen und noch einmal einige Minuten im ausgeschalteten Backofen abtrocknen lassen.

Schwäbisches Bauernbrot
1 großes Brot

Vorbereiten: ca. 60 Minuten
Backen: ca. 60 Minuten
E: 225 °C, G: Stufe 5–6

80 g Hefe
1 Tasse Wasser (30 °C)
500 g Weizenmehl Type 405
500 g Weizenmehl Type 1050
200 g Roggenmehl Type 1150
ca. ¹/₂ l Wasser (30 °C)
2 EL Salz
Mehl zum Bestäuben
Fett für das Backblech
Wasser zum Abstreichen
¹/₂ Tasse heißes Wasser

Die Hefe zerbröckeln und in der Tasse Wasser auflösen. Das Mehl mischen, in eine Backschüssel sieben, eine Vertiefung in die Mitte drücken und die aufgelöste Hefe zugießen. Von der Mitte aus mit dem Mehl vermengen, nach und nach Wasser und Salz unter ständigem Kneten dazugeben. Den Teig durcharbeiten, bis er sich von der Schüssel löst. Mit Mehl bestäuben, zudecken und warm gestellt 30–40 Minuten gehen lassen, bis er sich verdoppelt hat.

Den Teig auf ein bemehltes Backbrett heben, kurz durchkneten, einen Kloß formen, zudecken. Mit dem Schluß nach unten ca. 30 Minuten ruhen lassen.

Mit dem Schluß nach unten auf das gefettete Backblech legen, mit Wasser abstreichen, mit einer Gabel mehrmals einstechen und in den vorgeheizten Ofen schieben. Die halbe Tasse Wasser dazustellen oder vorsichtig auf die Bodenplatten gießen. Ca. 60 Minuten knusprig braun backen. Nach 15 Minuten den Ofen kurz öffnen, damit der Schwaden entweichen kann. Das Brot ist gar, wenn es beim Anklopfen des Bodens hohl klingt.

Herausziehen und mit Wasser kurz abstreichen.

▷ Das schwäbische Bauernbrot wird vielerorts auch mit dem Schluß nach oben gebacken, wodurch es eine rissige und besonders knusprige Kruste bekommt.

Bäckermeister Fahrenkamps Kräuterbrot
1 Brot

Vorbereiten: ca. 70 Minuten
Backen: ca. 45 Minuten
E: 200 °C, G: Stufe 3–4

40 g Hefe
¹/₂ Tasse Wasser (30 °C)
300 g Weizenmehl Type 550
200 g Roggenmehl Type 997
ca. ¹/₄ l Flüssigkeit (halb Wasser, halb Milch; 30 °C)
1 El. Zwiebelsalz
50 g Margarine
frische, feingewiegte Kräuter:
je 1 Bund Petersilie und Schnittlauch
1 Stengel Dill, ¹/₂ Päckchen Kresse
je 1 EL Liebstöckel und Kerbel
Mehl zum Bestäuben
Fett für die Kastenform
¹/₂ Tasse heißes Wasser

Die zerbröckelte Hefe in der halben Tasse Wasser auflösen. Das Mehl mischen, in eine Schüssel sieben, in die Mitte eine Vertiefung drücken und die aufgelöste Hefe hineingießen. Von der Mitte aus mit dem Mehl vermengen, nach und nach die Flüssigkeit und das Salz unter ständigem Kneten unterarbeiten. Die Margarine mit den feingewiegten Kräutern verkneten, zum Teig geben und kräftig unterarbeiten, bis der Teig sich von der Schüssel löst. Mit Mehl bestäuben, zudecken und warm gestellt etwa

30–40 Minuten gehen lassen, bis er sein Volumen verdoppelt hat.

Den Teig auf eine bemehlte Arbeitsfläche heben, kurz durcharbeiten und eine kastenformlange Rolle formen. Die Form ausfetten und mit Mehl bestäuben, die Teigrolle hineinlegen und mit einem Messer rautenförmig einschneiden. Zudecken und nochmals 15 Minuten ruhen lassen.

In den vorgeheizten Ofen schieben – untere Schiene – und die halbe Tasse heißes Wasser dazustellen oder vorsichtig auf die Bodenplatte gießen. 40–50 Minuten backen. Nach 40 Minuten eine Garprobe mit einem Holzstäbchen machen. Ist es beim Herausziehen trocken, ist das Brot gar. Ist es noch feucht, so muß das Brot noch etwas backen.

▷ Eine würzige Beilage zu Suppe, die aber auch dick mit Butter bestrichen schmeckt.

Schwarzwälder Landbrot
1 großes Brot

Vorbereiten: ca. 75 Minuten
Backen: ca. 45 Minuten
E: 225 °C, G: Stufe 5–6

60 g Hefe
1 Prise Zucker
¹/₂ Tasse Wasser (30 °C)
500 g Weizenmehl Type 1050
300 g Weizenmehl Type 550
200 g Roggenmehl Type 1370
ca. ³/₄ l Wasser (30 °C)
2 EL Salz
Mehl zum Bestäuben
Fett für das Backblech
¹/₂ Tasse heißes Wasser

Die zerbröckelte Hefe mit dem Zucker in der halben Tasse Wasser auflösen. Das Mehl mischen und in eine Backschüssel sieben. In die Mitte eine Vertiefung drücken, die aufgelöste Hefe zugeben und von der Mitte mit dem Mehl vermengen. Nach und nach Wasser und Salz unterkneten. Den Teig durcharbeiten, bis er sich von der Schüssel löst, mit etwas Mehl bestäuben, zudecken und warm gestellt 40–45 Minuten gehen lassen.

Den Teig, wenn er sich verdoppelt hat, auf eine bemehlte Arbeitsfläche heben, durchkneten und einen Kloß formen. Mit dem Schluß nach oben auf ein bemehltes Tuch legen und einschlagen. 15 Minuten ruhen lassen.

Auf das gefettete Blech legen, mit einem scharfen Messer ca. 5 cm vom Boden halbrund einschneiden. In den vorgeheizten Ofen – untere Schiene – schieben, die halbe Tasse mit heißem Wasser dazustellen oder vorsichtig auf die Bodenplatte gießen. Gut 45 Minuten abbacken. Nach 20 Minuten den Ofen etwas öffnen, damit der Schwaden abziehen kann. Dann wieder schließen und das Brot fertig backen.

Das Schwarzwälder Landbrot muß knusprig braun sein und beim Anklopfen des Bodens hohl klingen.

Würzli
2 Brote

Vorbereiten: ca. 60 Minuten
Backen: ca. 35 Minuten
E: 200 °C, G: Stufe 3–4

60 g Hefe
¹/₂ Tasse Wasser (30 °C)
300 g Weizenmehl Type 550
300 g Weizenmehl Type 1050
400 g Roggenmehl Type 1370
ca. ³/₄ l Wasser (30 °C)
1¹/₂ EL Salz
Mehl zum Bestäuben
Fett für das Backblech
Wasser zum Abstreichen
je 1 EL Kümmel, Koriander, Sesam
¹/₂ Tasse heißes Wasser

Die zerbröckelte Hefe in der halben Tasse Wasser auflösen. Das Mehl mischen, in eine Schüssel sieben, in die Mitte eine Vertiefung drücken, die aufgelöste Hefe hineingießen und von der Mitte aus mit dem Mehl vermengen. Nach und nach Wasser und Salz unterarbeiten. Den Teig durchkneten, bis er sich von der Schüssel löst, mit etwas Mehl bestäuben, zudecken und warm gestellt 30–40 Minuten gehen lassen, bis er sich verdoppelt hat.
Den Teig auf eine bemehlte Arbeitsfläche heben, in zwei gleiche Teile schneiden und rund wirken. Mit dem Schluß nach oben in ein Tuch einschlagen und gut 10 Minuten ruhen lassen.

Auf das gefettete Backblech legen – mit dem Schluß nach unten – mit Wasser abstreichen, mit den Gewürzen bestreuen und mit einem scharfen Messer in der Mitte einmal über Kreuz einschneiden. In den vorgeheizten Ofen schieben – untere Schiene – die halbe Tasse heißes Wasser dazustellen oder vorsichtig auf die Bodenplatte gießen. Die Brote ungefähr 30–35 Minuten abbacken. Wenn das Brot beim Anklopfen des Bodens hohl klingt, ist es gar.
Herausziehen und kurz mit Wasser abstreichen.

St. Gallener Klosterbrot
1 großes Brot

Vorbereiten: ca. 60 Minuten
Backen: ca. 45 Minuten
E: 200 °C, G: Stufe 3–4

60 g Hefe
1 EL Zucker
1 Tasse lauwarmes Wasser (30 °C)
700 g Weizenmehl Type 630
300 g Roggenmehl Type 1370
ca. ³/₄ l Wasser (30 °C)
1¹/₂ EL Salz
Mehl zum Bestäuben
Fett für das Backblech
¹/₂ Tasse heißes Wasser

Die Hefe zerbröckeln und mit dem Zucker in der Tasse Wasser auflösen. Das Mehl in eine Schüssel sieben, in die Mitte eine Vertiefung drücken, die aufgelöste Hefe hineingießen und von der Mitte aus mit dem Mehl vermengen. Nach und nach Wasser und Salz unterarbeiten. Den Teig durchkneten, bis er sich von der Schüssel löst, mit etwas Mehl bestäuben, zudecken und an einem warmen Ort etwa 30–40 Minuten gehen lassen.

Den Teig, wenn er sich verdoppelt hat, auf eine mit Roggenmehl bestäubte Arbeitsfläche heben, kurz durchkneten und eine 50 cm lange Rolle auswirken. Zudecken, 5 Minuten ruhen lassen.

Eine Schnecke formen, gut mit Roggenmehl einstäuben und nochmals zugedeckt 10 Minuten ruhen lassen.

Die Schnecke auf das gefettete Backblech setzen, in den vorgeheizten Backofen – untere Schiene – schieben, die halbe Tasse heißes Wasser dazustellen oder auf die Bodenplatte gießen. Ungefähr 45 Minuten gut ausbacken. Das Brot ist gar, wenn es beim Anklopfen des Bodens hohl klingt.

Schwyzer Burebrot
1 großes Brot

Vorbereiten: ca. 60 Minuten
Backen: ca. 45 Minuten
E: 200 °C, G: Stufe 3–4

60 g Hefe
¹/₂ Tasse Wasser (30 °C)
600 g Weizenmehl Type 1050
400 g Roggenmehl Type 1370

ca. ³/₄ l Wasser (30 °C)
2 EL Salz
Mehl zum Bestäuben
Fett für das Backblech
1 Tasse heißes Wasser

Die zerbröckelte Hefe in der halben Tasse Wasser auflösen. Das Mehl mischen, in eine Schüssel sieben, in die Mitte eine Vertiefung drücken und die aufgelöste Hefe hineingießen. Die Hefe von der Mitte aus mit dem Mehl vermengen, nach und nach Wasser zugießen und unterarbeiten. Salz zugeben und den Teig kneten, bis er sich von der Schüssel löst. Mit einem Tuch bedecken, warm stellen und gut 30 Minuten gehen lassen, bis er sich verdoppelt hat.

Den Teig auf eine mit Mehl bestäubte Arbeitsplatte heben, kurz und kräftig durchkneten und rund wirken. Mit dem Schluß nach oben auf ein bemehltes Tuch legen und einschlagen. Gut 15 Minuten ruhen lassen.

Mit dem Schluß nach unten auf das gefettete Backblech legen, mit einem Messer mehrmals kreuzweise einschneiden und in den vorgeheizten Ofen – untere Schiene – schieben. Die Tasse mit heißem Wasser dazustellen oder vorsichtig auf die Bodenplatte gießen. Ungefähr 45 Minuten abbacken. Nach 15 Minuten kurz den Ofen öffnen, damit der Schwaden entweichen kann.

Ist das Brot in den Schnitten braun, und klingt es beim Anklopfen des Bodens hohl, so ist es gar.

Kastenbrot
1 großes Brot

Vorbereiten: ca. 60 Minuten
Backen: ca. 40 Minuten
E: 225 °C, G: Stufe 5–6

60 g Hefe
1 Prise Zucker
1 Tasse lauwarmes Wasser (30 °C)
700 g Weizenmehl Type 550
330 g Roggenmehl Type 997
ca. ¹/₂ l Wasser (30 °C)
2 EL Salz
Mehl zum Bestäuben
Fett für die Kastenform

Die Hefe zerbröckeln und zusammen mit der Prise Zucker in der Tasse mit lauwarmem Wasser auflösen. Das Mehl mischen, in eine Backschüssel sieben, in die Mitte eine Vertiefung drücken und die Hefelösung hineingießen. Die Hefelösung von der Mitte her mit dem Mehl vermengen, nach und nach Wasser und Salz unterarbeiten. Den Teig kneten, bis er sich von der Schüssel löst, mit Mehl bestäuben, zudecken und warm gestellt 30–40 Minuten gehen lassen.
Den Teig, wenn er sich verdoppelt hat, auf eine bemehlte Arbeitsfläche heben. Kurz durchkneten und einen länglichen Laib formen. Mit dem Schluß nach oben auf ein gut bemehltes Tuch legen und einschlagen. Kurz angehen lassen, mit dem Schluß nach unten in eine ausgefettete Kastenform legen, zudecken und

noch einmal 10 Minuten gehen lassen, damit die Einschnitte schön aufgehen.
Mit einem scharfen Messer 2mal quer einschneiden und in den vorgeheizten Ofen – untere Schiene – schieben. Ungefähr 35–40 Minuten ausbacken. Das Brot ist gar, wenn es beim Anklopfen des Bodens hohl klingt.

Norwegisches Bauernbrot
Wie es heute noch auf den Einödhöfen gebacken wird
1–2 große Brote

Vorbereiten: ca. 120 Minuten
Backen: ca. 60 Minuten
E: 200 °C, G: Stufe 3–4

100 g Hefe
ca. ⁵/₈ l lauwarmes Wasser (30 °C)
1200 g Weizenmehl Type 1050
600 g Roggenmehl Type 1370
¹/₈ l Rübenkraut (Sirup)
1 EL zerstoßener Anis
¹/₂ TL Kümmel
1 TL zerstoßener Kardamom
2 EL Salz
Mehl zum Bestäuben
Fett für das Backblech
1 Tasse heißes Wasser

Die Hefe zerbröckeln und mit der Hälfte der Flüssigkeit vermischen. Gut 10 Minuten ruhen lassen.
Das Mehl vermischen und in eine Backschüssel sieben, in die Mitte eine Vertie-

fung drücken, die aufgelöste Hefe hineingießen und von der Mitte her mit dem
Mehl vermengen. Das Rübenkraut zugießen, die Gewürze und das Salz zugeben
und den Teig unter Zugabe der restlichen
Flüssigkeit kräftig durcharbeiten, bis er
sich von der Schüssel löst. Zudecken und
warm gestellt ca. 60 Minuten gehen lassen, bis er sich verdoppelt hat.

Den Teig auf ein bemehltes Backbrett
heben, kurz und kräftig durchkneten und
einen länglichen Laib formen, mit Mehl
bestäuben und mit einem Tuch zugedeckt
nochmals 30 Minuten gehen lassen.

Den Teigling auf ein gefettetes Backblech setzen, mit einem scharfen Messer
3–4mal einschneiden, in den vorgeheizten Ofen schieben – untere Schiene –, die
Tasse heißes Wasser dazustellen oder
vorsichtig auf die Bodenplatte gießen.
Die Tür sofort schließen. Ungefähr
60 Minuten backen. Nach 20 Minuten
den Schwaden ablassen, indem Sie den
Ofen kurz öffnen. Garprobe mit einem
Holzstäbchen machen.

Der Bäcker
Italien, 2. Hälfte des 18. Jahrhunderts

Sauerteig für Weizenmischbrote
ebenso für Roggenmischbrote

Sauerteig ist nichts anderes als gärender
Teig, dessen Gärsäuren als Triebmittel
für den Teig anstelle von Hefe genutzt
werden. Da es einige Tage dauert, bis der
Teig genügend gärt, müssen Sie Sauerteig
immer 4 Tage vor dem Backen ansetzen.
Für Weizenmischbrote sollten Sie den
Sauerteig wie folgt herstellen:

Anstellsauer
Roggenmehl Type 997 oder 1150
Wasser (35–37 °C)
im Verhältnis 1:1
½ Tasse Buttermilch

In einem hohen, schmalen Topf (möglichst ein Tontopf, kein Metall!) die Zutaten zu einem sämigen Brei verrühren.
Die Buttermilch zugeben, damit der Teig
schneller gärt. Den Topf zudecken und
warm stellen. Morgens und abends einmal umrühren. Am 3. Tag muß der Brei
Bläschen werfen und gären. Am Abend
des 3. Tages geben Sie dann folgende
Zutaten dazu:

Roggenmehl Type 997 oder 1150
Wasser (35–37 °C)
im Verhältnis 2:1

Der Sauerteig muß nun dickflüssig sein.
Das Gefäß wieder zudecken und auf die
Heizung stellen. Oder im Ofen bei etwa
30 °C bis zum nächsten Tag stehen lassen.

Arbeitsbeispiel

Benötigt werden 600 g Sauer. Folgende Mengen müssen Sie ansetzen:

Anstellsauer:
(*¹/₃ des Sauerteigs = 200 g*)
100 g Roggenmehl
¹/₂ Tasse Buttermilch
ca. 100 ml Wasser
Zum Anschütten am Abend des 3. Tages brauchen Sie dann:
260 g Roggenmehl
ca. 130 ml Wasser

Die Anleitung zur Sauerteigbereitung mag etwas verwirrend für Sie sein. Aber keine Angst – es ist ganz einfach. Und wenn Sie beim ersten Mal gleich mehr ansetzen, so können Sie sich beim nächsten Mal viel Arbeit sparen. Denn den Restsauer können Sie in einer Keramikschüssel mit Roggenmehl bestreut aufbewahren. Im Kühlschrank gut 1 Woche. Und dann brauchen Sie nur am Vorabend des nächsten Backtages entsprechend Wasser anzugießen.

Heidebauernlaib
3 mittlere Brote

Vorbereiten: ca. 180 Minuten
Backen: ca. 75 Minuten
E: 200 °C, G: Stufe 3–4

200 g roher Schinken
200 g geräucherter Bauchspeck
2 Zwiebeln, 1 TL Fett
40 g Hefe
1 Tasse lauwarmes Wasser (30 °C)
1000 g Weizenmehl Type 1050
1000 g Sauerteig
ca. ⁵/₈ l lauwarmes Wasser (30 °C)
2 EL Salz, Mehl zum Bestäuben
1 EL zerstoßene schwarze Pfefferkörner
Fett für das Backblech
¹/₂ Tasse heißes Wasser
Wasser zum Abstreichen

Schinken, Bauchspeck und Zwiebeln fein würfeln. Bauchspeck und Zwiebeln mit dem Fett in einer Pfanne kräftig anrösten. Abkühlen lassen, Speck und Zwiebeln mit dem Schinken zum Teig geben, Salz zugeben und alles durcharbeiten, bis sich der Teig von der Schüssel löst. Mit Mehl bestäuben, zudecken und warm gestellt 90–120 Minuten gehen lassen, bis der Teig um die Hälfte zugenommen hat. Den Teig auf eine bemehlte Arbeitsfläche heben, kurz durchkneten und drei längliche Laibe formen, auf das gefettete Backblech legen. Die zerstoßenen Pfefferkörner aufstreuen, zudecken und etwa 15–20 Minuten ruhen lassen.
Mit einem Messer rautenförmig einschneiden, in den vorgeheizten Ofen – untere Schiene – schieben, die Tasse mit heißem Wasser dazustellen oder vorsichtig auf die Bodenplatte gießen. 60–80 Minuten backen. Das Brot ist gar, wenn bei der Garprobe ein Holzstäbchen trocken bleibt. Herausziehen und die Brote mit Wasser abstreichen.

Leinsamenbrot
1–2 Brote

Vorbereiten: ca. 200 Minuten
Backen: ca. 75 Minuten
E: 225 °C, G: Stufe 5–6

150 g Leinsamen
1 Tasse kochendes Wasser
40 g Hefe
¹/₂ Tasse lauwarmes Wasser (30 °C)
1 TL Zucker
650 g Weizenmehl Type 550
200 g Roggenmehl Type 997
200 g Sauerteig
ca. ¹/₂ l lauwarmes Wasser (30 °C)
1 EL Salz
Mehl zum Bestäuben
Fett für die Kastenform
Wasser zum Abstreichen
1 Tasse heißes Wasser

Leinsamen in eine kleine Schale schütten, mit der Tasse kochendem Wasser überbrühen und gut 90–120 Minuten stehenlassen, damit sich der Leinsamen vollsaugen kann.

Die Hefe zerbröckeln, mit Zucker in der halben Tasse Wasser auflösen und etwa 10 Minuten stehenlassen.

Das Mehl mischen, in eine Schüssel sieben, in die Mitte eine Vertiefung drükken, den Sauerteig hineingeben, die Hefe zugießen und alles langsam, von der Mitte her mit dem Mehl vermengen. Nach und nach Wasser und Salz zugeben. Den gequollenen Leinsamen mit dem Wasser anschütten und gut unterarbeiten. Der Teig muß so lange geknetet werden, bis er geschmeidig ist und sich von der Schüssel löst.

Teig mit etwas Mehl bestäuben, zudekken und warm gestellt gut 60 Minuten gehen lassen, bis er um die Hälfte zugenommen hat.

Eine Arbeitsplatte mit Mehl bestäuben, den Teig daraufheben, kurz und kräftig durchkneten und eventuell in zwei gleiche Stücke schneiden. Eine bzw. zwei kastenformlange Rollen formen, in die ausgefetteten, bemehlten Kastenformen legen, zudecken und nochmals gut 15 Minuten ruhen lassen.

Mit Wasser abstreichen, mit einer Gabel mehrmals einstechen und in den vorgeheizten Ofen – untere Schiene – schieben. Die Tasse mit heißem Wasser zustellen oder vorsichtig auf die Bodenplatte schütten. Brot 60–90 Minuten, je nach Größe, abbacken. Nach ca. 20 Minuten den Schwaden ablassen. Das Brot ist gar, wenn es beim Anklopfen der Unterseite hohl klingt.

Herausziehen und die Brote mit Wasser abstreichen.

Verschiedene Brot- und Brötchensorten

Warburger Landbrot

2 mittlere Brote

Vorbereiten: ca. 120 Minuten
Backen: ca. 90 Minuten
E: 200 °C, G: Stufe 3–4

80 g Hefe
¹/₂ Tasse lauwarmes Wasser (30 °C)
500 g Sauerteig
500 g Weizenmehl Type 1050
500 g Roggenmehl Type 1370
⁵/₈ l lauwarmes Wasser (30 °C)
3 EL Salz
Mehl zum Bestäuben
Fett für das Backblech
Wasser zum Abstreichen
¹/₂ Tasse heißes Wasser

Die Hefe zerbröckeln und in der halben Tasse Wasser auflösen. Den Sauerteig in eine Backschüssel geben, das Mehl darübersieben und durchkneten. Die aufgelöste Hefe von der Mitte aus unterarbeiten. Das Salz zugeben und den Teig durcharbeiten, bis er sich von der Schüssel löst.

Mit etwas Mehl bestäuben, zudecken und warm gestellt gut 60 Minuten ruhen lassen, bis der Teig gut um die Hälfte zugenommen hat.

Den Teig auf eine bemehlte Arbeitsfläche heben, durchkneten und zwei Laibe formen, auf das gefettete Backblech legen und etwas flach drücken, zudecken und nochmals 30–35 Minuten ruhen lassen.

Die Teiglinge mit Wasser abstreichen, mit einer Gabel oder einer Stricknadel mehrmals einstechen und den Laib an den Längsseiten auf halber Höhe waagerecht über die gesamte Länge einschneiden, Teiglinge in den vorgeheizten Ofen – untere Schiene – schieben. Die halbe Tasse mit heißem Wasser dazustellen oder vorsichtig auf die Bodenplatte gießen. Tür sofort schließen. Ca. 90 Minuten abbacken. Nach 20 Minuten den Ofen öffnen, damit der Schwaden entweichen kann. Beim Klopfen auf die Unterseite hört sich das Brot, wenn es gar ist, hohl an.

Herausziehen und die Brote mit Wasser abstreichen, damit sie schön glänzen.

Badisches Zwiebelbrot

3–4 kleine Brote

Vorbereiten: ca. 4 Stunden
Backen: ca. 70 Minuten
E: 175 °C, G: Stufe 2–3

500 g Sauerteig
500 g Weizenmehl Type 1050
500 g Roggenmehl Type 1370
ca. ³/₄ l lauwarmes Wasser (30 °C)
2 EL Salz
Mehl zum Bestäuben
4 Zwiebeln
30 g Margarine
Fett für das Backblech
Wasser zum Abstreichen
¹/₂ Tasse heißes Wasser

Sauerteig in eine Backschüssel geben, Mehl mischen und darübersieben; unter Zugabe von Wasser und Salz gut durcharbeiten. Der Teig muß so lange geknetet werden, bis er sich von der Schüssel löst. Mit etwas Mehl bestäuben, zudecken und ca. 2¹/₂–3 Stunden aufgehen lassen. Der Teig muß ungefähr das anderthalbfache Volumen haben.

Inzwischen die Zwiebeln fein würfeln und mit der Margarine in einer Pfanne kräftig anbraten. Abkühlen lassen.

Den Teig auf eine bemehlte Arbeitsfläche heben, die Zwiebeln kräftig unterarbeiten, den Teig in 3 oder 4 Teile schneiden, längliche Laibe formen. Die Teiglinge mit dem Schluß nach unten auf das gefettete Backblech legen, mit einem Tuch zudecken und ungefähr 45 Minuten ruhen lassen.

Mit Wasser abstreichen, mit einem Messer 3–4mal quer einschneiden, noch einmal etwa 10 Minuten ruhen lassen und in den vorgeheizten Ofen schieben. Die halbe Tasse mit heißem Wasser dazustellen oder vorsichtig auf die Bodenplatte gießen. Nach 60–70 Minuten sind die Brote gar. Bei der Garprobe – das Brot auf der Unterseite anklopfen – müssen sie hohl klingen. Herausziehen und mit Wasser abstreichen.

▷ Dieses herzhafte Brot schmeckt besonder gut, mit frischer Landbutter bestrichen, zu Käse und zu Bauernschinken. Bereiten Sie es mit Schalotten anstelle der Zwiebeln zu, so bekommt es eine besonders mild-würzige Note.

Hessisches Bauernbrot
2 mittlere Brote

Vorbereiten: ca. 60 Minuten
Backen: ca. 60 Minuten
E: 200 °C, G: Stufe 3–4

50 g Hefe
1 Tasse lauwarmes Wasser (30 °C)
500 g Sauerteig
1000 g Weizenmehl Type 1050
ca. ⁵/₈ l lauwarmes Wasser (30 °C)
3 EL Salz
Mehl zum Bestäuben
Fett für das Backblech
¹/₂ Tasse heißes Wasser

Die Hefe in der Tasse Wasser auflösen und 5–10 Minuten stehenlassen.

Den Sauerteig in eine Backschüssel gießen, das Mehl darübersieben und unter Zugabe des Wassers kräftig durchkneten. Die aufgelöste Hefe unterarbeiten und dann das Salz zugeben. Den Teig kneten, bis er sich von der Schüssel löst, mit etwas Mehl bestäuben, zudecken und warm gestellt 60 Minuten gehen lassen, bis das Volumen um die Hälfte zugenommen hat.

Den Teig auf ein bemehltes Backbrett heben, kräftig durchkneten und zwei Laibe formen. Ein Tuch gut bemehlen, den Teigling mit dem Schluß nach oben darauflegen und fest einschlagen und etwa 30 Minuten ruhen lassen.

Die Teiglinge auf das gefettete Blech legen und an beiden Enden einmal quer einschneiden, in den vorgeheizten Ofen schieben – untere Schiene –, das heiße Wasser in der Tasse dazustellen oder vorsichtig auf die Bodenplatte gießen.

Das Brot soll ungefähr 60 Minuten backen. Nach ca. 20 Minuten den Schwaden ablassen. Das Brot ist gar, wenn es beim Klopfen auf die Unterseite hohl klingt.

Schwedisches Bauernbrot
2 große Brote

> Vorbereiten: ca. 6 Stunden
> Backen: ca. 50 Minuten
> Vorheizen: E: 250 °C, G: Stufe 6–7
> Backen: E: 200 °C, G: Stufe 3–4

750 g Sauerteig
1000 g Weizenmehl Type 1050
500 g Roggenmehl Type 1370
ca. $\frac{1}{2}$ l lauwarmes Wasser (30 °C)
2 TL zerstoßener Anis
1 TL Kardamompulver
1 EL Salz
$\frac{1}{8}$ l Sirup
Mehl zum Bestäuben
Fett für die Kastenformen
Wasser zum Abstreichen
1 Tasse heißes Wasser
4 EL heißes Wasser
1 EL Speisestärke

Sauerteig in eine Backschüssel geben, Weizen- und Roggenmehl mischen und darübersieben. Unter Zugabe des Wassers verkneten. Anis, Kardamom, Salz und den Sirup zugeben. Den Teig durcharbeiten, bis er sich von der Schüssel löst. Mit Mehl bestäuben, zudecken und warm gestellt 4–5 Stunden ruhen lassen.

Wenn das Volumen des Teiges um die Hälfte zugenommen hat, den Teig auf eine bemehlte Arbeitsplatte heben und den Teig noch einmal kräftig durcharbeiten, in zwei gleiche Teile schneiden und daraus dann kastenformlange Rollen formen. Die Kastenformen ausfetten und mehlen, die Teigstücke hineinlegen, zudecken und noch einmal ca. 1 Stunde ruhen lassen.

Die Teiglinge mit einem scharfen Messer rautenförmig einschneiden, mit Wasser abstreichen und in den vorgeheizten Ofen – untere Schiene – schieben. Die Tasse mit heißem Wasser dazustellen oder auf die Bodenplatte gießen und die Tür sofort schließen. Nach 10 Minuten den Ofen kurz öffnen, damit der Schwaden entweichen kann und die Ofentemperatur senken. Nach 45 Minuten eine Garprobe mit einem Holzstäbchen machen. Ist das Brot gar, bleibt das Stäbchen trocken. Den Ofen abschalten, das Brot aber noch gut 10 Minuten im Ofen lassen.

Herausziehen und mit der in Wasser angerührten Speisestärke abstreichen, damit das Brot einen schönen Glanz bekommt.

▷ Das schwedische Bauernbrot sollte vor dem Anschneiden immer erst einen Tag gelagert werden, damit sich das Aroma voll entwickeln kann.

Pinzgauer Schnecke
1 großes Brot

Vorbereiten: ca. 4 Stunden
Backen: ca. 100 Minuten
E: 200 °C, G: Stufe 3–4

500 g Sauerteig
750 g Weizenmehl Type 1050
250 g Roggenmehl Type 1370
ca. ³/₄ l lauwarmes Wasser
3 EL Salz
Mehl zum Bestäuben
Fett für das Backblech
¹/₂ Tasse heißes Wasser

Sauerteig in eine Schüssel schütten, Mehl mischen und darübersieben. Nach und nach unter Kneten Wasser und Salz zugießen. Den Teig kräftig durcharbeiten, bis er sich von der Schüssel löst. Mit Mehl bestäuben, zudecken, warm gestellt 2¹/₂ bis 3 Stunden gehen lassen.

Hat das Teigvolumen ungefähr um die Hälfte zugenommen, den Teig auf eine bemehlte Arbeitsfläche heben, kurz durchkneten und eine ca. 60 cm lange Rolle formen. Eine Schnecke rollen, mit Mehl bestäuben, zudecken und 45 Minuten ruhen lassen.

Die Schnecke auf das gefettete Blech setzen, in den vorgeheizten Ofen – untere Schiene – schieben, das heiße Wasser dazustellen oder vorsichtig auf die Bodenplatte gießen. Gut 100 Minuten ausbacken. Bei der Garprobe – Beklopfen der Unterseite – muß das Brot hohl klingen.

Kümmelbrot
3 mittlere Brote

Vorbereiten: ca. 150 Minuten
Backen: ca. 60 Minuten
E: 180 °C, G: Stufe 2–3

40 g Hefe
¹/₂ Tasse lauwarmes Wasser (30 °C)
1000 g Sauerteig
1000 g Weizenmehl Type 1050
ca. ⁵/₈ l lauwarmes Wasser (30 °C)
2 EL Kümmel
2 EL Salz
Mehl zum Bestäuben
Fett für das Backblech
Wasser zum Bestreichen
Salz und Kümmel zum Bestreuen
¹/₂ Tasse heißes Wasser
4 EL heißes Wasser
1 EL Speisestärke

Die zerbröckelte Hefe im lauwarmen Wasser auflösen. Den Sauerteig in eine Schüssel geben, Mehl darübersieben und unter Zugabe von Wasser, Kümmel und Salz von der Mitte aus durcharbeiten. Die aufgelöste Hefe angießen und den Teig kneten, bis er sich von der Schüssel löst. Mit etwas Mehl bestäuben, zudecken und ca. 2 Stunden an einem warmen Ort gehen lassen.

Den Teig, wenn er um die Hälfte zugenommen hat, auf ein bemehltes Backbrett heben, kurz und kräftig durchkneten und in drei gleiche Teile schneiden. Die Teigstücke zu länglichen Rollen formen, mit dem Schluß nach oben auf ein Tuch legen, einschlagen und 15–20 Minuten ruhen lassen.

Das heiße Backblech aus dem vorgeheizten Ofen nehmen, einfetten, die Teiglinge mit dem Schluß nach unten darauflegen, mit Wasser abstreichen, mit Kümmel und Salz bestreuen, mit einem scharfen Messer 3mal quer einschneiden. Das Blech wieder in den Ofen schieben, die halbe Tasse mit heißem Wasser dazustellen oder vorsichtig auf die Bodenplatte gießen und den Ofen sofort schließen. Ungefähr 60 Minuten backen. Garprobe mit einem Holzstäbchen oder durch Be-

klopfen der Unterseite machen. Ist das Brot gar, klingt es hohl.

Herausziehen und mit der in Wasser angerührten Speisestärke abstreichen.

▷ In Dänemark bekommt dieses würzige Brot noch eine ganz besondere Note durch folgenden Trick: Der Kümmel wird mit 2–3 EL Aquavit übergossen und zum Quellen etwa 2 Stunden beiseite gestellt. Dann wird er unter den Teig gemischt. Außerdem wird die Wasserzugabe etwas verringert und dafür gibt man 3 EL Rübenkraut mit in den Teig. So erhält das Brot eine noch aromatischere Geschmacksnote.

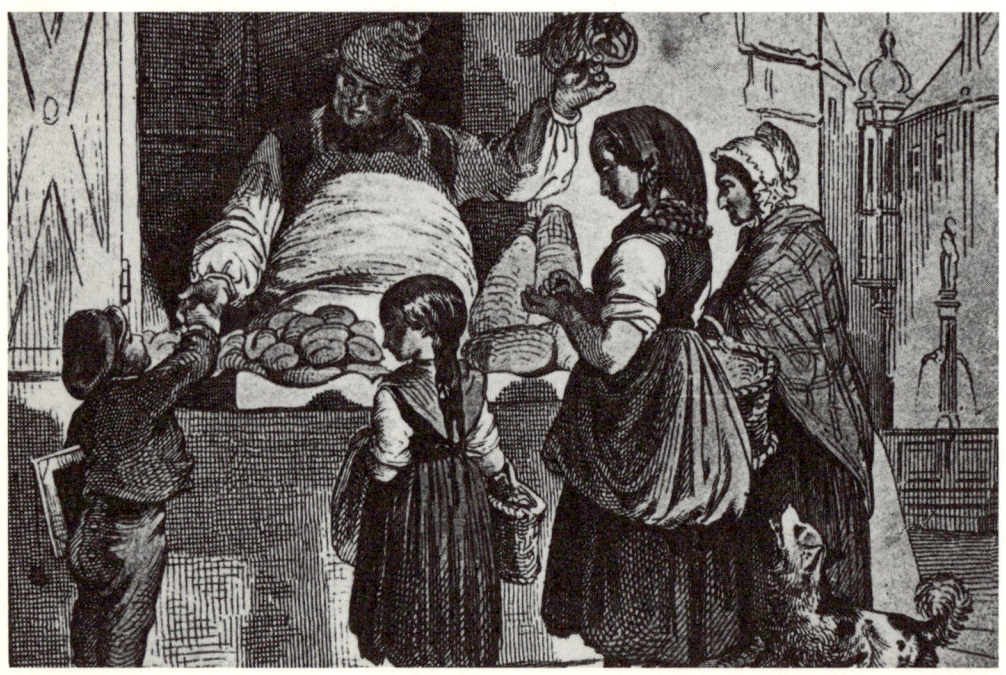

Roggenmischbrote

Vom Landbrot bis zum Texanischen Sauerteigbrot

Fast bin ich versucht zu sagen, es ist alles umgekehrt wie bei den Weizenmischbroten. Doch das trifft nur für die Zusammensetzung der Mehlmischung zu, denn beim Roggenmischbrot überwiegt der Roggenanteil. Das heißt, wenn ein Brot zu 60% und mehr aus Roggen besteht und zu 40% und weniger aus Weizen, so ist es ein Roggenmischbrot.

Die Heimat der meisten Roggenmischbrote liegt nördlich der Mainlinie. Der Geschmack dieser Brote ist unvergleichlich kräftiger als der der Weizen- und Weizenmischbrote, denn sie werden größtenteils mit Sauerteig gebacken, der ihnen ihren aromatischen Charakter gibt. Wenn Sie Roggenmischbrote backen wollen, sollten Sie unbedingt schon einige Male Weizenmischbrote gebacken haben, denn die Führung eines Teiges mit hohem Roggenanteil ist nicht ganz einfach, da der Roggen ein Getreide ist, das sehr unterschiedlich reagiert. So kann es Ihnen passieren, daß das erste Brot tausendprozentig wird, das zweite aber – wenn Sie nicht genau aufpassen – daneben geht. Bei Roggenmischbroten müssen Sie besonders auf die Flüssigkeitszugabe achten, denn Roggenmehl quillt sehr unterschiedlich. Deshalb müssen Sie das Wasser immer auf der richtigen Temperatur halten und wirklich nur nach und nach zuschütten. Es kann vorkommen, daß Sie weitaus weniger Wasser brauchen, als im Rezept als Mittelwert angegeben ist.

Wichtig ist, daß der Teig die richtige Festigkeit hat – überwiegend mittelfest.

Da Roggenmischbrote meist mit Sauerteig gebacken werden, sollten Sie jetzt auch Ihren eigenen Sauerteig ansetzen, wenn Sie es noch nicht bei den Weizenmischbroten gemacht haben. Eine Anleitung finden Sie auf Seite 123. Sie unterscheidet sich von der, die im Kapitel Weizenmischbrote steht, ein wenig, da die Erfahrung gezeigt hat, daß der Sauerteig für Roggenmischbrote etwas kräftiger sein soll. Sie können aber auch den milderen Sauerteig von Seite 82 nehmen. Auf den Backerfolg hat das keinen Einfluß.

Nun noch einige Worte zum »Problem« Roggenmehl. Leider können Sie es bisher nur in den wenigsten Lebensmittelgeschäften bzw. Warenhäusern kaufen. Aber das hat seine Gründe. Erstens wird Roggenmehl relativ selten verlangt. Und zweitens: Roggenmehl ist nur sehr begrenzt lagerfähig und während der Lagerung auch sehr empfindlich. Aber Sie können es sich auf jeden Fall beschaffen. Am einfachsten, Sie kaufen es bei Ihrem Bäcker. Da haben Sie die Gewähr, frisches, gutes Mehl zu bekommen. Sie können Roggenmehl auch in Reformhäusern und Bioläden bekommen. Wenn Sie jedoch des öfteren backen wollen, lohnt es sich schon, einmal bei Ihrer örtlichen Mühle oder bei einem Mehlhändler zu fragen. Und nun kann ich nur noch sagen: Auf geht's!

Landbrot
1 Brot

Vorbereiten: ca. 90 Minuten
Backen: ca. 60 Minuten
E: 225 °C, G: Stufe 5–6

60 g Hefe
1 Tasse lauwarmes Wasser (30 °C)
600 g Roggenmehl Type 997
400 g Weizenmehl Type 812
ca. $^1/_2$ l lauwarmes Wasser (30 °C)
$1^1/_2$ EL Salz, Mehl zum Bestäuben
Fett für das Backblech
Wasser zum Abstreichen
$^1/_2$ Tasse heißes Wasser

Die Hefe zerbröckeln und in der Tasse Wasser auflösen. Das Mehl mischen, in eine Schüssel sieben, in die Mitte eine Vertiefung drücken, die aufgelöste Hefe zugießen und von der Mitte mit dem Mehl vermengen. Nach und nach Wasser und Salz unter ständigem Kneten zuschütten. Den Teig durcharbeiten, bis er sich von der Schüssel löst. Mit etwas Mehl bestäuben, mit einem Tuch bedekken und 40–50 Minuten gehen lassen. Das Teigvolumen muß sich ungefähr verdoppeln.

Den Teig auf eine gut bemehlte Arbeitsplatte heben, kurz und gut durchkneten, rund wirken und einen länglichen Laib formen. Mit einem Tuch zudecken und gut 15 Minuten ruhen lassen.

Auf das heiße, gefettete Blech legen, mit einer Gabel mehrmals einstechen, mit

Wasser abstreichen und in den vorgeheizten Ofen – untere Schiene – schieben. Das heiße Wasser dazustellen oder vorsichtig auf die Bodenplatte gießen. Das Landbrot muß 50–60 Minuten bakken. Es ist gar, wenn es beim Anklopfen des Bodens hohl klingt. Herausziehen und gleich mit Wasser abstreichen.

Würzfladen
1 Brot

Vorbereiten: ca. 75 Minuten
Backen: ca. 90 Minuten
E: 225 °C, G: Stufe 5–6

100 g Hefe
1 Tasse Buttermilch (30 °C)
500 g Roggenmehl Type 1370
100 g Roggenschrot, mittel
400 g Weizenmehl Type 405
1 EL Salz
1/2 TL geriebene Muskatnuß
1/2 TL gemahlene Nelken
1 EL Koriander
ca. 1/2 l lauwarmes Wasser (30 °C)
Mehl zum Bestäuben
Fett für das Backblech
Wasser zum Abstreichen
1/2 Tasse heißes Wasser

Die zerbröckelte Hefe in der Buttermilch auflösen. Das vermischte Mehl in eine Schüssel sieben, Schrot dazugeben und in die Mitte eine Vertiefung drücken, die aufgelöste Hefe hineingießen und von der Mitte aus mit dem Mehl vermengen. Salz, Gewürze und nach und nach das Wasser unterkneten. Den Teig kräftig durcharbeiten, bis er sich von der Schüssel löst. Mit etwas Mehl bestäuben, zudecken und an einem warmen Ort 30–40 Minuten gehen lassen. Das Teigvolumen muß sich fast verdoppeln.

Den Teig auf eine bemehlte Arbeitsfläche heben, kurz durchkneten, eine Kugel formen und zu einem Fladen flach drükken. Auf das gefettete Backblech legen, mit einem scharfen Messer rautenförmig einschneiden, zudecken und nochmals gut 20 Minuten gehen lassen.

In den vorgeheizten Ofen schieben – untere Schiene –, das heiße Wasser dazustellen oder vorsichtig auf die Bodenplatte gießen. 75–90 Minuten abbacken, herausziehen und mit Wasser abstreichen.

Vintschgauer Fladen
3 kleine Fladen

Vorbereiten: ca. 60 Minuten
Backen: ca. 40 Minuten
E: 200 °C, G: Stufe 3–4

60 g Hefe
1/2 Tasse lauwarmes Wasser (30 °C)
700 g Roggenmehl Type 1370
300 g Weizenmehl Type 1050
ca. 1/2 l lauwarmes Wasser (30 °C)
1 1/2 EL Salz, 15 g gemahlener Fenchel
Mehl zum Bestäuben
Fett für das Backblech

Roggenmischbrote

Hefe zerbröckeln und in der halben Tasse Wasser auflösen. Das vermischte Mehl in eine Backschüssel sieben, in die Mitte eine Vertiefung drücken, die aufgelöste Hefe zugießen und von der Mitte aus mit dem Mehl vermengen. Nach und nach Wasser, Salz und Fenchel unterarbeiten. Den Teig kneten, bis er sich von der Schüssel löst. Mit etwas Mehl bestäuben, zudecken und an einem warmen Ort 30–40 Minuten gehen lassen.

Hat sich das Teigvolumen ungefähr verdoppelt, den Teig auf eine bemehlte Arbeitsplatte heben, kurz und kräftig durchkneten, in drei gleiche Teile schneiden und Kugeln formen. Die Kugeln ganz flach drücken, auf das gefettete Backblech legen, mit Mehl bestäuben und mit einer Gabel mehrmals einstechen. Zudecken und ca. 5 Minuten angehen lassen.

In den vorgeheizten Ofen – mittlere Schiene – schieben. 35–40 Minuten abbacken. Das Fladenbrot ist gar, wenn es sich vom Blech gelöst hat.

Bierbrot
2 große Brote

Vorbereiten: ca. 90 Minuten
Backen: ca. 75 Minuten
E: 200 °C, G: Stufe 3–4

80 g Hefe
1 Prise Zucker
1 Tasse lauwarmes Wasser (30 °C)

1500 g Roggenmehl Type 1370
500 g Weizenmehl Type 1050
ca. 1 l Exportbier (30 °C)
1–2 EL Salz
Mehl zum Bestäuben
Fett für das Backblech
Wasser zum Abstreichen
1 Tasse heißes Wasser
4 EL heißes Wasser
1 EL Speisestärke

Die Hefe zerbröckeln und mit dem Zucker in der Tasse Wasser auflösen. Das vermischte Mehl in eine Schüssel sieben, in die Mitte eine Vertiefung drücken und die aufgelöste Hefe hineingießen. Von der Mitte her mit dem Mehl vermengen. Das auf 30 °C erwärmte Bier nach und nach unterarbeiten. Salzen und den Teig durchkneten, bis er Blasen wirft und sich von der Schüssel löst. Mit etwas Mehl bestäuben, zudecken und warm gestellt 35–40 Minuten gehen lassen.

Hat sich das Teigvolumen ungefähr verdoppelt, auf eine bemehlte Arbeitsfläche heben, kurz durchkneten, in zwei gleiche Teile schneiden und zwei nicht zu lange (ca. 30 cm) Rollen formen. Mit einem Tuch zudecken und gut 45 Minuten ruhen lassen.

Auf das gefettete Backblech legen, an beiden Enden einmal schräg einschneiden, mit Wasser abstreichen und in den vorgeheizten Ofen – untere Schiene – schieben. Die Tasse mit heißem Wasser dazustellen oder vorsichtig auf die Bodenplatte gießen. 60–90 Minuten bakken. Nach 15 Minuten den Ofen kurz öffnen, damit der Schwaden entweichen kann. Das Brot ist gar, wenn es beim Klopfen auf die Unterseite hohl klingt. Herausziehen und mit der in Wasser angerührten Speisestärke abstreichen.

Schäferlaib
1 großes Brot

Vorbereiten: ca. 75 Minuten
Backen: ca. 60 Minuten
E: 225 °C, G: Stufe 5–6

80 g Hefe
1 TL Zucker
1 Tasse lauwarmes Wasser (30 °C)
700 g Roggenmehl Type 1370
300 g Weizenmehl Type 1050
ca. 5/8 l lauwarmes Wasser (30 °C)
2 EL Salz
Roggenmehl zum Bestäuben
Fett für das Backblech
1/2 Tasse heißes Wasser

Die Hefe zerbröckeln und mit dem Zucker in der Tasse Wasser auflösen. Das vermischte Mehl in eine Schüssel sieben, in die Mitte eine Vertiefung drücken, die aufgelöste Hefe zugießen und von der Mitte aus mit dem Mehl vermengen. Nach und nach das Wasser und Salz zuschütten. Den Teig durcharbeiten, bis er sich von der Schüssel löst. Mit etwas Mehl bestäuben, zudecken und warm gestellt 40–45 Minuten gehen lassen.

Hat sich das Teigvolumen ungefähr verdoppelt, den Teig auf eine mit Roggenmehl bestäubte Arbeitsfläche heben, kurz und kräftig durcharbeiten und einen Kloß formen. Mit Roggenmehl bestäuben und zugedeckt noch einmal gut 15–20 Minuten ruhen lassen.
Auf das gefettete Backblech – mit dem Schluß nach unten – heben, mit einer Gabel sternförmig einstechen, in den vorgeheizten Ofen – untere Schiene – schieben und die halbe Tasse Wasser vorsichtig auf die Bodenplatte schütten. Den Laib 60–70 Minuten backen. Nach 15 Minuten den Ofen kurz öffnen, damit der Schwaden entweichen kann. Das Brot ist gar, wenn es beim Anklopfen der Unterseite hohl klingt.

Pommersches Bauernbrot
1 Brot

Vorbereiten: ca. 60 Minuten
Backen: ca. 60 Minuten
E: 225 °C, G: Stufe 5–6

60 g Hefe
1 Tasse lauwarmes Wasser (30 °C)
600 g Roggenmehl Type 1370
250 g Weizenmehl Type 1050
knapp 1/2 l lauwarmes Wasser (30 °C)
1 1/2 EL Salz
2 EL Sonnenblumenöl
Mehl zum Bestäuben
Fett für das Backblech
1/2 Tasse heißes Wasser

Die Hefe zerbröckeln und in der Tasse Wasser auflösen. Das vermischte Mehl in eine Schüssel sieben, in die Mitte eine Vertiefung drücken und die aufgelöste Hefe hineingießen. Von der Mitte her mit dem Mehl verrühren, nach und nach Wasser, Salz und Sonnenblumenöl zugeben und den Teig kräftig durcharbeiten, bis er sich von der Schüssel löst. Mit Mehl bestäuben, mit einem Tuch zudecken und an einem warmen Ort gut 40 Minuten gehen lassen.

Den Teig, wenn er sich etwa verdoppelt hat, auf eine gut bemehlte Arbeitsplatte heben, kurz durchkneten und einen länglichen Laib formen. Mit dem Schluß nach oben auf ein bemehltes Backtuch legen und einschlagen. Gut 15 Minuten ruhen lassen.

Den Laib auf ein gefettetes Backblech legen, Schluß nach unten. 3–4mal mit einem scharfen Messer einschneiden, in den vorgeheizten Backofen – untere Schiene – schieben, die halbe Tasse Wasser dazustellen oder vorsichtig auf die Bodenplatte gießen. Gut 60 Minuten abbacken. Das Brot ist gar, wenn es beim Anklopfen des Bodens hohl klingt.

Alpenlaib
1 großes Brot

Vorbereiten: ca. 90 Minuten
Backen: ca. 75 Minuten
Vorheizen: E: 275 °C, G: Stufe 7–8
Backen: E: 225 °C, G: Stufe 5–6

75 g Hefe, 1 TL Zucker
1 Tasse lauwarmes Wasser (30 °C)
600 g Roggenmehl Type 1370
200 g Roggenmehl Type 1740
200 g Weizenmehl Type 812
ca. ⅝ l lauwarmes Wasser (30 °C)
1½ EL Salz, Roggenmehl zum Bestäuben
Fett für das Backblech
½ Tasse heißes Wasser

Die Hefe zerbröckeln und mit dem Zucker in der Tasse Wasser auflösen. Das Mehl mischen, in eine Schüssel sieben, in die Mitte eine Vertiefung drücken, die aufgelöste Hefe dazugießen und von der Mitte mit dem Mehl vermengen. Nach und nach Wasser und Salz zugießen und gut verarbeiten. Den Teig kneten, bis er sich von der Schüssel löst. Mit etwas Roggenmehl bestäuben, zudecken und ca. 45 Minuten gehen lassen.

Hat sich das Teigvolumen ungefähr verdoppelt, den Teig auf eine mit Roggenmehl bestäubte Arbeitsplatte heben, kurz durchkneten, einen Kloß formen und mit dem Schluß nach oben in ein mit Roggenmehl bestäubtes Backtuch einschlagen. Warm stellen und 20–30 Minuten ruhen lassen.

Den Teigling mit dem Schluß nach unten auf das heiße, gefettete Backblech legen und in den vorgeheizten Ofen – untere Schiene – schieben. Das heiße Wasser dazustellen oder vorsichtig auf die Bodenplatte gießen. Den Laib 70–80 Minuten backen. Nach 15 Minuten den Ofen kurz öffnen, damit der Schwaden entweichen kann, auf 225 °C herunterschalten. Das Brot ist gar, wenn es beim Anklopfen der Unterseite hohl klingt.

Bauernbrot

2 Brote

Vorbereiten: ca. 90 Minuten
Backen: ca. 50 Minuten
E: 200 °C, G: Stufe 3–4

500 g Roggenmehl Type 1370
500 g Weizenmehl Type 1050
500 g Sauerteig
¹/₂ l lauwarmes Wasser (35 °C)
1 EL Salz
Mehl zum Bestäuben
Fett für das Backblech
1 Tasse heißes Wasser

Das vermischte Mehl in eine Backschüssel sieben, in die Mitte eine Vertiefung drücken, den Sauerteig hineingeben und unter Zugabe des Wassers kräftig durcharbeiten. Salzen und kneten, bis sich der Teig von der Schüssel löst. Mit etwas Mehl bestäuben, zudecken und warm gestellt gut 1 Stunde gehen lassen.

Wenn der Teig um die Hälfte zugenommen hat, den Teig auf eine gut bemehlte Arbeitsplatte heben. Den Teig gut durchkneten und zwei längliche oder runde Laibe formen. In ein bemehltes Tuch – mit dem Schluß nach oben – einschlagen. Ca. 30 Minuten ruhen lassen.

Auf das gefettete Backblech legen und mit einer Gabel mehrmals einstechen. In den vorgeheizten Ofen schieben – untere Schiene. Die Tasse mit heißem Wasser dazustellen. Etwa 45 Minuten abbacken. Nach 10 Minuten den Ofen vorsichtig kurz öffn, damit der Schwaden entweichen kann.

Wenn das Brot bei der Probe gar ist, den Ofen ausschalten. Das Brot noch 10 Minuten im Ofen lassen.

Waldecker Landbrot

2 große Brote

Vorbereiten: ca. 5 Stunden
Backen: ca. 60 Minuten
E: 225 °C, G: Stufe 5–6

1500 g Roggenmehl Type 1150
250 g Weizenmehl Type 1050
800 g Sauerteig
ca. ³/₄ l lauwarmes Wasser (30 °C)
5 EL Salz
1 EL Zucker
Mehl zum Bestäuben
Fett für das Backblech
Wasser zum Abstreichen
1 Tasse heißes Wasser

Mehl mischen und in eine Schüssel sieben, in die Mitte eine Vertiefung drücken, den Sauerteig hineingeben und nach und nach unter Zugabe von Wasser, Salz und Zucker gut durcharbeiten. Den Teig kneten, bis er geschmeidig ist und sich von der Schüssel löst. Mit etwas Mehl bestäuben, zudecken und warm gestellt gut 4 Stunden ruhen lassen.

Wenn das Teigvolumen um die Hälfte zugenommen hat, gut durchkneten, halbieren, zwei Klöße formen und zu länglichen Laiben ausrollen. Mit dem Schluß nach oben auf ein Tuch legen und einschlagen. 1 Stunde ruhen lassen.

Die Teiglinge mit dem Schluß nach unten auf das gefettete Backblech legen, mit Wasser abstreichen und in den vorgeheizten Ofen schieben. Die Tasse heißes Wasser dazustellen. Das Brot ca. 60 Minuten backen. Es ist gar, wenn es beim Anklopfen der Unterseite hohl klingt. Herausziehen, mit Wasser abstreichen.

Das kleine Bauernmädchen
England, 1801

Siegerländer Rundbrot
2 Brote

Vorbereiten: ca. 4 Stunden
Backen: ca. 60 Minuten
Vorheizen: E: 250 °C; G: Stufe 6–7
Backen: E: 225 °C; G: Stufe 5–6

40 g Hefe
1/2 Tasse lauwarmes Wasser (30 °C)
700 g Roggenmehl Type 1150
300 g Weizenmehl Type 812
500 g Sauerteig
2 EL Salz
ca. 5/8 l lauwarmes Wasser (30 °C)
Mehl zum Bestäuben
Fett für das Backblech
1/2 Tasse heißes Wasser
1 EL Speisestärke
4 EL heißes Wasser

Die Hefe zerbröckeln und in der halben Tasse Wasser auflösen. Das Mehl mischen, in eine Schüssel sieben, in die Mitte eine Vertiefung drücken, den Sauerteig und die aufgelöste Hefe hineingießen und von der Mitte mit dem Mehl vermengen. Salz und Wasser nach und nach unter ständigem Kneten unterarbeiten, bis der Teig geschmeidig ist und sich von der Schüssel löst. Mit Mehl bestäuben, zudecken und warm gestellt gut 2 1/2 bis 3 Stunden gehen lassen. Der Teig kann weiterverarbeitet werden, wenn er gut um die Hälfte zugenommen hat.

Auf eine bemehlte Arbeitsfläche heben, kurz durchkneten, halbieren und zwei

Klöße formen. Zudecken und an einem warmen Ort gut 45–60 Minuten ruhen lassen.

Auf das gefettete Backblech setzen, mit einem scharfen Messer 3mal quer einschneiden und in den vorgeheizten Ofen – untere Schiene – schieben. Die halbe Tasse heißes Wasser dazustellen oder vorsichtig auf die Bodenplatte gießen. Das Brot muß ungefähr 60 Minuten bakken. Nach 10 Minuten den Ofen kurz öffnen, damit der Schwaden abziehen kann und die Ofentemperatur auf 225 °C senken. Das Brot ist gar, wenn es beim Anklopfen der Unterseite hohl klingt.

Herausziehen und mit dem Brei aus Speisestärke und Wasser abstreichen, damit das Brot schön glänzt.

Vorarlberger Hofbrot
1 großes Brot

Vorbereiten: ca. 4 Stunden
Backen: ca. 60 Minuten
E: 225 °C, G: Stufe 5–6

40 g Hefe
¹/₄ Tasse lauwarmes Wasser (30 °C)
800 g Roggenmehl Type 997
500 g Weizenmehl Type 812
600 g Sauerteig
2 EL Salz
ca, ³/₄ l lauwarmes Wasser (30 °C)
Mehl zum Bestäuben
Fett für das Backblech
1 Tasse heißes Wasser

Die Hefe zerbröckeln und in der ¹/₄ Tasse Wasser auflösen. Das vermischte Mehl in die Schüssel sieben, in die Mitte eine Vertiefung drücken, den Sauerteig und die in Wasser aufgelöste Hefe hineingießen, Vorteig mit gut ¹/₄ des Mehles anrühren und warm gestellt gut 30 Minuten gehen lassen.

Salz und nach und nach Wasser unter Kneten zuschütten. Den Teig kräftig durcharbeiten, bis er geschmeidig ist und sich von der Schüssel löst, mit etwas Mehl bestäuben, zudecken und warm gestellt 2–2¹/₂ Stunden gehen lassen.

Den Teig, wenn sein Volumen um etwa die Hälfte zugenommen hat, auf eine bemehlte Arbeitsfläche heben, kurz durchkneten und einen Kloß formen. Mit dem Schluß nach oben auf ein gut bemehltes Tuch legen und einschlagen. Gut 1 Stunde gehen lassen.

Den Laib mit dem Schluß nach unten auf das gefettete Backblech legen, mit einem scharfen Messer ca. 5 cm vom unteren Rand halbrund einschneiden und in den vorgeheizten Ofen schieben. Die Tasse mit heißem Wasser dazustellen oder vorsichtig auf die Bodenplatte gießen. Tür sofort schließen. Gut 1 Stunde backen. Nach 10 Minuten den Ofen kurz öffnen, damit der Schwaden entweichen kann. Das Brot ist gar, wenn es sich beim Beklopfen der Unterseite hohl anhört.

Hannoversches Doppelback
1 Brot

Vorbereiten: ca. 100 Minuten
Backen: ca. 70 Minuten
Backen: E: 225 °C, G: Stufe 5–6
Nachbacken: E: 275 °C, G: Stufe 7–8

60 g Hefe
½ Tasse lauwarmes Wasser (30 °C)
500 g Weizenmehl Type 1050
500 g Roggenmehl Type 1150
250 g Sauerteig
ca. ½ l lauwarmes Wasser (30 °C)
2 EL Salz
Mehl zum Bestäuben
Fett für die Kastenform
Wasser zum Abstreichen
½ Tasse heißes Wasser
3 EL heißes Wasser
1 TL Speisestärke

Die Hefe zerbröckeln und in der halben Tasse Wasser gut auflösen. Das vermischte Mehl in eine Schüssel sieben, in die Mitte eine Vertiefung drücken, Sauerteig und Hefe zugeben und von der Mitte aus mit dem Mehl vermengen. Nach und nach Wasser und Salz zugeben und unterarbeiten. Den Teig kneten, bis er geschmeidig ist und sich leicht von der Schüssel löst. Mit etwas Mehl bestäuben, zudecken und an einem warmen Ort gut 75 Minuten gehen lassen.
Den Teig, wenn sein Volumen gut um die Hälfte zugenommen hat, auf ein bemehltes Backbrett heben, kurz und kräftig durchkneten und eine kastenformlange Rolle formen. Die Teigrolle in die ausgefettete Form legen, zudecken und gut 20 Minuten ruhen lassen. Mit einer Gabel mehrmals einstechen, mit Wasser abstreichen und in den vorgeheizten Ofen – untere Schiene – schieben. Die halbe Tasse heißes Wasser auf die Bodenplatte schütten und die Tür sofort schließen. Das Brot ca. 60 Minuten abbacken und herausziehen.
Den Ofen hochschalten, das Brot aus der Form nehmen und weitere 10–15 Minuten backen. Herausziehen und die Oberseite mit der Mischung aus Speisestärke und Wasser abstreichen und noch einmal kurz zum Abtrocknen in den Ofen stellen.
▷ Diese Brot-Spezialität aus Hannover bekommt durch den Nachbackvorgang bei großer Hitze eine besonders knakkige Oberkruste und an den Seiten eine leichte Kruste.

Backen mit vollem Korn (Seite 165 f.)

Paderborner Landbrot
1 großes Brot

Vorbereiten: ca. 75 Minuten
Backen: ca. 60 Minuten
E: 225 °C, G: Stufe 5–6

40 g Hefe
¹/₂ Tasse lauwarmes Wasser (30 °C)
800 g Roggenmehl Type 1150
200 g Weizenmehl Type 1050
500 g Sauerteig, 3 EL Salz
ca. ¹/₂ l lauwarmes Wasser (30 °C)
Mehl zum Bestäuben
Fett für die Kastenform
¹/₂ Tasse heißes Wasser
Wasser zum Abstreichen

Die zerbröckelte Hefe in der halben Tasse Wasser auflösen. Das vermischte Mehl in eine Schüssel sieben, in die Mitte eine Vertiefung drücken, den Sauerteig und die aufgelöste Hefe hineingießen und von der Mitte aus mit dem Mehl vermengen. Wasser und Salz unterkneten. Den Teig kräftig durcharbeiten, bis er geschmeidig wird und sich von der Schüssel löst. Mit etwas Mehl bestäuben, zudecken und warm gestellt 45 Minuten gehen lassen.
Hat sich das Volumen etwa verdoppelt, auf eine bemehlte Arbeitsfläche heben, kräftig durchkneten und eine kastenformlange Rolle wirken. Die Teigrolle in eine ausgefettete Kastenform legen, zudecken und noch einmal 20 Minuten ruhen lassen.

Mit Wasser abstreichen, mit einer Gabel mehrmals einstechen und in den vorgeheizten Ofen – untere Schiene – schieben. Die halbe Tasse mit heißem Wasser auf die Bodenplatte schütten, den Ofen sofort schließen.
Nach 60 Minuten auf volle Oberhitze stellen und die Kruste schokoladenbraun werden lassen.
Herausziehen, aus der Form nehmen und mit Wasser abstreichen.

Gersterbrot
1–2 Brote

Vorbereiten: ca. 120 Minuten
Backen: ca. 75 Minuten
E: 225 °C, G: Stufe 5–6

40 g Hefe
¹/₂ Tasse lauwarmes Wasser (30 °C)
300 g Weizenmehl Type 1050
700 g Roggenmehl Type 1370
500 g Sauerteig
ca. ¹/₂ l lauwarmes Wasser (30 °C)
3 EL Salz
Mehl zum Bestäuben
Fett für die Kastenform
Wasser zum Abstreichen
¹/₂ Tasse heißes Wasser

Die zerbröckelte Hefe in der halben Tasse Wasser auflösen. Das vermischte Mehl in eine Backschüssel sieben, in die Mitte eine Vertiefung drücken. Sauerteig und Hefe zugießen und von der Mitte her mit dem Mehl vermengen. Wasser und Salz zugeben. Den Teig so lange durcharbeiten, bis er geschmeidig ist und sich von der Schüssel löst. Mit etwas Mehl bestäuben, zudecken und 60 Minuten ruhen lassen.

Wenn das Teigvolumen um die Hälfte zugenommen hat, den Teig auf eine bemehlte Arbeitsfläche heben, durchkneten, rund wirken und zu ein bzw. zwei kastenformlangen Rollen ausrollen. Die Teigrolle in eine ausgefettete Kastenform legen, zudecken und noch einmal 30–40 Minuten ruhen lassen.

Mit einer Gabel mehrmals einstechen, mit Wasser abstreichen und in den vorgeheizten Ofen – untere Schiene – schieben. Die halbe Tasse Wasser vorsichtig auf die Bodenplatte schütten, Ofen sofort schließen und nach 15 Minuten kurz öffnen, damit der Schwaden entweichen kann. Ungefähr 60 Minuten backen.

Grill einstellen und das Brot abflämmen – indem Sie es kurz ganz nah an die Flamme bzw. den Grillstab stellen –, so daß die Kruste scheckig wird.

Aus dem Ofen nehmen, auf ein Brett stellen und die Kruste mit Wasser abstreichen.

▷ Das Gerstern – auch Gersteln –, das dem Brot die typische, gescheckte Kruste gibt, verleiht diesem Brot auch ein besonders volles Aroma, da sich die Röststoffe gut ausbilden können.

Holzhackerbrot
1 großes oder 2 mittlere Brote

Vorbereiten: ca. 3 Stunden
Backen: ca. 75 Minuten
E: 250 °C, G: Stufe 6–7

80 g Hefe
1 TL Zucker
1 Tasse lauwarmes Wasser (30 °C)
700 g Roggenmehl Type 1740
300 g Weizenmehl Type 1050
300 g Sauerteig
250 g kernige Haferflocken
ca. $^5/_8$ l lauwarmes Wasser (30 °C)
3 EL Salz
Mehl zum Bestäuben
Fett für das Backblech
$^1/_2$ Tasse Wasser

Hefe zerbröckeln und zusammen mit dem Zucker in der Tasse Wasser auflösen. Mehl mischen und in eine Schüssel sieben, in die Mitte eine Vertiefung drücken, den Sauerteig und die Hefe hineingießen und von der Mitte aus mit dem Mehl vermengen. Die Haferflocken einstreuen, nach und nach das Wasser unter ständigem Kneten unterarbeiten. Salz zugeben und den Teig durchkneten, bis er geschmeidig ist und sich von der Schüssel löst. Mit etwas Mehl bestäuben, zudekken und gut 2 Stunden an einem warmen Ort gehen lassen, bis sich das Volumen etwa verdoppelt hat.

Auf eine bemehlte Arbeitsfläche heben, gut durchkneten und einen Kloß formen, mit dem Schluß nach oben auf ein bemehltes Tuch legen und einschlagen, 20–30 Minuten ruhen lassen.

Den Kloß auf ein gefettetes, bemehltes Backblech heben, den Schluß nach unten. In den vorgeheizten Ofen – untere Schiene – schieben, die halbe Tasse heißes Wasser dazustellen oder vorsichtig auf die Bodenplatte gießen.

Nach 15 Minuten den Ofen kurz öffnen, damit der Schwaden entweichen kann. Das Brot wird 75–80 Minuten gebacken, damit sich die Kruste, die den Geschmack entscheidend beeinflußt, gut bilden kann. Es ist gar, wenn es beim Anklopfen des Bodens hohl klingt.

Frankenlaib
1 großes Brot

Vorbereiten: ca. 3 Stunden
Backen: ca. 75 Minuten
Vorheizen: E: 275 °C, G: Stufe 7–8
Backen: E: 225 °C, G: Stufe 5–6

40 g Hefe
$^1\!/_2$ Tasse lauwarmes Wasser (30 °C)
600 g Roggenmehl Type 1150
200 g Weizenmehl Type 1050
400 g Sauerteig
ca. $^5\!/_8$ l lauwarmes Wasser (30 °C)
$1^1\!/_2$ EL Salz
Roggenmehl zum Bestäuben
Fett für das Backblech
1 EL Kümmel
1 Tasse heißes Wasser

Die zerbröckelte Hefe in der halben Tasse Wasser auflösen. Mehl mischen und in eine Schüssel sieben, in die Mitte eine Vertiefung drücken, den Sauerteig und die Hefe zugießen und von der Mitte her mit dem Mehl verarbeiten. Nach und nach Wasser und Salz zugeben. Den Teig kräftig durchkneten, bis er sich von der Schüssel löst. Mit etwas Roggenmehl bestäuben, zudecken und ca. 2 Stunden gehen lassen.

Hat das Teigvolumen sich fast verdoppelt, den Teig auf eine gut mit Roggenmehl bestäubte Arbeitsplatte heben, kräftig durchkneten und einen Kloß formen. Mit dem Schluß nach unten auf ein bemehltes Tuch legen und einschlagen. 20–30 Minuten warm gestellt ruhen lassen.

Auf das heiße, gefettete Backblech heben, mit dem Schluß nach unten, in der Mitte etwas anfeuchten, den Kümmel aufstreuen und in den vorgeheizten Ofen – untere Schiene – schieben. Die Tasse heißes Wasser dazustellen oder vorsichtig auf die Bodenplatte gießen. Nach 10 Minuten die Ofentemperatur auf 225 °C senken.

Der Laib muß ca. 75 Minuten backen. Er ist gar, wenn er beim Beklopfen der Unterseite hohl klingt.

Münchner Hausbrot

1 großes Brot

Vorbereiten: ca. 120 Minuten
Backen: ca. 75 Minuten
E: 225 °C, G: Stufe 5–6

40 g Hefe
1 TL Zucker
¹/₂ Tasse lauwarmes Wasser (30 °C)
500 g Roggenmehl Type 997
400 g Weizenmehl Type 812
400 g Sauerteig
ca. ⁵/₈ l lauwarmes Wasser (30 °C)
2 EL Salz
Mehl zum Bestäuben
Fett für das Backblech
Wasser zum Abstreichen
¹/₂ Tasse heißes Wasser
4 EL heißes Wasser
1 EL Speisestärke

Die zerbröckelte Hefe und den Zucker in der halben Tasse Wasser auflösen. Mehl mischen und in eine Schüssel sieben, in die Mitte eine Vertiefung drücken, die aufgelöste Hefe hineingießen und von der Mitte aus mit dem Mehl vermengen. Wasser und Salz unter ständigem Kneten unterarbeiten. Den Teig kneten, bis er sich geschmeidig von der Schüssel löst. Mit etwas Mehl bestäuben, zudecken und gut 60 Minuten gehen lassen.

Hat das Teigvolumen gut um die Hälfte zugenommen, den Teig auf eine mit Mehl bestäubte Arbeitsplatte heben, kurz und kräftig durcharbeiten und einen länglichen Laib formen. Zudecken und warm gestellt noch einmal ca. 30 Minuten ruhen lassen.

Auf das gefettete Backblech legen, mit einem Kochlöffelstiel seitlich mehrmals kräftig eindrücken, mit Wasser abstreichen, mit einer Gabel mehrmals einstechen und in den vorgeheizten Ofen – untere Schiene – schieben. Die halbe Tasse heißes Wasser dazustellen oder vorsichtig auf die Bodenplatte gießen. 70–80 Minuten backen. Das Brot ist gar, wenn es beim Beklopfen der Unterseite hohl klingt.

Herausziehen und mit der Mischung aus Speisestärke und Wasser abstreichen.

Berliner Stadtbrot

1 großes Brot

Vorbereiten: ca. 120 Minuten
Backen: ca. 75 Minuten
Vorheizen: E: 250 °C, G: Stufe 6–7
Backen: E: 225 °C, G: Stufe 5–6

50 g Hefe
1 TL Zucker
¹/₂ Tasse lauwarmes Wasser (30 °C)
700 g Roggenmehl Type 1150
100 g Weizenmehl Type 1050
500 g Sauerteig
ca. ⁵/₈ l lauwarmes Wasser (30 °C)
2 EL Salz
Mehl zum Bestäuben
Fett für das Backblech
¹/₂ Tasse heißes Wasser

Die zerbröckelte Hefe mit dem Zucker in der halben Tasse Wasser auflösen. Das Mehl in eine Schüssel sieben, in die Mitte eine Vertiefung drücken, den Sauerteig und die aufgelöste Hefe hineingießen und von der Mitte her mit dem Mehl verarbeiten. Nach und nach Wasser und Salz zugeben und den Teig durcharbeiten, bis er sich geschmeidig von der Schüssel löst. Mit etwas Mehl bestäuben, warm stellen und 75–90 Minuten gehen lassen.

Hat sich das Volumen fast verdoppelt, den Teig auf eine bemehlte Arbeitsfläche heben, kurz und kräftig durchkneten, eine Kugel formen und zu einem länglichen Laib ausrollen. Gut mit Weizenmehl bemehlen und mit dem Schluß nach unten in ein Tuch einschlagen. Noch einmal 25–30 Minuten warm gestellt ruhen lassen.

Mit dem Schluß nach unten auf das gefettete Blech legen, in den vorgeheizten Ofen schieben – untere Schiene –, die halbe Tasse heißes Wasser dazustellen oder vorsichtig auf die Bodenplatte gießen. Das Brot 60–75 Minuten backen. Nach ca. 15 Minuten den Schwaden ablassen und die Ofentemperatur auf 225 °C senken. Es ist gar, wenn es beim Beklopfen der Unterseite hohl klingt.

Heidelaib
1 großes Brot

Vorbereiten: ca. 120 Minuten
Backen: ca. 60 Minuten
E: 225 °C, G: Stufe 5–6

40 g Hefe
1 TL Zucker
½ Tasse lauwarmes Wasser (30 °C)
800 g Roggenmehl Type 1150
200 g Weizenmehl Type 1050
500 g Sauerteig
ca. ⅝ l lauwarmes Wasser (30 °C)
1½ E.I. Salz
Roggenmehl zum Bestäuben
Fett für das Backblech
Wasser zum Abstreichen
1 Tasse heißes Wasser

Die zerbröckelte Hefe mit dem Zucker in der halben Tasse Wasser auflösen. Das Mehl mischen, in eine Schüssel sieben, in die Mitte eine Vertiefung drücken, den Sauerteig und die aufgelöste Hefe hineingießen und von der Mitte aus mit dem Mehl vermengen. Nach und nach Wasser und Salz zugeben und den Teig kräftig durchkneten, bis er geschmeidig ist und sich von der Schüssel löst. Mit etwas Mehl bestäuben, zudecken und an einem warmen Ort gut 80–90 Minuten gehen lassen.

Hat das Teigvolumen um gut die Hälfte zugenommen, den Teig auf eine gut bemehlte Arbeitsfläche heben, kurz und kräftig durchkneten und eine Kugel formen. In Roggenmehl wälzen und einen länglichen Laib formen. Mit dem Schluß nach unten auf das gefettete Backblech legen, mit einem scharfen Messer der Länge nach einmal ganz einschneiden, etwas auseinanderziehen und mit der Hand flach drücken. Mit einem Tuch zudecken und warm gestellt ca. 20 Minuten ruhen lassen.

In den vorgeheizten Ofen – untere Schiene – schieben, die Tasse mit heißem Wasser dazustellen oder vorsichtig auf die Bodenplatte gießen. Das Brot etwa 60–70 Minuten abbacken. Es ist gar, wenn es beim Beklopfen der Unterseite hohl klingt.

Herausziehen und die Oberseite mit etwas Wasser abstreichen.

Schweizer Ringbrot
2 Brote

Vorbereiten: ca. 150 Minuten
Backen: ca. 50 Minuten
Vorheizen: E: 250 °C, G: Stufe 6–7
Backen: E: 200 °C, G: Stufe 3–4

40 g Hefe
1 TL Zucker
$^1/_2$ Tasse lauwarmes Wasser (30 °C)
600 g Roggenmehl Type 1370
400 g Weizenmehl Type 630
250 g Sauerteig
$^1/_2$ l lauwarmes Wasser (30 °C)
2 EL Salz
Mehl zum Bestäuben

2 EL Koriander
Fett für das Backblech
1 Tasse heißes Wasser

Die Hefe zerbröckeln und mit dem Zucker in der halben Tasse Wasser auflösen. Das Mehl mischen, in eine Schüssel sieben, in die Mitte eine Vertiefung drücken, Sauerteig und die aufgelöste Hefe hineingießen und von der Mitte aus mit dem Mehl vermengen. Nach und nach Wasser und Salz zugießen und unterarbeiten. Den Teig durcharbeiten, bis er sich von der Schüssel löst. Mit etwas Mehl bestäuben, zudecken und warm gestellt 75–80 Minuten gehen lassen.

Hat der Teig ungefähr das doppelte Volumen, auf eine bemehlte Arbeitsplatte heben, durchkneten und in 2 gleiche Teile schneiden. Die Teigstücke rund wirken und dann zu ca. 40 cm langen Rollen auswirken. Einen Ring formen, dabei die Teigenden fest zusammendrücken. Mit Koriander bestreuen, zudecken und gut 30–40 Minuten ruhen lassen.

Die Ringe auf das heiße, gefettete Blech legen, ringsum 3–4mal mit einem Messer schräg einschneiden und in den vorgeheizten Ofen – untere Schiene – schieben. Die Tasse mit heißem Wasser dazustellen oder vorsichtig auf die Bodenplatte gießen. Nach ca. 15 Minuten den Schwaden ablassen und die Ofentemperatur auf 200 °C senken. Die Ringbrote 40–50 Minuten backen. Wenn sie gar sind, klingen sie beim Anklopfen der Unterseite hohl.

Sauerländer Mengbrot
2 große Brote

Vorbereiten: ca. 4 Stunden
Backen: ca. 60 Minuten
E: 225 °C, G: Stufe 5–6

600 g Roggenmehl Type 1370
400 g Weizenmehl Type 812
500 g Sauerteig
ca. ⅝ l lauwarmes Wasser (30 °C)
2 EL Salz
Mehl zum Bestäuben
Fett für das Backblech
Wasser zum Abstreichen
½ Tasse heißes Wasser
1 EL Speisestärke
3–4 EL Wasser

Das Mehl mischen, in eine Schüssel sieben, in die Mitte eine Vertiefung drücken, den Sauerteig hineingießen, nach und nach Wasser und Salz unter ständigem Kneten unterarbeiten und den Teig durcharbeiten, bis er geschmeidig ist und sich von der Schüssel löst. Mit etwas Mehl bestäuben, zudecken und warm gestellt 2½–3 Stunden gehen lassen. Die Teigmenge muß um gut die Hälfte zunehmen.
Den Teig auf eine mit Mehl bestäubte Arbeitsfläche heben, kurz und kräftig durchkneten, die Teigmasse halbieren und zwei Klöße formen. Mit dem Schluß nach oben in ein bemehltes Tuch einschlagen und gut 60 Minuten ruhen lassen.

Auf das heiße, gefettete Blech legen, mit dem Schluß nach unten, mit einer Gabel mehrmals einstechen, mit Wasser abstreichen und in den vorgeheizten Ofen schieben – untere Schiene. Die halbe Tasse Wasser dazustellen oder vorsichtig auf die Bodenplatte gießen. Die Brote ca. 60 Minuten abbacken. Nach 15 Minuten den Ofen kurz öffnen, damit der Schwaden entweichen kann. Ist das Brot gar, so klingt es beim Beklopfen der Unterseite hohl.
Die Brote herausziehen. Speisestärke und Wasser zu einem Brei verrühren und die Brote damit abstreichen.

Gutsbrot
1 großes Brot

Vorbereiten: ca. 200 Minuten
Backen: ca. 60 Minuten
Vorheizen: E: 250 °C, G: Stufe 6–7
Backen: E: 225 °C, G: Stufe 5–6

40 g Hefe
1 TL Zucker
½ Tasse lauwarmes Wasser (30 °C)
600 g Roggenmehl Type 1150
200 g Weizenmehl Type 1050
500 g Sauerteig
gut ½ l lauwarmes Wasser (30 °C)
2 EL Salz
Roggenmehl zum Bestäuben
Fett für das Backblech
½ Tasse Wasser
Wasser zum Abstreichen

Roggenmischbrote

Die zerbröckelte Hefe mit dem Zucker in der halben Tasse Wasser auflösen. Das vermischte Mehl in eine Schüssel sieben, in die Mitte eine Vertiefung drücken, Sauerteig und die aufgelöste Hefe zugießen und von der Mitte her mit dem Mehl verarbeiten. Nach und nach Wasser und Salz zugießen. Den Teig kräftig kneten, bis er sich geschmeidig von der Schüssel löst. Mit etwas Mehl bestäuben, zudecken und warm gestellt 2–2$^1/_2$ Stunden gehen lassen.

Hat sich das Teigvolumen ungefähr verdoppelt, den Teig auf eine mit Roggenmehl bestreute Arbeitsfläche heben, kurz und gut durcharbeiten, einen Kloß formen und zu einer Rolle auswirken. Zudecken und warm gestellt nochmals gut 30 Minuten ruhen lassen.

Auf das heiße Blech legen, mit einer Gabel mehrmals einstechen, in den vorgeheizten Ofen schieben, die halbe Tasse heißes Wasser dazustellen oder vorsichtig auf die Bodenplatte schütten. Nach 10 Minuten die Ofentemperatur auf 225 °C senken.

Nach 60 Minuten, wenn die Garprobe zeigt, daß das Brot gar ist, den Ofen ausschalten und das Brot noch 10 Minuten im Ofen lassen.

Herausziehen und mit etwas Wasser abstreichen.

Texanisches Sauerteigbrot
2 Kastenbrote

Vorbereiten: ca. 3 Stunden
Backen: ca. 45 Minuten
E: 200 °C, G: Stufe 3–4

1 Päckchen Trockenhefe
2 EL lauwarmes Wasser
$^1/_4$ l Milch
60 g brauner Zucker
75 g Butter
1 EL Salz
400 g Roggenmehl Type 997
200 g Weizenmehl Type 550
$^3/_8$ l Starter (Rezept nachfolgend)
Fett für die Formen

Die Hefe mit dem Wasser verrühren und nach Vorschrift gehen lassen. Die Milch heiß werden lassen, Zucker, Butter und Salz darin auflösen, dann die Flüssigkeit wieder abkühlen lassen. Die aufgelöste Hefe zufügen, nach und nach das Mehl und dann den Sauerteig unterarbeiten. Den Teig durcharbeiten, bis er sich von der Schüssel löst. Zudecken, warm stellen und etwa 90 Minuten ruhen lassen.

Wenn sich das Teigvolumen um gut die Hälfte vergrößert hat, den Teig noch einmal durchkneten und nochmals 30 Minuten gehen lassen.

Den Teig in zwei gleiche Teile schneiden, in gefettete Kastenformen legen, zudecken und gut 60 Minuten gehen lassen, wobei der Teig sein Volumen noch einmal fast verdoppelt.

In den vorgeheizten Backofen – untere Schiene – schieben und etwa 45 Minuten backen. Die fertigen Brote herausziehen, aus den Kästen nehmen und auf einem Kuchengitter auskühlen lassen.

Für dieses Brot wird ein spezieller Sauerteig, der »Starter«, benötigt.

1 l lauwarmes Wasser (30 °C)
1 Päckchen Trockenhefe
2 EL brauner Zucker oder Honig
500 g Roggenmehl Type 997

Das Wasser in ein etwa 3 Liter fassendes Gefäß geben, die Hefe einrühren und einige Minuten ruhen lassen.

Den Zucker bzw. den Honig im Wasser auflösen und dann das Mehl einrühren. Das Gefäß zudecken und an einem warmen Ort etwa 36–48 Stunden ruhen lassen, bis der Ansatz kräftig gärt.

▷ Dieser Sauerteig kann nun problemlos bis zu einer Woche im Kühlschrank aufbewahrt werden.

▷ Aus diesem Teig werden in Texas übrigens auch Brötchen gebacken, unter die noch eine Handvoll Sultaninen gemischt werden. Der Teig reicht für etwa 16 Brötchen, die ca. 15 Minuten backen. Sie schmecken ganz vorzüglich, wenn sie dick mit Butter bestrichen werden.

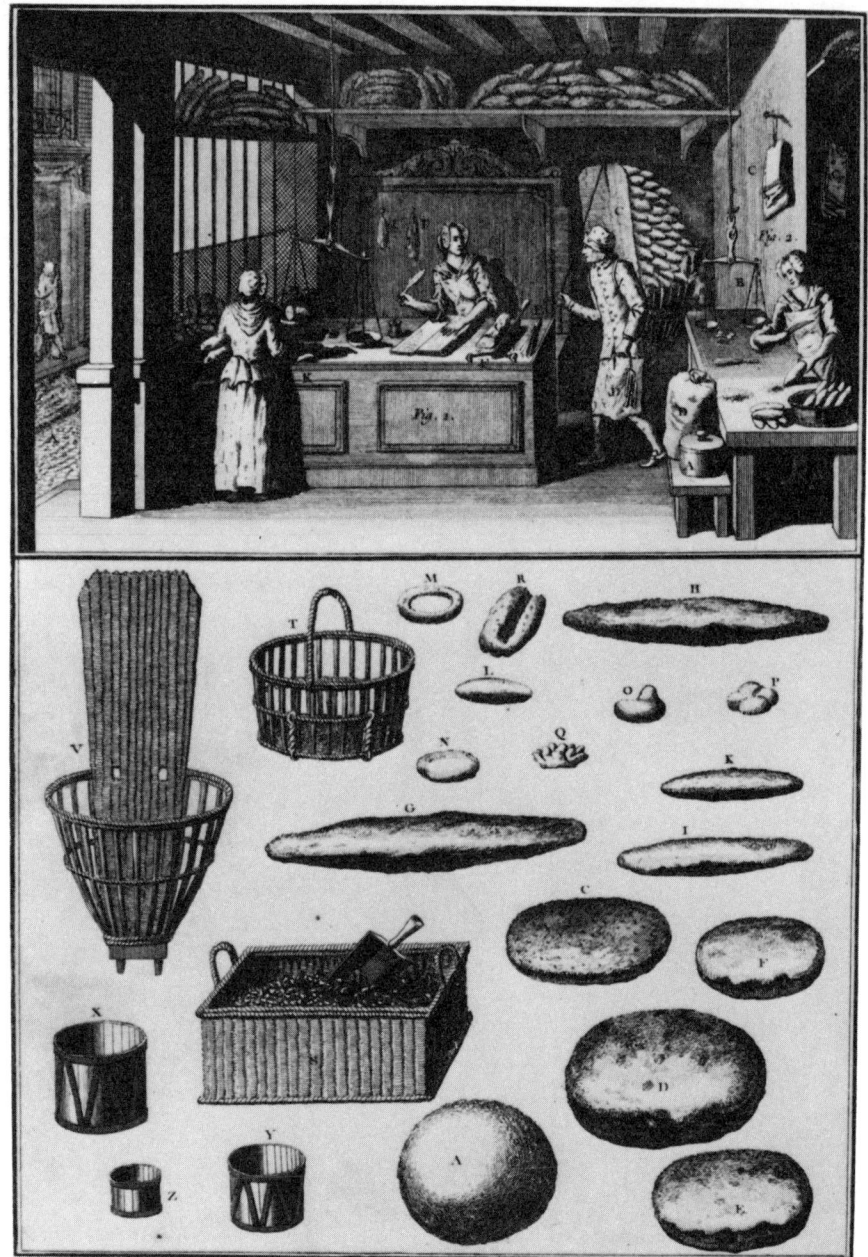

Roggenbrote

Vom Roggenbrot mit Hefe bis zum Sylter Igel

In Norddeutschland werden sie kräftig und aus dunklerem Mehl gebacken. In Süddeutschland nimmt man gern helleres Roggenmehl. Sie sind vitaminreich und enthalten viele lebenswichtige Mineralstoffe. Ihre Namen, die oft den Zusatz »Landbrot« oder »Bauernbrot« haben, zeigen uns die Herkunft der Rezepte. Diese Brote wurden oft vor noch gar nicht langer Zeit oder werden heute noch auf den Bauernhöfen selbst gebacken.

Der Geschmack der Roggenbrote ist herzhafter als der von Mischbroten, kernig, kräftig, und sie passen besonders gut zu würzigen Wurstsorten, zu Schinken oder auch zu deftigen Käsesorten.

Das Backen von Roggenbroten im eigenen Ofen ist nicht das richtige für Brotback-Anfänger, denn wie schon bei den Roggenmischbroten gehört auch hier eine kleine Portion Erfahrung und Geschick dazu.

Roggenmehl in seinen verschiedenen Ausmahlungsgraden ist nicht ganz unkompliziert bei der Teigbereitung. Insbesondere die Flüssigkeitszugabe kann sehr unterschiedlich sein. Die angegebenen Mengen sind Mittelwerte für normales Roggenmehl. Achten Sie bei der Teigbereitung deshalb besonders auf die Teigfestigkeit und auf die genaue Einhaltung der Teigtemperatur. (Am besten mit einem Teigthermometer.) Roggenteige müssen genau nach Rezept gearbeitet werden, sonst kann es leicht geschehen, daß sie mißlingen.

Da Roggenbrote überwiegend mit Sauerteig gebacken werden, sollten Sie Ihren eigenen Sauerteig auf alle Fälle nach Rezept auf Seite 123 immer selbst zubereiten.

Die Hefe, die bei einigen Rezepten zugesetzt wird, vereinfacht den Arbeitsablauf, verkürzt die Teigruhezeiten und macht das Brot zudem lockerer.

Wenn die Beschaffung von Roggenmehl Schwierigkeiten machen sollte, so sollten Sie bei Ihrer örtlichen Bäckereinkaufsgenossenschaft, einer Mühle oder bei Ihrem Bäckermeister nachfragen. Man wird Ihnen sicher das Mehl in der gewünschten Menge verkaufen.

Und nun noch ein Tip: Wenn Sie Ihr Brot ganz so backen wollen wie der Bäcker, dann besorgen Sie sich auch noch eine Schamotteplatte oder eine Solnhofener Steinplatte in der Größe Ihres Backofens. Diese Platte sollte etwa 2 cm dick sein und wird auf den Bratenrost gelegt. Wenn Sie sie vor dem Backen etwa 1 Stunde vorheizen, dann haben Sie den Effekt, den der Bäcker im Steinofen erzielt, Ihre Brote bekommen rundum eine knackige Kruste.

Roggenbrot mit Hefe
2 mittlere Brote

Vorbereiten: ca. 75 Minuten
Backen: ca. 75 Minuten
E: 175 °C, G: Stufe 2–3

80 g Hefe
1 TL Zucker
1 Tasse lauwarmes Wasser (30 °C)
1500 g Roggenmehl Type 1370
ca. 1 l lauwarmes Wasser (30 °C)
3 EL Salz
Roggenmehl zum Bestäuben
Fett für das Backblech
¹/₂ Tasse heißes Wasser

Die Hefe zerbröckeln und mit dem Zucker in der Tasse Wasser auflösen. Das Mehl in eine Backschüssel sieben, in die Mitte eine Vertiefung drücken, die aufgelöste Hefe hineingießen und von der Mitte her mit dem Mehl vermengen. Nach und nach Wasser und Salz zugeben und den Teig durcharbeiten, bis er Blasen wirft und sich von der Schüssel löst. Mit etwas Mehl bestäuben, zudecken und an einem warmen Ort gut 45 Minuten gehen lassen.

Hat sich das Teigvolumen verdoppelt, den Teig auf eine mit Roggenmehl bestäubte Arbeitsplatte heben, kräftig durchkneten und zwei längliche Laibe wirken. Die Teiglinge in ein Tuch einschlagen und warm gestellt ca. 20 Minuten ruhen lassen. Die Teiglinge werden dann mit dem Schluß nach unten auf das heiße, gefettete Backblech gelegt, mit Roggenmehl bestäubt und an beiden Enden einmal quer eingeschnitten.

In den vorgeheizten Ofen – untere Schiene – schieben. Die halbe Tasse Wasser dazustellen oder vorsichtig auf die Bodenplatte schütten. Die Brote etwa 75 Minuten backen. Sie sind gar, wenn sie beim Beklopfen der Unterseite hohl klingen.

Dunkles Nußbrot
1 mittleres Brot

Vorbereiten: ca. 75 Minuten
Backen: ca. 40 Minuten
E: 200 °C, G: Stufe 3–4

40 g Hefe
1 TL Zucker
1 Tasse lauwarmes Wasser (30 °C)
500 g Roggenmehl Type 997
ca. ³/₈ l lauwarmes Wasser (30 °C)
Salz
Roggenmehl zum Bestäuben
75 g gehackte Walnüsse
Fett für das Backblech
Wasser zum Abstreichen
¹/₂ Tasse heißes Wasser

Die Hefe zerbröckeln und mit dem Zukker in der Tasse Wasser auflösen. Das
Mehl in eine Backschüssel sieben, in die
Mitte eine Vertiefung drücken, die aufgelöste Hefe hineingießen und von der
Mitte her mit dem Mehl vermengen.
Nach und nach Wasser und Salz zugeben
und den Teig durcharbeiten, bis er Blasen wirft und sich von der Schüssel löst.
Mit etwas Mehl bestäuben, zudecken und
an einem warmen Ort gut 45 Minuten
gehen lassen.
Hat sich das Teigvolumen verdoppelt,
den Teig auf eine mit Roggenmehl bestäubte Arbeitsplatte heben, die gehackten Nüsse daraufstreuen, kurz und kräftig
durchkneten und einen länglichen Laib
wirken.

Den Teigling in ein Tuch einschlagen und
warm gestellt ca. 20 Minuten ruhen
lassen. Der Teigling wird jetzt mit dem
Schluß nach unten auf das heiße, gefettete Backblech gelegt, mit Roggenmehl bestäubt und an beiden Enden einmal quer
eingeschnitten.
In den vorgeheizten Ofen – untere
Schiene – schieben. Die halbe Tasse
Wasser dazustellen oder vorsichtig auf
die Bodenplatte schütten. Das Brot ca.
40 Minuten backen. Es ist gar, wenn es
beim Beklopfen der Unterseite hohl
klingt.
▷ Dieses herzhaft-würzige dunkle Nuß-
   brot schmeckt besonders gut nur mit
   Butter bestrichen. Oder es wird auch
   gern zu Käseplatten gereicht, denn das
   Nußaroma harmoniert ausgezeichnet
   mit dem Käsegeschmack.
▷ Anstelle der Walnüsse kann das Brot
   auch mit gerösteten, gehackten Haselnüssen zubereitet werden.

Warmhalteofen für Gebäck
Griechenland, um 700 v. Chr.

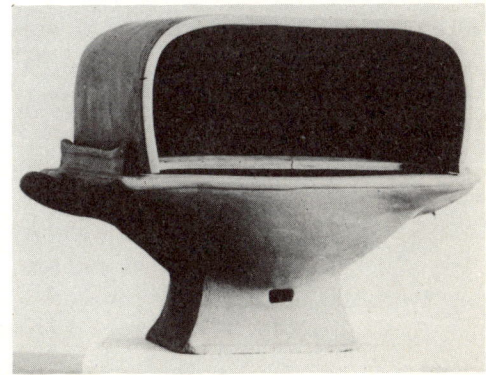

Ringfladen
2 Fladenbrote

Vorbereiten: ca. 75 Minuten
Backen: ca. 30 Minuten
E: 225 °C, G: Stufe 5–6

60 g Hefe
1 EL Zucker
½ Tasse lauwarmes Wasser (30 °C)
750 g Roggenmehl Type 997
ca. ½ l lauwarmes Wasser (30 °C)
2 EL Sojamark
1 EL Salz
1 EL Fenchelsamen
1 EL Margarine
Mehl zum Bestäuben
Fett für das Backblech
Wasser zum Abstreichen
½ Tasse heißes Wasser
1 EL Speisestärke
2–3 EL heißes Wasser

Die Hefe zerbröckeln und mit dem Zukker in der halben Tasse Wasser auflösen. Das Mehl in eine Schüssel sieben, in die Mitte eine Vertiefung drücken, die aufgelöste Hefe hineingießen und von der Mitte aus mit dem Mehl vermengen. Nach und nach das Wasser zugießen, den Teig gut durcharbeiten. Das Sojamark, Salz, Fenchelsamen und die erwärmte Margarine zugeben und unterarbeiten. Wenn der Teig sich von der Schüssel löst, mit etwas Mehl bestäuben, warm stellen, zudecken und 35–40 Minuten gehen lassen.

Hat sich das Teigvolumen ungefähr verdoppelt, den Teig auf eine bemehlte Arbeitsfläche heben, kurz durchkneten, in zwei gleich große Stücke schneiden und zwei runde Fladen formen, in der Mitte ein Loch mit einer Tasse ausstechen, auf das gefettete Backblech legen, mit einer Gabel mehrmals einstechen und mit einem Kochlöffelstiel mehrmals sternförmig eindrücken. Die Teiglinge zugedeckt nochmals 15–20 Minuten ruhen lassen.
In den vorgeheizten Ofen – mittlere Schiene – schieben, die halbe Tasse Wasser dazustellen und 25–30 Minuten abbacken. Herausziehen, wenn sie beim Beklopfen des Bodens hohl klingen.
Nach dem Herausziehen mit der Mischung aus Speisestärke und Wasser abstreichen, damit sie schön glänzen.
▷ Aus den ausgestochenen Teigstücken können Sie 2 Brötchen backen.

Ostfriesisches Bauernbrot
2 große Brote

Vorbereiten: ca. 90 Minuten
Backen: ca. 90 Minuten
E: 225 °C, G: Stufe 5–6

100 g Hefe
1 TL Zucker
½ Tasse lauwarmes Wasser (30 °C)
600 g Roggenmehl Type 1740
1200 g Roggenmehl Type 997
ca. ½ l lauwarmes Wasser (30 °C)
1 EL Salz

1 Tasse Rübenkraut (Sirup)
Mehl zum Bestäuben
Fett für das Backblech
^{1}/$_2$ Tasse heißes Wasser

Die Hefe zerbröckeln und mit dem Zucker in der halben Tasse Wasser auflösen. Das Mehl in eine Schüssel sieben, in die Mitte eine Vertiefung drücken, die aufgelöste Hefe hineingießen und von der Mitte aus mit dem Mehl vermengen. Nach und nach Wasser, Salz und Rübenkraut zugeben und gut durcharbeiten. Den Teig kneten, bis er sich von der Schüssel löst. Mit etwas Mehl bestäuben, zudecken und warm gestellt 40–45 Minuten gehen lassen.

Hat sich das Teigvolumen verdoppelt, den Teig auf eine gut bemehlte Arbeitsplatte heben, kurz und kräftig durcharbeiten, rund wirken und zwei Laibe formen. Mit dem Schluß nach oben in ein gut bemehltes Tuch einschlagen, warm stellen und 15–25 Minuten ruhen lassen. Mit dem Schluß nach unten auf das heiße, gefettete und bemehlte Backblech legen, mit einem Messer 3–4mal quer einschneiden und in den vorgeheizten Ofen – untere Schiene – schieben. Die halbe Tasse Wasser dazustellen oder vorsichtig auf die Bodenplatte gießen. Die Brote sind nach ca. 90 Minuten gar. Sie können es leicht feststellen, wenn Sie ein Brot mit einem Tuch in den Händen vorsichtig aus dem Ofen nehmen und auf die Unterseite klopfen. Es ist gar, wenn es hohl klingt.

Südtiroler Vorschlagbrot
3–4 kleine Fladen

Vorbereiten: ca. 60 Minuten
Backen: ca. 30 Minuten
E: 200 °C, G: Stufe 3–4

40 g Hefe
1 TL Zucker
^{1}/$_2$ Tasse lauwarmes Wasser (30 °C)
250 g Roggenmehl Type 1370
250 g Roggenmehl Type 815
ca. ^{1}/$_4$ l lauwarmes Wasser (30 °C)
1 EL Salz
1 EL Anis
1 EL Kümmel
Mehl zum Bestäuben
Fett für das Backblech
^{1}/$_2$ Tasse heißes Wasser

Die Hefe zerbröckeln und mit dem Zucker in der halben Tasse Wasser auflösen. Das Mehl in eine Schüssel sieben, in die Mitte eine Vertiefung drücken, die aufgelöste Hefe zugießen und von der Mitte aus mit dem Mehl vermengen. Nach und nach Wasser, Salz und die Gewürze zugeben und kräftig unterarbeiten. Den Teig durcharbeiten, bis er Blasen wirft und sich von der Schüssel löst. Mit etwas Mehl bestäuben, zudecken, warm stellen und gut 30 Minuten gehen lassen.

Hat sich das Teigvolumen ungefähr verdoppelt, wird er auf eine bemehlte Arbeitsfläche gehoben, kurz durchgeknetet und in 3–4 gleiche Teile geschnitten. Runde Klöße formen, mit der Hand zu nicht zu dünnen Fladen flach drücken, auf das gefettete und bemehlte Backblech legen, zudecken und warm gestellt noch 15–20 Minuten ruhen lassen.

Mit einer Gabel mehrmals einstechen, mit Mehl bestäuben, in den vorgeheizten Ofen – mittlere Schiene – schieben, die halbe Tasse Wasser dazustellen oder vorsichtig auf die Bodenplatte gießen. Nach 25–30 Minuten sind die Südtiroler Vorschlagbrote gar. Die Garprobe mit einem Holzstäbchen machen.

Dunkles Zwiebelbrot

1 Brot

Vorbereiten: ca. 90 Minuten
Backen: ca. 50 Minuten
E: 225 °C, G: Stufe 5–6

3–4 Zwiebeln
2 EL Schweineschmalz
40 g Hefe
1 TL Zucker
¹/₂ Tasse lauwarme Milch (30 °C)
500 g Roggenmehl Type 997
ca. ¹/₄ l lauwarme Milch (30 °C)
1 TL Salz
Mehl zum Bestäuben
Fett für das Backblech
Wasser zum Abstreichen
¹/₂ Tasse heißes Wasser

Die Zwiebeln fein schneiden und mit dem Schmalz in der Pfanne gut bräunen, abkühlen lassen.

Die zerbröckelte Hefe mit dem Zucker in der halben Tasse Milch auflösen. Das Mehl in eine Schüssel sieben, in die Mitte eine Vertiefung drücken, die aufgelöste Hefe hineingießen und von der Mitte her mit dem Mehl vermengen. Die Milch nach und nach unterarbeiten. Salz und die abgekühlten Zwiebeln dazugeben. Alles kräftig durcharbeiten, bis der Teig sich geschmeidig von der Schüssel löst. Mit etwas Mehl bestäuben, zudecken und ca. 30 Minuten gehen lassen.

Wenn sich der Teig ungefähr verdoppelt hat, wird er auf eine bemehlte Arbeitsfläche gehoben, kurz durchgeknetet und zu einem Kloß rund gewirkt. Mit dem Schluß nach unten hinlegen, mit einem Kochlöffelstiel sternförmig eindrücken, zudecken und 30–45 Minuten ruhen lassen.

Auf das gefettete Backblech legen, mit etwas Wasser abstreichen, in den vorgeheizten Ofen – mittlere Stufe – schieben. Die halbe Tasse Wasser dazustellen oder vorsichtig auf die Bodenplatte gießen und den Ofen sofort schließen. Nach etwa 45–55 Minuten ist das Brot gar. Herausziehen und mit Wasser abstreichen.

Oben: *Dreikorn-Brötchenähre (Seite 146), Fladenbrot mit Pfeffer und Salz (Seite 72), Speckbrot mit Gartenkräutern (Seite 73)*

Unten: *Leinsamenbrötchen (Seite 147), Lippische Kräuterbrötchen (Seite 154)*

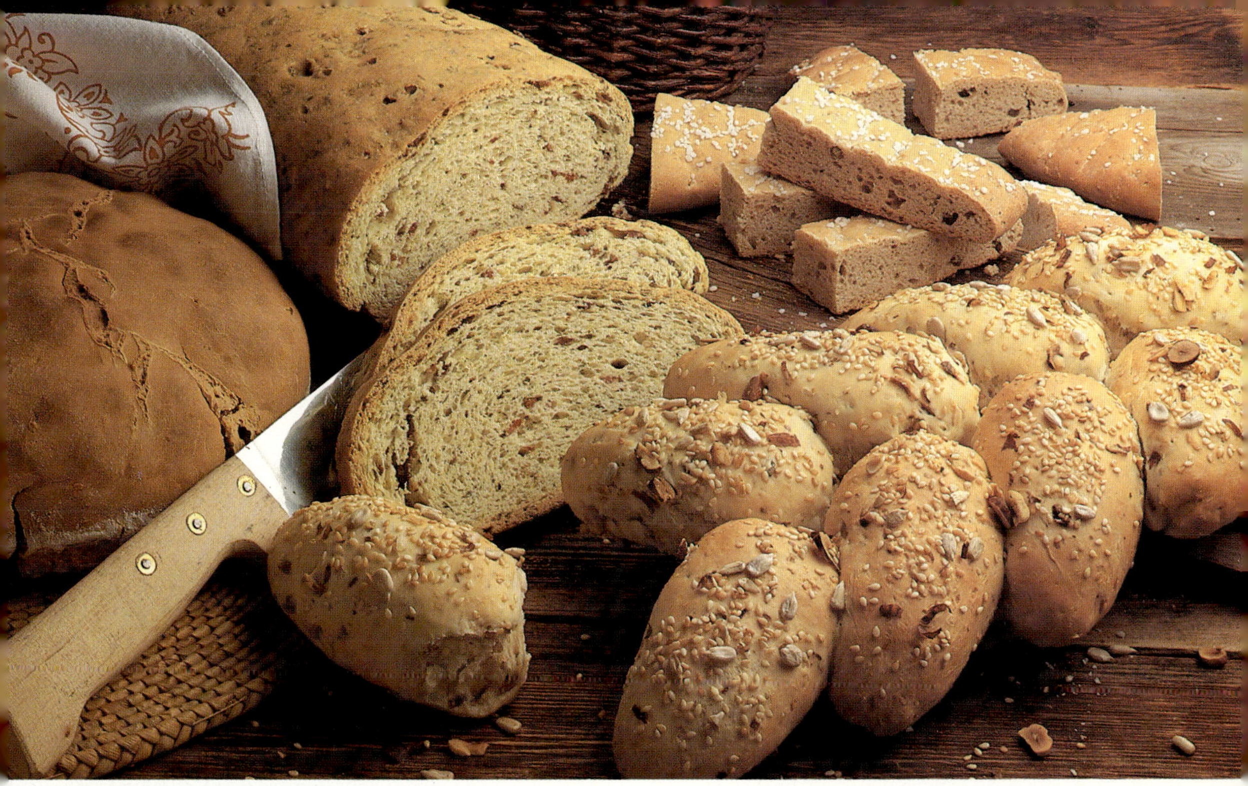

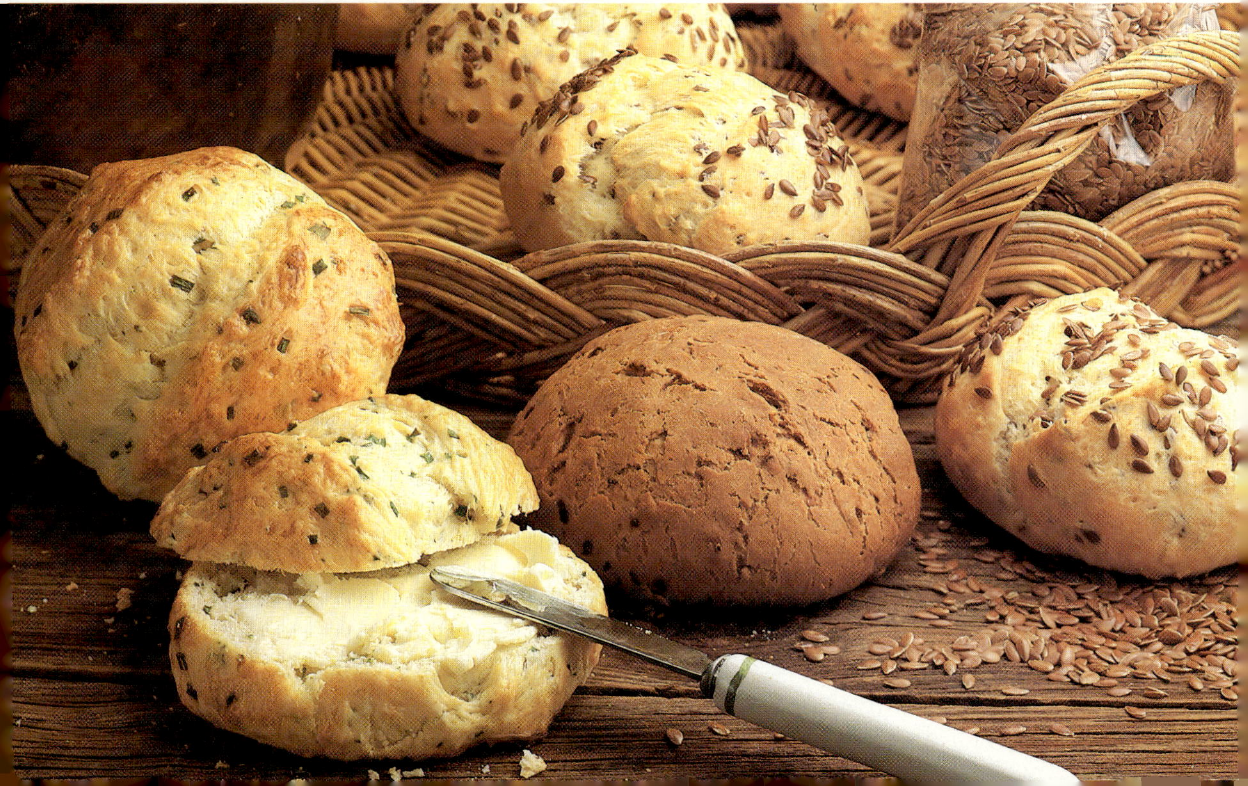

Sauerteigansatz für Roggenbrote

Für Roggenbrote sollten Sie den Sauerteig wie folgt herstellen:

Anstellsauer
Roggenmehl Type 1370
Wasser (35–37 °C)
im Verhältnis 1:1
$^1/_2$ Tasse Buttermilch

In einem hohen, schmalen Topf (möglichst ein Tontopf, kein Metall!) die Zutaten zu einem sämigen Brei verrühren. Die Buttermilch zugeben, damit der Teig schneller gärt.
Den Topf zudecken und warm stellen. Zum Beispiel auf die Heizung. Morgens und abends einmal umrühren. Am 3. Tag wirft er Bläschen und gärt. Am Abend des dritten Tages geben Sie folgende Zutaten dazu:

Roggenmehl Type 1370
Wasser (35–37 °C)
im Verhältnis 2:1

Der Sauerteig muß nun dickflüssig bis mittelfest sein. Das Gefäß wieder zudekken und auf die Heizung stellen. Oder im Backofen bei etwa 30 °C bis zum nächsten Tag stehen lassen.

Arbeitsbeispiel
Für 600 g Sauerteig setzen Sie folgende Mengen an:

Anstellsauer
($^1/_3$ des Sauerteigs = 200 g)
100 g Roggenmehl
ca. 100 ml Wasser
$^1/_2$ Tasse Buttermilch
Zum Anschütten am Abend des 3. Tages brauchen Sie dann:
260 g Roggenmehl
ca. 130 ml Wasser

Die Anleitung zur Sauerteigbereitung mag etwas verwirrend für Sie sein. Aber keine Angst – es ist ganz einfach. Und wenn Sie beim ersten Mal gleich mehr ansetzen, so können Sie sich beim nächsten Mal viel Arbeit sparen. Denn den Restsauer können Sie in einer Keramikschüssel mit Roggenmehl bestreut aufbewahren. Im Kühlschrank gut 1 Woche. Und dann brauchen Sie nur am Vorabend des nächsten Backtages entsprechend Wasser anzugießen.

Hinweis
Für alle, denen die Herstellung von Sauerteig zu kompliziert ist, gibt es fertigen Natur-Sauerteig in Lebensmittelgeschäften und Warenhäusern zu kaufen. Er ist aus Roggenvollkorn, Wasser und Sauerteigkulturen hergestellt und wird in Pakkungen für 1500 g Brote angeboten.

Roggenbrot mit Sauerteig
2 Brote

Vorbereiten: ca. 2 Stunden
Backen: ca. 60 Minuten
E: 225 °C, G: Stufe 5–6

1500 g Roggenmehl Type 1370
750 g Sauerteig
ca. 1 l lauwarmes Wasser (30 °C)
3 EL Salz
Mehl zum Bestäuben
Fett für das Backblech
1/2 Tasse heißes Wasser

Das Mehl in eine Backschüssel sieben, in die Mitte eine Vertiefung drücken, den Sauerteig hineinschütten und von der Mitte mit dem Mehl vermengen. Wasser und Salz unterarbeiten. Den Teig so lange durcharbeiten, bis er geschmeidig ist und sich von der Schüssel löst. Mit Mehl bestäuben, zudecken und warm gestellt 1 Stunde gehen lassen.

Hat das Teigvolumen um etwa die Hälfte zugenommen, den Teig auf eine bemehlte Arbeitsfläche heben, kurz durchkneten und zwei längliche Laibe formen. In ein bemehltes Tuch einschlagen und warm gestellt noch mal gut 45 Minuten ruhen lassen.

Auf das gefettete und bemehlte Backblech legen, in den vorgeheizten Ofen – untere Schiene – schieben, die halbe Tasse Wasser dazustellen oder vorsichtig auf die Bodenplatte gießen, und das Brot ca. 60 Minuten backen.

Holzofenbrot
2 Brote

Vorbereiten: ca. 2 Stunden
Backen: ca. 90 Minuten
Vorheizen: E: 275 °C, G: Stufe 7–8
Backen: E: 225 °C, G: Stufe 5–6

1500 g Roggenmehl Type 1370
750 g Sauerteig
ca. 1 l lauwarmes Wasser (30 °C)
2 EL Salz
1 Msp. Holzkohlensalz oder -gewürz
Mehl zum Bestäuben
Fett für das Backblech

Das Mehl in eine Schüssel sieben, in die Mitte eine Vertiefung drücken, den Sauerteig hineinschütten und mit dem Mehl vermengen. Nach und nach Wasser, Salz und die Messerspitze Holzkohlensalz zugeben, kräftig durcharbeiten, bis der Teig geschmeidig ist und sich von der Schüssel löst. Mit etwas Mehl bestäuben, zudecken und 1 Stunde warm gestellt ruhen lassen.

Hat das Teigvolumen um gut die Hälfte zugenommen, den Teig auf eine bemehlte Arbeitsplatte heben, kurz durchkneten und zwei Laibe formen. Mit dem Schluß nach oben auf gut bemehlte Tücher legen und fest einschlagen. Nochmals 30 bis 40 Minuten warm gestellt ruhen lassen.

Mit dem Schluß nach unten auf das gefettete, bemehlte Blech legen, mit Mehl bestäuben und mit einem Messer kreuzweise einschneiden. In den vorgeheizten

Ofen – untere Schiene – schieben. Nach 15 Minuten die Ofentemperatur auf 225 °C herunterschalten.

Die Brote sollen 60–90 Minuten backen. Das Brot ist gar, wenn es beim Anklopfen der Unterseite hohl klingt. Den Ofen ausschalten, die Brote aber noch 10 Minuten nachbacken lassen.

Schinkenbrot
1 großes Brot

Vorbereiten: ca. 6 Stunden
Backen: ca. 150 Minuten
E: 250 °C, G: Stufe 6–7

300 g Quetschroggen
ca. ¹/₄ l kochendes Wasser
40 g Hefe
¹/₂ Tasse lauwarmes Wasser (30 °C)
500 g Roggenmehl Type 997
200 g Weizenmehl Type 550
500 g Sauerteig
ca. ³/₄ l lauwarmes Wasser (30 °C)
3 EL Salz
Mehl zum Bestäuben
Fett für das Backblech
¹/₂ Tasse heißes Wasser

Den Quetschroggen mit dem kochenden Wasser übergießen und ca. 3 Stunden quellen lassen.

Die Hefe zerbröckeln und in der halben Tasse Wasser auflösen. Das Mehl mischen und in eine Schüssel sieben, in die Mitte eine Vertiefung drücken, den Sau-erteig und die aufgelöste Hefe hinein-schütten und von der Mitte mit dem Mehl vermengen. Den Quetschroggen, Wasser und das Salz zugeben und kräftig unter-arbeiten. Den Teig kneten, bis er ge-schmeidig ist und sich von der Schüssel löst. Mit etwas Mehl bestäuben, zudek-ken und 2–2¹/₂ Stunden an einem warmen Ort gehen lassen.

Hat das Teigvolumen um gut die Hälfte zugenommen, den Teig auf eine bemehl-te Arbeitsfläche heben, kräftig durchkne-ten und einen Kloß formen. Mit dem Schluß nach oben in ein bemehltes Tuch einschlagen, warm stellen und gut 45 Mi-nuten ruhen lassen.

Den Teigling auf das heiße, gefettete und bemehlte Blech legen, mit dem Schluß nach unten. In den vorgeheizten Ofen – untere Schiene – schieben, die halbe Tasse Wasser vorsichtig auf die Boden-platte gießen und den Ofen sofort schlie-ßen. Das Brot muß 120–150 Minuten backen. Nach ca. 25 Minuten den Ofen kurz öffnen, damit der Schwaden entwei-chen kann. Ist das Brot gar, klingt es beim Beklopfen der Unterseite hohl.

▷ Dieses deftig kernige Brot schmeckt besonders gut zu Schinken, zu Westfä-lischem, Holsteiner, Ardenner und an-deren Sorten. Daher der Name Schin-kenbrot.

Niederbayerisches Hofbrot
2 Brote

Vorbereiten: ca. 9 Stunden
Backen: ca. 120 Minuten
Vorheizen: E: 275 °C, G: Stufe 7–8
Backen: E: 225 °C, G: Stufe 5–6

1500 g Roggenmehl Type 1740
500 g Sauerteig
ca. 1 l lauwarmes Wasser (30 °C)
3 EL Salz
Mehl zum Bestäuben
Fett für das Backblech
1/2 Tasse heißes Wasser

Das Mehl in eine Schüssel sieben, in die Mitte eine Vertiefung drücken, den Sauerteig hineinschütten und von der Mitte mit dem Mehl vermengen. Wasser und Salz nachschütten und gut unterarbeiten. Den Teig kneten, bis er geschmeidig ist. Mit etwas Mehl bestäuben, zudecken und warm gestellt 6–8 Stunden (am besten über Nacht) gehen lassen, damit das Volumen gut um die Hälfte zunimmt.
Den Teig auf eine bemehlte Arbeitsplatte heben, kräftig durchkneten und zwei runde Laibe formen. Mit dem Schluß nach oben in bemehlte Tücher einschlagen und warm gestellt 45–60 Minuten ruhen lassen.
Auf das heiße, gefettete und bemehlte Backblech legen, 2–3mal quer einschneiden, in den vorgeheizten Ofen schieben – untere Schiene – und die halbe Tasse Wasser dazustellen oder vorsichtig auf die Bodenplatte gießen. Die Hofbrote müssen ca. 120 Minuten backen. Nach ca. 25 Minuten den Ofen kurz öffnen, damit der Schwaden entweichen kann und die Ofentemperatur auf 225 °C senken. Die Brote sind gar, wenn sie beim Anklopfen des Bodens hohl klingen.

Vintschgerl
3–4 kleine Brote

Vorbereiten: ca. 4 Stunden
Backen: ca. 35 Minuten
E: 200 °C, G: Stufe 2–3

1000 g Roggenmehl Type 1370
500 g Sauerteig
1 1/2 EL Salz
ca. 5/8 l lauwarmes Wasser (30 °C)
je 1 gehäufter TL Koriander, Fenchel,
Kümmel
Mehl zum Bestäuben
Fett für das Backblech
Wasser zum Abstreichen
1/2 Tasse heißes Wasser

Das Mehl in eine Schüssel sieben, in die Mitte eine Vertiefung drücken, den Sauerteig hineinschütten und von der Mitte her mit dem Mehl vermengen. Salz zugeben, nach und nach das Wasser und die Gewürze unterarbeiten. Ist der Teig mittelfest und löst sich von der Schüssel, mit etwas Mehl bestäuben, zudecken und an einem warmen Ort ca. 2 1/2–3 Stunden gehen lassen.

Hat das Teigvolumen um ungefähr die Hälfte zugenommen, den Teig auf eine bemehlte Arbeitsfläche heben, kurz und kräftig durchkneten, in 3–4 gleiche Teile schneiden, rund wirken und kleine, längliche Laibe formen. Mit einem Tuch zudecken und warm gestellt noch einmal 45–60 Minuten ruhen lassen.

Die Teiglinge auf das gefettete Blech legen, mit einer Gabel einige Male einstechen, mit Wasser abstreichen, in den vorgeheizten Ofen – mittlere Schiene – schieben und die halbe Tasse Wasser dazustellen oder vorsichtig auf die Bodenplatte gießen.

Die Brote müssen 35–40 Minuten backen. Sie sind gar, wenn sie beim Anklopfen der Unterseite hohl klingen. Herausziehen und kurz mit Wasser abstreichen.

Sylter Igel
1 Brot

> Vorbereiten: ca. 90 Minuten
> Backen: ca. 100 Minuten
> Vorheizen: E: 275 °C, G: Stufe 7–8
> Backen: E: 225 °C, G: Stufe 5–6

50 g Hefe, 1 TL Zucker
¹/₂ Tasse lauwarmes Wasser (30 °C)
750 g Roggenmehl Type 997
300 g Sauerteig
ca. ⁵/₈ l lauwarmes Wasser (30 °C)
2 EL Salz
Mehl zum Bestäuben
Fett für das Backblech

Wasser zum Abstreichen
¹/₂ Tasse heißes Wasser
2 EL Speisestärke, 4 EL heißes Wasser

Die zerbröckelte Hefe mit dem Zucker in der halben Tasse Wasser auflösen. Das Mehl in eine Schüssel sieben, in die Mitte eine Vertiefung drücken, den Sauerteig und die aufgelöste Hefe hineingießen und von der Mitte her mit dem Mehl vermengen. Nach und nach Wasser und Salz zugießen und den Teig durcharbeiten, bis er sich geschmeidig von der Schüssel löst. Mit etwas Mehl bestäuben, zudecken und an einem warmen Ort 45 bis 50 Minuten gehen lassen.

Hat sich das Teigvolumen ungefähr verdoppelt, den Teig kurz und kräftig durchkneten und einen Kloß formen. Mit dem Schluß nach oben auf ein bemehltes Tuch legen und einschlagen. Warm stellen und 20–25 Minuten ruhen lassen.

Den Teigling mit dem Schluß nach unten auf das heiße, gefettete Backblech legen, mit einer Schere vom Rand her einschneiden, so daß das Brot wie ein Igel aussieht. In den vorgeheizten Ofen – untere Schiene – schieben, die halbe Tasse Wasser dazustellen oder vorsichtig auf die Bodenplatte gießen. Nach 10 Minuten die Ofentemperatur auf 225 °C senken. Der Sylter Igel muß 90–100 Minuten backen. Er ist gar, wenn er beim Beklopfen der Unterseite hohl klingt.

Herausziehen und mit der Mischung aus Speisestärke und Wasser abstreichen, damit er schön glänzt.

Gihaut et Martinet   Lith. de Langlumé

Weizen- und Roggenschrotbrote

Vom Mühlenbrot bis zum Pumpernickel

Da sowohl das Backen als auch die Beschaffung von Schrot schwierig ist, sind in diesem Kapitel nur einige Rezepte aufgeführt. Wenn Sie sie ausprobieren wollen, so müssen Sie schon einiges vom Backen verstehen, sonst mißlingt Ihnen das kernige Brot, das Sie backen wollen, zu leicht.

Schrotbrote sind zwar die gesündesten – sie enthalten die höchsten Anteile an Eiweiß und Fett sowie wertvolle Ballaststoffe und ebenfalls nennenswerte Anteile an Eisen, Vitamin B, Natrium und Kalzium und haben zugleich die wenigsten Kohlenhydrate – aber sie sind auch die Brote, die am schwersten zu backen sind. Und darüber hinaus gibt es ein so großes Angebot ausgezeichneter Schrotbrote – von den Simonsbroten über Steinmetzbrote, von den verschiedenen Vollkornbroten bis hin zum echten westfälischen Pumpernickel, daß Sie schon ein Backenthusiast sein müssen, wenn Sie diese Brote selbst backen.

Wenn Sie es jedoch einmal probieren wollen, halten Sie sich bitte an das Rezept, achten Sie genau auf die Teigtemperatur und schütten Sie die Flüssigkeit beim Kneten nur nach, wenn sie ganz untergearbeitet ist.

Gebacken werden die Weizen- und Roggenschrotbrote vorzugsweise in einer Kastenform oder auf einer Steinplatte – wie auf Seite 23 beschrieben. Backschrot bekommen Sie heute in vielen Reformhäusern, Bioläden, aber auf Wunsch auch bei Mühlen, Mehlgroßhändlern und bei Ihrem Bäcker.

Den Sauerteig stellen Sie nach dem Rezept von Seite 123 her. Und wenn Ihnen das Brot dann gelungen ist, gibt es nichts Besseres als Schwarzbrot dick mit Butter bestrichen und einem Stück Pfefferkuchen darauf.

Mühlenbrot

1 großes Brot

Vorbereiten: ca. 120 Minuten
Backen: ca. 70 Minuten
E: 225 °C, G: Stufe 5–6

60 g Hefe
1 TL Zucker
1 Tasse lauwarmes Wasser (30 °C)
500 g Weizenmehl Type 1150
500 g Roggenschrot, fein
500 g Roggenflocken
ca. $^5/_8$ l lauwarmes Wasser (30 °C)
4 EL Salz
Mehl zum Bestäuben
Fett für das Backblech
Wasser zum Abstreichen
4 EL Roggenflocken zum Bestreuen
1 Tasse heißes Wasser

Die zerbröckelte Hefe mit dem Zucker in der Tasse Wasser auflösen. Mehl in eine Schüssel sieben, Schrot und Roggenflokken zugeben, in die Mitte eine Vertiefung drücken, die aufgelöste Hefe hineingießen und von der Mitte aus mit dem Mehl vermengen. Nach und nach Wasser zugeben, salzen und den Teig gut durchkneten. Er muß geschmeidig sein und sich leicht von der Schüssel lösen. Gut mit Mehl bestäuben, zudecken und 60–70 Minuten an einem warmen Ort gehen lassen.
Hat sich das Volumen beinahe verdoppelt, den Teig auf eine bemehlte Arbeitsplatte heben, kurz und kräftig durchwir-

ken und einen länglichen Laib formen. Den Teigling mit dem Schluß nach oben auf ein bemehltes Backtuch legen und fest einschlagen. Warm gestellt 20 bis 25 Minuten ruhen lassen.
Mit dem Schluß nach unten auf das heiße, gefettete und bemehlte Blech legen, mit Wasser abstreichen und mit den Roggenflocken gut bestreuen, in den vorgeheizten Ofen – untere Schiene – schieben und die Tasse heißes Wasser dazustellen oder vorsichtig auf die Bodenplatte gießen. Das Brot wird 60–70 Minuten abgebacken. Es ist gar, wenn das Holzstäbchen bei der Garprobe trocken bleibt.

Oldenburger Steinofenbrot

1 großes Brot

Vorbereiten: ca. 150 Minuten
Backen: ca. 75 Minuten
E: 225 °C, G: Stufe 5–6

60 g Hefe
1 TL Zucker
1 Tasse lauwarmes Wasser (30 °C)
500 g Weizenmehl Type 1150
500 g Roggenmehl Type 997
500 g Roggenschrot, fein
ca. $^5/_8$ l lauwarmes Wasser (30 °C)
4 EL Salz
Mehl zum Bestäuben
200 g Zwiebeln
1 EL Sojaöl
10 EL feingehackte, gemischte Kräuter

(Petersilie, Majoran, Thymian, Basilikum, Bohnenkraut, Rosmarin)
Fett für das Backblech
Wasser zum Abstreichen
1 Tasse heißes Wasser

Die zerbröckelte Hefe mit dem Zucker in der Tasse Wasser auflösen. Mehl in eine Schüssel sieben, Schrot zugeben, in die Mitte eine Vertiefung drücken, die aufgelöste Hefe hineingießen und von der Mitte aus mit dem Mehl vermengen. Nach und nach Wasser zugeben, salzen und den Teig gut durchkneten. Er muß geschmeidig sein und sich leicht von der Schüssel lösen. Gut mit Mehl bestäuben, zudecken und 60–70 Minuten an einem warmen Ort gehen lassen.
Inzwischen die Zwiebeln schälen, in kleine Würfel schneiden und im Öl goldbraun braten. Auskühlen lassen und mit den Kräutern unter den Teig, der inzwischen sein Volumen etwa verdoppelt hat, kneten. Gut durchwirken, einen runden Laib, der ruhig etwas unregelmäßig sein darf, formen, mit dem Schluß nach unten auf ein bemehltes Backtuch legen, einschlagen und warm gestellt noch einmal etwa 30 Minuten gehen lassen.
Mit dem Schluß nach unten auf das heiße, gefettete und bemehlte Blech legen und mit Wasser abstreichen, in den vorgeheizten Ofen – untere Schiene – schieben und die Tasse heißes Wasser dazustellen oder vorsichtig auf die Bodenplatte gießen. Das Brot wird ca. 75 Minuten abgebacken. Es ist gar, wenn es beim Beklopfen der Unterseite hohl klingt. Herausziehen und auskühlen lassen.
▷ Das Brot sollte erst am Tag nach dem Backen angeschnitten werden, damit sich das Aroma der Kräuter voll entfalten kann. Es schmeckt vorzüglich mit Griebenschmalz oder frischer Landbutter bestrichen.

Bauernschrotbrot
Wie es noch heute auf Bauernhöfen gebacken wird
1 Brot

Vorbereiten: ca. 75 Minuten
Backen: ca. 50 Minuten
E: 225 °C, G: Stufe 5–6

50 g Hefe
1 TL Zucker
$^1/_2$ Tasse lauwarmes Wasser (30 °C)
500 g Weizenmehl Type 550
150 g Weizenschrot, mittel
ca. $^3/_8$ l lauwarme Milch (30 °C)
1 EL Salz
1 TL gemahlener Kümmel
Mehl zum Bestäuben
Fett für das Backblech
Wasser zum Abstreichen
3–4 EL Weizenflocken
$^1/_2$ Tasse heißes Wasser

Die zerbröckelte Hefe mit dem Zucker in der halben Tasse Wasser auflösen. Das Mehl in eine Schüssel sieben, den Schrot zugeben, in die Mitte eine Vertiefung drücken, die aufgelöste Hefe hineingießen und von der Mitte aus mit dem Mehl vermengen. Nach und nach die Milch, Salz und Kümmel anschütten. Alles gut und kräftig durchkneten, bis sich der Teig ganz von der Schüssel gelöst hat. Mit etwas Mehl bestäuben, zudecken und warm gestellt 30–35 Minuten gehen lassen.

Hat sich das Teigvolumen ungefähr verdoppelt, den Teig auf eine bemehlte Arbeitsfläche heben, noch einmal kräftig durchkneten und einen länglichen Laib formen, mit dem Schluß nach unten auf ein gefettetes Blech legen, zudecken und 15 Minuten ruhen lassen.

Mit etwas Wasser abstreichen, mit den Weizenflocken bestreuen und in den vorgeheizten Ofen – untere Schiene – schieben. Die halbe Tasse heißes Wasser dazustellen oder vorsichtig auf die Bodenplatte gießen. Das Bauernschrotbrot muß 45–55 Minuten backen. Nach ca. 10 Minuten den Ofen öffnen, damit der Schwaden entweichen kann. Es ist gar, wenn es beim Beklopfen der Unterseite hohl klingt.

▷ Das Bauernschrotbrot sollte vor dem Anschneiden immer erst einen Tag ruhen, damit es sein Aroma voll entfalten kann. Denn abgelagert schmeckt es intensiver und würziger – und es läßt sich dazu auch besser schneiden.

Das Brot aus dem Tontopf
1 Brot

Vorbereiten: ca. 75 Minuten
Backen: ca. 100 Minuten
E: 200 °C, G: Stufe 3–4

40 g Hefe, 1 TL Zucker
1/2 Tasse Buttermilch (30 °C)
125 g Weizenmehl Type 630
250 g Weizenschrot, mittel
250 g Weizenflocken
100 g Leinsamenschrot
ca. 1/8 l lauwarmes Wasser (30 °C)
1 EL Salz
250 g Magerquark
Mehl zum Bestäuben
Fett für die Aluminiumfolie
Wasser zum Abstreichen

Den Tontopf (Römertopf) in Wasser einweichen.

Die zerbröckelte Hefe mit dem Zucker in der Buttermilch auflösen. Das Mehl in die Schüssel sieben, Weizen- und Leinsamenschrot und Weizenflocken zugeben und vermischen, in die Mitte eine Vertiefung drücken, die aufgelöste Hefe hineingießen und von der Mitte aus mit dem Mehl vermengen. Wasser und Salz unter ständigem Kneten unterarbeiten. Den Quark zugeben und den Teig kneten, bis er sich von der Schüssel löst. Mit Mehl bestäuben, zudecken und 30–35 Minuten gehen lassen.

Hat sich das Volumen verdoppelt, den Teig auf eine bemehlte Arbeitsfläche heben, kurz durchkneten und einen länglichen Laib in der Länge des Tontopfbodens formen.

Die Alufolie etwas fetten, den inzwischen aus dem Wasser genommenen und abgetropften Tontopf damit auslegen, den Teigling hineinlegen, die Folie locker zusammenschlagen, ein Tuch darüberlegen und warm gestellt noch einmal 25–30 Minuten gehen lassen. Den Deckel aufsetzen und den Tontopf in den vorgeheizten Ofen – untere Schiene – schieben. Nach 90 Minuten den Deckel abnehmen und die Folie aufschlagen. Das Brot noch weitere 10–15 Minuten backen lassen. Garprobe mit dem Holzstäbchen machen. Herausziehen und kurz mit Wasser abstreichen.

▷ Das Brot aus dem Tontopf ist locker und leicht bekömmlich – und durch den Quark herzhaft im Geschmack.

▷ Anstelle des Tontopfes kann man auch Blumentöpfe zum Backen verwenden. Diese müssen aber wie folgt vorbereitet werden: Die Blumentöpfe aus Ton in Wasser gründlich scheuern, klarspülen und trocknen lassen. Mit zerlassener, abgeschäumter Butter ausstreichen und dann ca. 30 Minuten in den vorgeheizten Ofen (E: 225 °C, G: Stufe 5–6) stellen. Im Ofen auskühlen lassen. Jedesmal vor Gebrauch neu ausfetten und niemals waschen.

▷ Besonders nett ist es, wenn für Parties Brot in kleinen Kakteentöpfen gebakken wird. So bekommt jeder Gast sein eigenes Brot im Topf.

Speckbrot
2 Brote

Vorbereiten: ca. 75 Minuten
Backen: ca. 70 Minuten
E: 200 °C, G: Stufe 3–4

100 g Hefe, 1 TL Zucker
¼ l Buttermilch (30 °C)
100 g Weizenmehl Type 405
600 g Weizenschrot, mittel
500 g Roggenmehl, Type 997
200 g Roggenschrot, grob
ca. ³/₈ l lauwarmes Wasser (30 °C)
200 g durchwachsener Speck
2–3 Zwiebeln, Mehl zum Bestäuben
Fett für das Backblech
Wasser zum Abstreichen
1 Tasse heißes Wasser

Die zerbröckelte Hefe mit dem Zucker in der Buttermilch auflösen. Das Mehl in eine Schüssel sieben und mit dem Schrot vermischen, in die Mitte eine Vertiefung drücken, die aufgelöste Hefe zugeben und von der Mitte aus mit dem Mehl vermengen. Das Wasser unter ständigem Kneten angießen und den Teig durcharbeiten, bis er sich von der Schüssel löst. Mit etwas Mehl bestäuben, warm stellen und 40 Minuten gehen lassen.

Den Speck und die geschälten Zwiebeln in kleine Würfel schneiden und in einer Pfanne gut auslassen bzw. anbraten und gut auskühlen lassen.

Hat sich das Teigvolumen ungefähr verdoppelt, den abgekühlten Speck und die

Zwiebeln zugeben und kräftig unterarbeiten, auf eine bemehlte Arbeitsfläche heben und zwei längliche Laibe formen. Auf das gefettete Backblech legen, zudecken und nochmals 15–20 Minuten gehen lassen.

Mit etwas Wasser abstreichen, mit einem scharfen Messer mehrmals quer einschneiden, in den vorgeheizten Ofen – untere Schiene – schieben, die Tasse heißes Wasser dazustellen oder vorsichtig auf die Bodenplatte gießen. Die Speckbrote müssen ungefähr 60–70 Minuten abbacken. Sie sind gar, wenn sie beim Beklopfen der Unterseite hohl klingen. Herausziehen und mit etwas Wasser abstreichen.

▷ Dick mit Butter oder Schmalz bestrichen ist das Speckbrot ein zünftiger Genuß zu kühlem Bier.

Roggenschrotbrot
1–2 Brote

> Vorbereiten: ca. 6 Stunden
> Backen: ca. 60 Minuten
> Vorheizen: E: 275 °C, G: Stufe 7–8
> Backen: E: 225 °C, G: Stufe 5–6

300 g Roggenschrot, mittel
50 g Hefe, 1 TL Zucker
$^1/_2$ Tasse lauwarmes Wasser (35 °C)
500 g Roggenmehl Type 1370
500 g Sauerteig
200 g Roggenschrot, mittel
ca. $^1/_2$ l lauwarmes Wasser (35 °C)

2 EL Salz
Mehl zum Bestäuben
Fett für die Kastenform
1 Tasse heißes Wasser
Wasser zum Abstreichen

Den Roggenschrot mit so viel kochendem Wasser überbrühen, bis er glatt bedeckt ist. Ungefähr 3 Stunden stehen lassen, damit er gut quellen kann.

Die zerbröckelte Hefe mit dem Zucker in der halben Tasse Wasser auflösen. Das Mehl in eine Schüssel sieben, in die Mitte eine Vertiefung drücken, die aufgelöste Hefe und den Sauerteig hineingießen und von der Mitte aus mit dem Mehl vermengen. Den Roggenschrot zugeben. Nach und nach das Wasser, Salz und den abgebrühten Schrot zugeben, den Teig kräftig durchkneten, bis er geschmeidig ist und sich von der Schüssel löst.

Herausnehmen, die Schüssel mit Mehl bestäuben, den Teig wieder hineinlegen, mit etwas Mehl überstäuben, zudecken und warm gestellt 60–90 Minuten gehen lassen.

Hat das Volumen um die Hälfte zugenommen, den Teig auf eine bemehlte Arbeitsfläche heben und nochmals gut 10 Minuten kräftig durchkneten, kastenformlange Rollen formen und in die gefettete, bemehlte Kastenform oder Kastenformen legen. Mit einem Tuch bedecken und etwa 30–45 Minuten ruhen lassen.

Mit einer Gabel mehrmals einstechen, in den vorgeheizten Ofen – untere Schiene –

schieben, die Tasse heißes Wasser dazustcllen oder vorsichtig auf die Bodenplatte gießen. Nach ca. 15 Minuten den Ofen kurz öffnen, damit der Schwaden entweichen kann, und die Ofentemperatur auf 225 °C senken. Das Brot noch 45–55 Minuten backen. Das Brot ist gar, wenn bei der Garprobe mit einem Holzstäbchen das Holz trocken bleibt.

Herausziehen und mit etwas Wasser abstreichen.

Westfälisches Schwarzbrot
1–2 Brote

Vorbereiten: ca. 6 Stunden
Backen: ca. 180 Minuten
E: 175 °C, G: Stufe 2–3

750 g Roggenschrot, grob
ca. $^3/_4$ l kochendes Wasser
40 g Hefe
1 TL Zucker
$^1/_2$ Tasse lauwarmes Wasser (35 °C)
250 g Roggenschrot, mittel
500 g Sauerteig
3 EL Salz
3 EL Rübenkraut (Sirup)
Mehl zum Bestäuben
Fett für die Kastenform
Wasser zum Abstreichen
1 Tasse heißes Wasser

Den Roggenschrot in einer Schüssel mit dem kochenden Wasser überbrühen, gut 3 Stunden stehenlassen.

Die Hefe zerbröckeln und mit dem Zukker in der halben Tasse Wasser auflösen. Den restlichen Schrot in eine Schüssel geben, in die Mitte eine Vertiefung drükken, den Sauerteig und die aufgelöste Hefe hineingießen, den überbrühten Schrot dazugeben und alles kräftig durcharbeiten. Salz und Sirup zugeben. Den Teig gut 15–20 Minuten durchkneten. Er muß geschmeidig sein und sich ganz von der Schüssel lösen. Aus der Schüssel nehmen, die Schüssel mit Mehl ausstäuben, den Teig wieder hineingeben, mit etwas Mehl bestäuben, zudekken und ca. 2 Stunden warm gestellt gehen lassen.

Wenn das Volumen gut um die Hälfte zugenommen hat, auf eine bemehlte Arbeitsfläche heben, kräftig durchkneten und eine oder zwei kastenformlange Rollen formen. In die ausgefettete, bemehlte Kastenform legen, zudecken und etwa 15–20 Minuten ruhen lassen.

Mit einer Gabel mehrmals einstechen, mit Wasser abstreichen, in den vorgeheizten Ofen – untere Schiene – schieben, die Tasse heißes Wasser dazustellen oder vorsichtig auf die Bodenplatte schütten. Das Brot soll 170–200 Minuten backen. Wenn Sie zwei Brote aus dem Teig machen, verkürzt sich die Backzeit auf 140–150 Minuten. Garprobe mit einem Holzstäbchen machen oder die Unterseite des Brotes beklopfen, wenn es hohl klingt, ist es gar.

Herausziehen und mit etwas Wasser abstreichen.

Niedersächsisches Katenbrot
1 großes Brot

Vorbereiten: ca. 5 Stunden
Backen: ca. 75 Minuten
E: 225 °C, G: Stufe 5–6

1000 g Roggenschrot, fein
ca. 1 l kochendes Wasser
40 g Hefe, 1 TL Zucker
¹/₂ Tasse Wasser (30 °C)
500 g Sauerteig
3 EL Salz
Mehl zum Bestäuben
Fett für das Backblech
¹/₂ Tasse heißes Wasser

Den Roggenschrot in eine Schüssel geben und mit dem kochenden Wasser überbrühen. Der Schrot muß gerade bedeckt sein. Ungefähr 3 Stunden stehen und quellen lassen.

Die Hefe zerbröckeln und mit dem Zucker in der halben Tasse Wasser auflösen. Zum gequollenen Roggenschrot wird nun der Sauerteig und die Hefe gegeben. Alles gut durcharbeiten, das Salz zuschütten und den Teig kneten, bis er sich ganz von der Schüssel gelöst hat. Ist er zu trocken, evtl. noch etwas Wasser zuschütten. Der Teig muß mittelfest sein. Aus der Schüssel nehmen, die Schüssel mit Mehl bestäuben, den Teig wieder hineinlegen und mit etwas Mehl bestäuben. Zudecken, warm stellen und 60–90 Minuten gehen lassen, bis das Teigvolumen um gut die Hälfte zugenommen hat.

Den Teig auf eine bemehlte Arbeitsfläche heben, gut durchkneten, indem der Teig mehrmals rund und dann lang gewirkt wird, einen Kloß formen, mit dem Schluß nach oben in ein bemehltes Tuch einschlagen und 20–25 Minuten ruhen lassen.

Mit dem Schluß nach unten auf das heiße, gefettete und bemehlte Backblech legen, mit einer Gabel mehrmals einstechen und in den vorgeheizten Ofen – untere Schiene – schieben. Die Tasse heißes Wasser dazustellen oder vorsichtig auf die Bodenplatte gießen. Nach 15 Minuten den Ofen kurz öffnen, damit der Schwaden entweichen kann. Das Katenbrot ist nach 60–90 Minuten gar. Garprobe mit einem Holzstäbchen machen.

Backofenleuchte

Siegerländer Landbrot

1 großes Brot

Vorbereiten: ca. 150 Minuten
Backen: ca. 75 Minuten
E: 250 °C, G: Stufe 6–7

60 g Hefe
1 TL Zucker
1 Tasse lauwarmes Wasser (30 °C)
500 g Weizenmehl Type 1050
200 g Weizenschrot, fein
300 g Roggenschrot, fein
300 g Sauerteig
ca. $^3/_8$ l lauwarmes Wasser (30 °C)
2$^1/_2$ EL Salz
Mehl zum Bestäuben
Fett für das Backblech
Wasser zum Abstreichen
$^1/_2$ Tasse Wasser

Die zerbröckelte Hefe mit dem Zucker in der Tasse Wasser auflösen. Mehl in eine Schüssel sieben, mit dem Schrot vermischen, in die Mitte eine Vertiefung drükken, die aufgelöste Hefe hineingießen und von der Mitte her mit Mehl und Schrot vermengen. Den Sauerteig zuschütten und alles gut vermengen. Nach und nach Wasser und Salz anschütten. Den Teig kräftig und ausgiebig durchkneten. Wenn er sich ganz von der Schüssel gelöst hat, herausnehmen, die Schüssel mit Mehl bestäuben, den Teig hineinlegen und mit etwas Mehl bestäuben, zudecken und warm stellen. 80–100 Minuten gehen lassen.

Backofentür, Niederbayern, 1881

Hat sich das Teigvolumen fast verdoppelt, den Teig auf eine bemehlte Arbeitsfläche heben und kräftig durchkneten. Einen länglichen Laib formen, mit dem Schluß nach unten legen, zudecken und 15–20 Minuten ruhen lassen.

Auf das heiße, gefettete und bemehlte Blech legen, mit dem Schluß nach unten, mit einer Gabel mehrmals einstechen, mit etwas Wasser anfeuchten und mit Mehl bestäuben. In den vorgeheizten Ofen – untere Schiene – schieben, die halbe Tasse Wasser dazustellen oder vorsichtig auf die Bodenplatte schütten. Das Brot muß 70–80 Minuten backen. Nach 10 Minuten den Ofen kurz öffnen, damit der Schwaden entweichen kann. Das Brot ist gar, wenn es beim Beklopfen der Unterseite hohl klingt.

▷ Besonders charakteristisch für das Siegerländer Landbrot ist die starke Kruste, die bis zu einem halben Zentimeter dick sein kann. Sie gibt diesem Brot die kernige Note.

Krabbenbrot
1 großes Brot

Vorbereiten: ca. 4 Stunden
Backen: ca. 70 Minuten
E: 225 °C, G: Stufe 5–6

100 g Roggenschrot, grob
1 Tasse kochendes Wasser
40 g Hefe
1 TL Zucker
$^1\!/_2$ Tasse lauwarmes Wasser (30 °C)
300 g Roggenmehl Type 997
700 g Weizenschrot, fein
500 g Sauerteig
ca. $^1\!/_2$ l lauwarmes Wasser (30 °C)
$1^1\!/_2$ EL Salz
Mehl zum Bestäuben
Wasser zum Abstreichen
50 g Roggenschrot, grob
Fett für das Backblech
$^1\!/_2$ Tasse heißes Wasser

Den Roggenschrot mit dem kochenden Wasser überbrühen. Das Wasser muß den Schrot gerade bedecken. Gut 3 Stunden stehen und quellen lassen.

Die Hefe zerbröckeln und mit dem Zukker in der halben Tasse Wasser auflösen. Mehl in eine Schüssel sieben, mit dem Schrot mischen, in die Mitte eine Vertiefung drücken, den Sauerteig und die aufgelöste Hefe hineingießen und von der Mitte her mit dem Mehl vermengen. Den gequollenen Roggenschrot, nach und nach das Wasser und Salz zugeben und den Teig kräftig durchkneten. Wenn er

sich ganz von der Schüssel gelöst hat, herausnehmen, die Schüssel mit Mehl bestäuben, den Teig wieder hineinlegen, mit Mehl bestäuben, zudecken und an einem warmen Ort 45–60 Minuten gehen lassen.

Hat das Teigvolumen um gut die Hälfte zugenommen, den Teig auf eine bemehlte Arbeitsfläche heben, kräftig durchkneten, rund wirken und einen 35–40 cm langen Laib formen. Fest in ein bemehltes Tuch einschlagen und warm gestellt ca. 20 Minuten ruhen lassen.

Mit Wasser abstreichen und in Roggenschrot wälzen. Den Teigling auf das gefettete, bemehlte Blech legen, in den vorgeheizten Ofen schieben – untere Schiene –, die halbe Tasse Wasser dazustellen oder vorsichtig auf die Bodenplatte gießen. Das Brot wird 60–70 Minuten gebacken. Es ist gar, wenn es beim Beklopfen der Unterseite hohl klingt.

Herausziehen und kurz mit Wasser abstreichen.

Oben: *Salzbrezeln (Seite 149)*,
Salzlinge (Seite 149),
Kümmelfenster (Seite 149)

Unten: *Käse-Knusperstangen (Seite 163)*,
Bayerische Bierstangen (Seite 152)

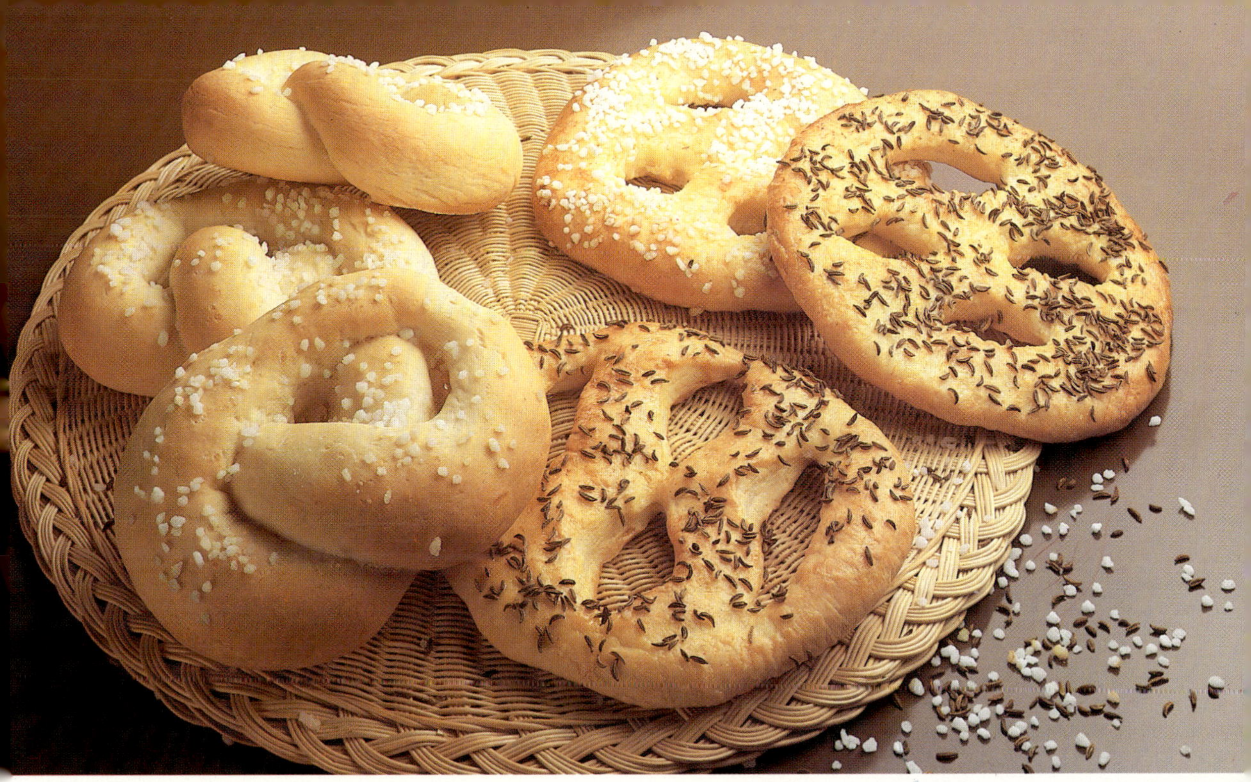

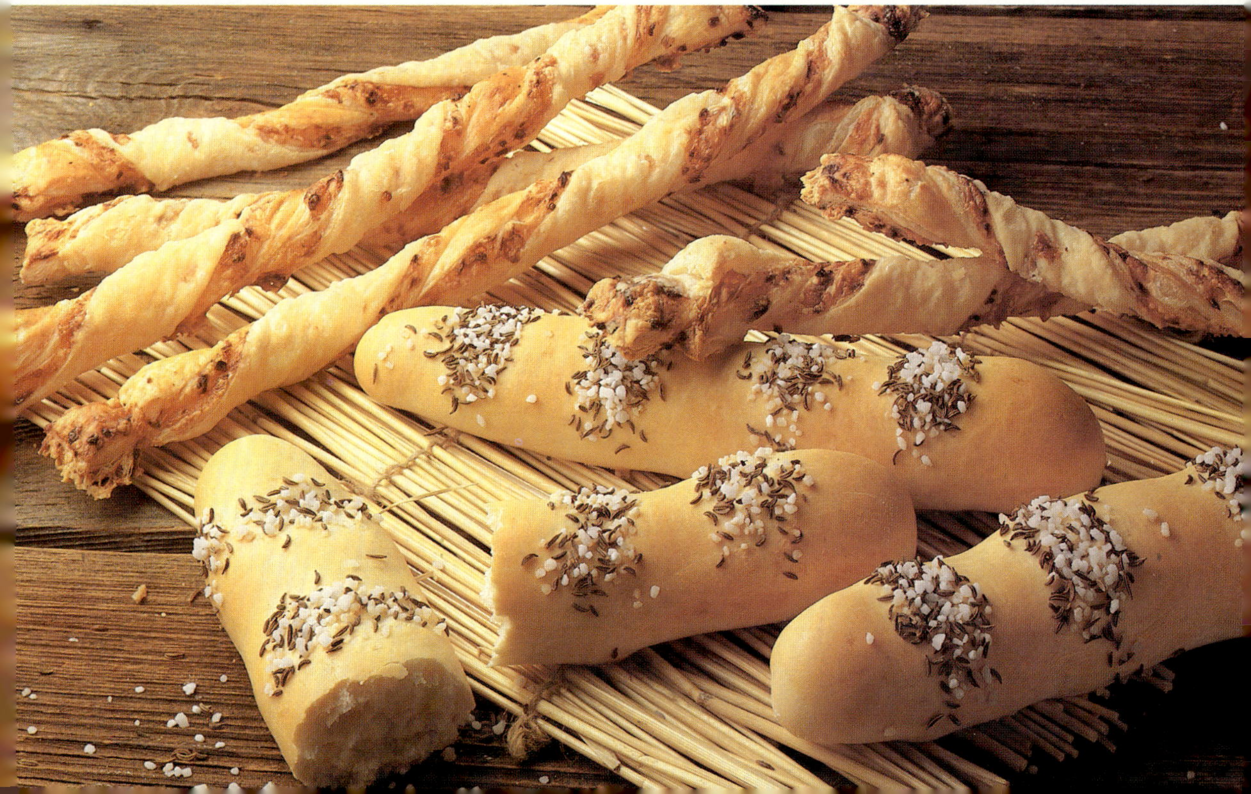

Schrotbrot

1 Brot

Vorbereiten: ca. 5 Stunden
Backen: ca. 90 Minuten
Vorheizen: E: 275 °C, G: Stufe 7–8
Backen: E: 225 °C, G: Stufe 5–6

300 g Roggenschrot, grob
ca. ¼ l kochendes Wasser
40 g Hefe
1 TL Zucker
½ Tasse lauwarmes Wasser (35 °C)
200 g Roggenmehl Type 1370
500 g Roggenschrot, fein
300 g Sauerteig
ca. ½ l lauwarmes Wasser (35 °C)
2 EL Salz
Mehl zum Bestäuben
Fett für die Form
Wasser zum Abstreichen
1 Tasse heißes Wasser

Den Roggenschrot mit dem kochenden Wasser überbrühen. Der Schrot soll gerade bedeckt sein und dann gut 3 Stunden stehen bleiben.

Hefe zerbröckeln und mit dem Zucker in der halben Tasse Wasser auflösen.

Mehl in eine Schüssel sieben, mit dem Schrot vermischen, in die Mitte eine Vertiefung drücken, den Sauerteig und die aufgelöste Hefe hineingießen. Von der Mitte aus mit dem Mehl vermengen. Salz und nach und nach das Wasser unterarbeiten. Den gequollenen Roggenschrot unterarbeiten. Den Teig kräftig und aus-

giebig kneten (ca. 30 Minuten mit der Hand), bis er sich ganz von der Schüssel gelöst hat. Herausnehmen, die Schüssel mit Mehl ausstäuben, den Teig wieder hineinlegen und mit Mehl bestäuben. Zudecken und an einem warmen Ort 60 bis 90 Minuten gehen lassen.

Hat das Teigvolumen um gut die Hälfte zugenommen, den Teig auf eine bemehlte Arbeitsplatte heben, kräftig durchkneten, rund wirken und eine längliche Rolle formen. In ein bemehltes Tuch einrollen und 20–30 Minuten ruhen lassen.

Mit dem Schluß nach unten auf das heiße, gefettete Blech legen, mit einer Gabel mehrmals einstechen und mit etwas Wasser abstreichen. In den vorgeheizten Ofen – untere Schiene – schieben, die Tasse Wasser dazustellen oder vorsichtig auf die Bodenplatte gießen. Nach 20 Minuten den Ofen kurz öffnen, damit der Schwaden entweichen kann. Das Brot ist nach etwa 80–90 Minuten ausgebacken. Es ist gar, wenn es beim Beklopfen der Unterseite hohl klingt.

Herausziehen und kurz mit Wasser abstreichen.

Pumpernickel

1 großes Brot

> Vorbereiten: ca. 5 Stunden
> Backen: ca. 12 Stunden
> E: 150 °C, G: Stufe 1–2

1000 g Roggenschrot, fein
500 g Roggenschrot, mittel
500 g Sauerteig
ca. ³/₄ l lauwarmes Wasser (30 °C)
2 EL Salz
150 g Rübenkraut (Sirup)
Mehl zum Bestäuben
Fett für die Kastenform
Wasser zum Abstreichen
Aluminiumfolie

Den feinen Roggenschrot in eine Schüssel sieben, den mittleren Schrot zugeben und vermischen, in die Mitte eine Vertiefung eindrücken, den Sauerteig zuschütten und von der Mitte her mit dem Mehl vermengen. Nach und nach Wasser, Salz und Rübenkraut zugeben und kräftig unterarbeiten. Den Teig ausgiebig durchkneten, bis er sich ganz von der Schüssel gelöst hat, herausnehmen, die Schüssel mit Mehl ausstäuben, den Teig wieder hineinlegen, mit etwas Mehl überstäuben, zudecken und an einem warmen Ort 3–4 Stunden gehen lassen.

Hat das Volumen um die Hälfte zugenommen, den Teig auf eine bemehlte Arbeitsfläche heben, noch einmal kräftig durchkneten, rund wirken und eine Rolle, in der Länge der Kastenform, formen. In die ausgefettete, bemehlte Form legen, mit einem feuchten Tuch zudecken, warm stellen und 15–20 Minuten gehen lassen.

Den Teigling mit etwas Wasser abstreichen, die Form mit der Aluminiumfolie fest verschließen, in den vorgeheizten Ofen – untere Schiene – schieben. Bei dieser niedrigen Temperatur muß der Pumpernickel 10–12 Stunden, am besten über Nacht, backen, damit sich das typische Aroma voll entfalten kann. Nach ca. 10 Stunden die erste Garprobe mit einem Holzstäbchen machen. Bleibt das Holz trocken, den Ofen ausstellen, die Folie abnehmen und das Brot noch 1 Stunde im Ofen lassen.

Dann herausnehmen und ganz auskühlen lassen.

▷ Das Brot immer in dünn geschnittenen Scheiben servieren.

Brötchen, Semmeln und so weiter

Knusprige Brötchen stehen ganz oben in unserer Gunst. Denn was ist schon ein Frühstück ohne frische Schrippen oder Semmeln? Deshalb – und weil es kaum noch richtig gute Brötchen gibt und sonntags höchstens aufgebackene – finden Sie hier eine Auswahl für Ihren Brotkorb. Brötchen sind bis auf wenige Ausnahmen so einfach und unkompliziert zu backen wie Weizenbrote. Und fast so schnell fertig, wie Sie brauchen, um zum nächsten Kaufmann oder Bäcker zu gehen. Wenn Sie den Teig vorbereiten und in die Tiefkühltruhe legen oder auch gleich die vorgefertigten Brötchen, dann stehen auch sonntags in ungefähr 30 Minuten knakkig-frische, duftende Semmeln auf Ihrem Tisch, Brötchen in vielen Formen, mit den unterschiedlichsten Geschmacksnuancen. Und Ihre Familie wird sich freudig auf den Brotkorb stürzen.
Ist der Ofen schon vorgeheizt? Dann kann es ja losgehen. Sie brauchen sich nur noch Ihr Rezept auszusuchen.

Grundrezept für Weizenkleingebäck

Etwa 30 Stück

Vorbereiten: ca. 45 Minuten
Backen: ca. 15 Minuten
E: 250 °C, G: Stufe 6–7

60 g Hefe
1 TL Zucker
½ Tasse lauwarmes Wasser (30 °C)
1000 g Weizenmehl Type 550
ca. ½ l lauwarmes Wasser (30 °C)
1–2 EL Salz
Mehl zum Bestäuben
Fett für das Backblech
Wasser zum Abstreichen
1 Tasse heißes Wasser

Die Hefe zerbröckeln und mit dem Zukker in der halben Tasse Wasser auflösen. Das Mehl in eine Schüssel sieben, in die Mitte eine Vertiefung drücken, die aufgelöste Hefe hineinschütten und von der

Mitte aus mit dem Mehl vermengen. Nach und nach Wasser und Salz zugeben und den Teig kräftig durchkneten. Wenn er Blasen wirft und sich leicht von der Schüssel löst, mit etwas Mehl bestäuben, mit einem Tuch zudecken und an einem warmen Ort 30–40 Minuten gehen lassen.

Hat sich das Teigvolumen verdoppelt, wird der Teig auf eine mit Mehl bestäubte Arbeitsplatte gehoben, kräftig durchgeknetet, rund gewirkt und zu einer langen Rolle ausgerollt. In 30 ca. 50 g schwere Stücke teilen. Die Teiglinge rund wirken und wahlweise wie die nachfolgend beschriebenen Formen ausformen. Die Teiglinge auf ein bemehltes Brett legen, zudecken, warm stellen und 10–15 Minuten ruhen lassen, damit sie schön aufgehen können.

Auf das heiße, gefettete Backblech legen, mit Wasser abstreichen, in den vorgeheizten Ofen – mittlere Schiene – schieben, die Tasse Wasser vorsichtig auf die Bodenplatte schütten und den Ofen sofort schließen. Nach 10–15 Minuten sind die Brötchen gar.

Herausziehen und mit etwas Wasser oder Stärkebrei abstreichen und noch einmal kurz in den Ofen stellen, damit sie eine glänzende Oberfläche bekommen.

Kaisersemmel

Die Teigstücke rund wirken, mit dem Schluß nach unten hinlegen, nach 5 Minuten mit einem Messerrücken von der Mitte her sternförmig eindrücken.

Sternsemmel

Die Teigstücke rund wirken, mit dem Schluß nach unten hinlegen, nach 5 Minuten mit einem Messerrücken einmal über Kreuz eindrücken.

Schnittbrötchen

Die Teigstücke lang wirken (ungefähr eine Handbreit), mit dem Schluß nach unten hinlegen, nach ca. 5 Minuten mit einem scharfen Messer der Länge nach einschneiden.

Passauer

Die Teigstücke auf einen leicht geölten Teller rund wirken, auf ein nicht bemehltes Brett legen, mit dem Schluß nach unten. Mit dem Schluß nach oben auf das Backblech legen, damit der Schluß schön aufreißen kann und die typische Form entsteht.

Rosenbrötchen

Die Teigstücke rund wirken, ca. 5 Minuten angehen lassen, mit der Hand flach drücken, rosenblütenartig einschlagen, umdrehen, weiter angehen lassen und wieder umgedreht auf das Backblech legen.

Drückbrötchen

Die Teigstücke rund wirken, mit dem Schluß nach unten hinlegen, nach ca. 5 Minuten mit einem Kochlöffel in der Mitte eindrücken, umdrehen, weiter angehen lassen und wieder umgedreht auf das Blech legen.

Rundstücke

Die Teiglinge 2–3 Minuten angehen lassen, rund wirken, mit dem Schluß nach unten hinlegen und auf das Blech legen.

Wasserwecken

Die Teigstücke noch einmal halbieren, rund wirken, aneinanderdrücken, mit dem Schluß nach unten hinlegen, mit einer Schere der Länge nach einschneiden, gehen lassen.

Lemgoer Strohsemmeln
15 Stück

Vorbereiten: ca. 60 Minuten
Backen: ca. 30 Minuten
E: 200 °C, G: Stufe 3–4

40 g Hefe
1 TL Zucker
¹/₂ Tasse lauwarmes Wasser (30 °C)
500 g Weizenmehl Type 550
ca. ¹/₂ l lauwarmes Wasser (30 °C)
1 EL Salz
1 EL Zucker
Mehl zum Bestäuben
1 l kochendes Wasser
2–3 Handvoll Weizen- oder Roggenstroh
1 Tasse heißes Wasser

Die zerbröckelte Hefe mit dem Zucker in der halben Tasse Wasser auflösen. Das Mehl in eine Backschüssel sieben, in die Mitte eine Vertiefung drücken, die aufgelöste Hefe hineingießen und von der Mitte aus mit dem Mehl vermengen. Nach und nach Wasser, Salz und Zucker anschütten und gut unterarbeiten. Den Teig so lange kneten, bis er sich von der Schüssel löst. Eventuell noch ein wenig Mehl zugeben, damit der Teig fest wird. Mit etwas Mehl bestäuben, zudecken und warm gestellt 20–30 Minuten gehen lassen.

Wenn sich das Volumen ungefähr verdoppelt hat, den Teig auf eine mit Mehl bestäubte Arbeitsplatte heben, kurz durchkneten, rund wirken und eine lange Rolle formen. 15 ca. 50 g schwere Stücke schneiden, rund wirken, 4–5 Minuten angehen lassen, flach drücken und mit einem bleistiftdicken Holz einmal über Kreuz eindrücken oder mit einer Gabel einige Male einstechen, zudecken und nochmals 10–15 Minuten warm gestellt ruhen lassen.

Das Wasser zum Kochen bringen, das heiße Backblech mit dem Stroh belegen, mit etwas Mehl bestäuben, die Teiglinge in das kochende Wasser tauchen und mit dem Schluß nach unten auf das Stroh legen. Das Blech in den vorgeheizten Ofen – mittlere Schiene – schieben, die Tasse heißes Wasser vorsichtig auf die Bodenplatte gießen und den Ofen sofort schließen. Die Strohsemmeln werden 25 bis 30 Minuten gebacken, Garprobe mit einem Holzstäbchen machen.

Die Semmeln herausziehen und kurz mit etwas Wasser abstreichen. Von dem Stroh nehmen – bleibt etwas daran, ist das nicht schlimm.

Dreikorn-Brötchenähre

1 Brot mit ca. 16 Teilen   Foto Seite 121

Vorbereiten: ca. 45 Minuten
Backen: ca. 15 Minuten
E: 200 °C, G: Stufe 3–4

30 g Hefe, 1 TL Zucker
1/2 Tasse lauwarmes Wasser (30 °C)
500 g Weizenmehl Type 550
ca. 3/8 l lauwarmes Wasser (30 °C)
1 EL Salz
Mehl zum Bestäuben
Fett für das Backblech
Wasser zum Abstreichen
Sesamkörner, Sonnenblumenkerne
Haferflocken
1 Tasse heißes Wasser

Die Hefe zerbröckeln und mit dem Zucker in der halben Tasse Wasser auflösen. Das Mehl in eine Schüssel sieben, in die Mitte eine Vertiefung drücken, die aufgelöste Hefe hineinschütten und von der Mitte aus mit dem Mehl vermengen. Nach und nach Wasser und Salz zugeben und den Teig kräftig durchkneten. Wenn er Blasen wirft und sich leicht von der Schüssel löst, mit etwas Mehl bestäuben, mit einem Tuch zudecken und an einem warmen Ort 30–40 Minuten gehen lassen.
Hat sich das Teigvolumen verdoppelt, wird der Teig auf eine mit Mehl bestäubte Arbeitsplatte gehoben, kräftig durchgeknetet, rund gewirkt und zu einer langen Rolle ausgerollt. In 16 ca. 50 g

schwere Stücke teilen. Die Teiglinge erst rund, dann länglich wirken, in der in Foto ersichtlichen Ährenform auf das gefettete Backblech legen, mit Wasser abstreichen, mit Sesam, Sonnenblumenkernen und den Haferflocken bestreuen. Zudecken und warm gestellt noch einmal etwa 15 Minuten gehen lassen, damit die Ähre schön aufgeht. In den vorgeheizten Backofen – mittlere Schiene – schieben und die Tasse Wasser vorsichtig auf die Bodenplatte gießen. Den Ofen sofort schließen und die Ähre etwa 15 Minuten backen. Herausziehen und mit etwas Wasser oder Stärkebrei abstreichen.

Buttermilchknüppel

Etwa 15 Stück

Vorbereiten: ca. 60 Minuten
Backen: ca. 25 Minuten
E: 200 °C, G: Stufe 3–4

40 g Hefe, 1 TL Zucker
1/2 Tasse lauwarme Buttermilch (30 °C)
500 g Weizenmehl Type 550
ca. 1/4 l lauwarme Buttermilch (30 °C)
1 TL Salz, Mehl zum Bestäuben
Fett für das Backblech
1 Tasse heißes Wasser

Die zerbröckelte Hefe mit dem Zucker in der halben Tasse Buttermilch auflösen. Das Mehl in eine Schüssel sieben, in die Mitte eine Vertiefung drücken, die aufgelöste Hefe hineingießen und von der

Mitte aus mit dem Mehl vermengen. Die Buttermilch und das Salz zugeben und gut unterkneten. Den Teig durcharbeiten, bis er sich von der Schüssel löst. Einen Kloß formen, die Schüssel bemehlen, den Teig hineinlegen, zudecken, warm stellen und 30–35 Minuten gehen lassen. Hat sich das Teigvolumen verdoppelt, den Teig auf eine gut bemehlte Arbeitsfläche heben, kurz durchkneten und eine lange Rolle formen. In 15 gleich große Stücke schneiden, länglich wirken, im Mehl wälzen und mit dem Schluß nach unten zugedeckt 10–15 Minuten ruhen lassen.

Auf das heiße, gefettete Blech legen, mit einem scharfen Messer an beiden Enden einmal quer einschneiden, in den vorgeheizten Ofen schieben – mittlere Schiene –, die Tasse heißes Wasser dazustellen oder vorsichtig auf die Bodenplatte gießen. Ca. 25 Minuten abbacken.

Leinsamenbrötchen

Etwa 12 Stück   Foto Seite 121

> Vorbereiten: ca. 60 Minuten
> Backen: ca. 30 Minuten
> E: 225 °C, G: Stufe 5–6

100 g Leinsamen (aus dem Reformhaus)
heißes Wasser, 40 g Hefe
$^1/_2$ Tasse lauwarmes Wasser (30 °C)
250 g Roggenmehl Type 997
250 g Weizenmehl Type 550
ca. $^1/_4$ l lauwarmes Wasser (30 °C)

1$^1/_2$ TL Salz, 125 g Schweineschmalz
Mehl zum Bestäuben
Fett für das Backblech
Wasser zum Abstreichen
1 Tasse heißes Wasser

Den Leinsamen mit dem heißen Wasser übergießen und etwa 10 Minuten quellen lassen, auf ein Sieb geben und abtropfen lassen. Die zerbröckelte Hefe in der halben Tasse Wasser auflösen. Das Mehl mischen, in eine Schüssel sieben, in die Mitte eine Vertiefung drücken, die aufgelöste Hefe hineingießen und von der Mitte her mit dem Mehl vermengen. Nach und nach Wasser, Salz und das erwärmte Schmalz sowie den Leinsamen zugeben. Alles gut und ausgiebig durcharbeiten, bis sich der Teig von der Schüssel gelöst hat. Mit etwas Mehl bestäuben, zudecken und an einem warmen Ort 25–35 Minuten gehen lassen.

Hat sich das Teigvolumen verdoppelt, auf eine bemehlte Arbeitsplatte heben, kurz durchkneten und eine lange Rolle auswirken. In 12 gleich große Stücke schneiden, rund wirken, mit dem Schluß nach unten auf das gefettete Backblech legen, der Länge nach mit einem scharfen Messer einschneiden, zudecken und noch einmal etwa 15 Minuten warm gestellt gehen lassen. Mit etwas Wasser abstreichen und in den vorgeheizten Ofen – mittlere Schiene – schieben, die Tasse Wasser dazustellen oder vorsichtig auf die Bodenplatte schütten. Die Brötchen 25–35 Minuten backen.

Berliner Knüppel
Etwa 15 Stück

Vorbereiten: ca. 45 Minuten
Backen: ca. 20 Minuten
E: 225 °C, G: Stufe 5–6

40 g Hefe
1 TL Zucker
¹/₂ Tasse lauwarmes Wasser (30 °C)
500 g Weizenmehl Type 405
ca. ¹/₂ l lauwarme Flüssigkeit
(halb Milch, halb Wasser; 30 °C)
1 TL Salz
10 g Margarine oder Butter
Mehl zum Bestäuben
Fett für das Backblech
Wasser zum Abstreichen
1 Tasse heißes Wasser

Die zerbröckelte Hefe mit dem Zucker in der halben Tasse Wasser auflösen. Das Mehl in eine Schüssel sieben, in die Mitte eine Vertiefung drücken, die aufgelöste Hefe hineingießen, von der Mitte aus mit dem Mehl vermengen. Nach und nach die Flüssigkeit, das Salz und das erwärmte Fett anschütten und gut unterarbeiten. Den Teig kneten, bis er Blasen wirft und sich von der Schüssel löst, mit etwas Mehl bestäuben, zudecken und warm gestellt 30 Minuten gehen lassen.
Hat sich das Teigvolumen verdoppelt, wird er auf eine bemehlte Arbeitsfläche gehoben, kräftig durchgeknetet, rund gewirkt und zu einer langen Rolle geformt. Die Rolle in 15 ca. 50 g schwere Stücke schneiden. Die Teigstücke rund wirken, 4–5 Minuten angehen lassen, mit der Hand oder dem Rollholz flach drücken und von beiden Seiten einrollen, umdrehen, auf das Backtuch legen und 10 Minuten gehen lassen.

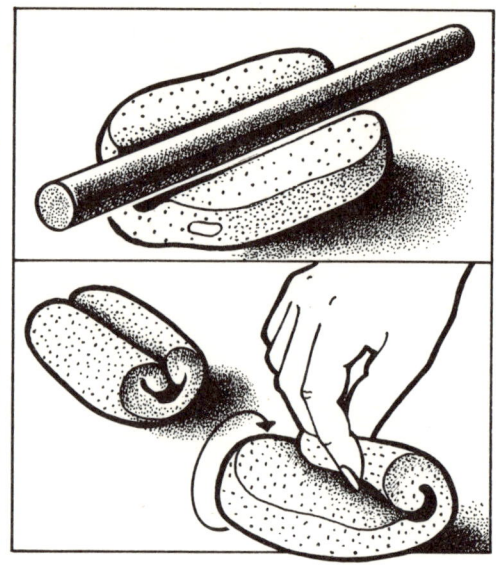

Mit der eingerollten Seite nach unten auf das heiße, gefettete Backblech legen, mit etwas Wasser abstreichen. In den vorgeheizten Ofen – mittlere Schiene – schieben und die Tasse heißes Wasser vorsichtig auf die Bodenplatte gießen. Den Ofen sofort schließen. Die Berliner Knüppel sind nach 15–20 Minuten gar. Sie stellen es leicht fest, wenn Sie auf die Unterseite klopfen. Klingen die Knüppel hohl, sind sie gar.
Herausziehen und kurz mit etwas Wasser abstreichen.

Mischbrötchen
15 Stück

Vorbereiten: ca. 60 Minuten
Backen: ca. 25 Minuten
E: 225 °C, G: Stufe 5–6

40 g Hefe
1/2 Tasse lauwarmes Wasser (30 °C)
250 g Weizenmehl Type 550
250 g Roggenmehl Type 997
ca. 1/4 l lauwarmes Wasser (30 °C)
1 TL Salz
Mehl zum Bestäuben
Fett für das Backblech
Wasser zum Abstreichen
1 Tasse heißes Wasser

Die zerbröckelte Hefe in der halben Tasse Wasser auflösen. Das Mehl mischen und in eine Schüssel sieben, in die Mitte eine Vertiefung drücken, die aufgelöste Hefe zugeben und von der Mitte aus mit dem Mehl vermengen. Nach und nach das Wasser angießen, Salz zugeben und den Teig durcharbeiten, bis er sich von der Schüssel löst. Mit etwas Mehl bestäuben, zudecken und 25–35 Minuten an einem warmen Ort gehen lassen.

Hat sich das Teigvolumen ungefähr verdoppelt, den Teig auf eine bemehlte Arbeitsfläche heben, kurz durchkneten und zu einer Rolle auswirken. In 15 ca. 50 g schwere Stücke schneiden, rund wirken und, wie nachfolgend beschrieben, zu Schusterjungen, Kümmelfenstern, Salzlingen oder Salzbrezeln ausformen.

Nach 15–20 Minuten die Teiglinge auf das heiße Blech legen, mit Wasser abstreichen. In den vorgeheizten Backofen – mittlere Stufe – schieben, die Tasse Wasser vorsichtig auf die Bodenplatte gießen und den Ofen sofort schließen. Die Brötchen werden 25–30 Minuten abgebacken und sind gar, wenn sie beim Beklopfen der Unterseite hohl klingen. Herausziehen und mit etwas Wasser abstreichen.

Schusterjungen
Die Teigstücke rund wirken, mit dem Schluß nach unten ruhen lassen.

Kümmelfenster   Foto Seite 139
Die Teigstücke rund wirken, ca. 5 Minuten angehen lassen, mit der Hand flach drücken, 4 rautenförmige Fenster einschneiden und die Einschnitte leicht auseinanderziehen. Abstreichen und mit Kümmel und/oder etwas grobem Salz bestreuen.

Salzlinge
Die Teigstücke rund wirken, ca. 5 Minuten angehen lassen, mit der Hand flach drücken und in der Mitte mit einem etwa 2 cm dicken Holz eindrücken. Nach dem Abstreichen mit grobem Salz bestreuen.

Salzbrezeln   Foto Seite 139
Die Teigstücke zu etwa 20 cm langen Rollen formen, dann zu Brezeln verschlingen, abstreichen und mit Salz bestreuen.

Milchbrötchen
Etwa 25 Stück

> Vorbereiten: ca. 45 Minuten
> Backen: ca. 25 Minuten
> E: 200 °C, G: Stufe 3–4

60 g Hefe
1 TL Zucker
½ Tasse lauwarme Milch (30 °C)
1000 g Weizenmehl Type 405 oder 550
ca. ⅝ l lauwarme Milch (30 °C)
1 TL Salz
Mehl zum Bestäuben
Fett für das Backblech
1 Tasse heißes Wasser
Wasser zum Abstreichen

Die zerbröckelte Hefe mit dem Zucker in der halben Tasse Milch auflösen. Das Mehl in eine Schüssel sieben, in die Mitte eine Vertiefung drücken, die aufgelöste Hefe zugießen und von der Mitte aus mit dem Mehl vermengen. Nach und nach die lauwarme Milch und das Salz zugeben, den Teig kräftig durchkneten, bis er sich von der Schüssel löst. Mit etwas Mehl bestäuben, zudecken und warm gestellt 20–30 Minuten gehen lassen.
Hat sich das Teigvolumen verdoppelt, den Teig auf eine bemehlte Arbeitsfläche heben, kurz und kräftig durchkneten, eine lange Rolle auswirken und 25 gleich große Stücke schneiden, rund wirken und wie die nachfolgend beschriebenen Formen ausformen. Nochmals etwa 15 Minuten gehen lassen.

Auf das heiße, gefettete Backblech legen, in den vorgeheizten Ofen – mittlere Schiene – schieben, die Tasse Wasser vorsichtig auf die Bodenplatte gießen und den Ofen sofort schließen. Die Brötchen 20–25 Minuten backen. Sie sind gar, wenn sie beim Beklopfen der Unterseite hohl klingen. Herausziehen und kurz mit etwas Wasser abstreichen.

Milchbrötchen, einfach
Die Teigstücke rund wirken, mit dem Schluß nach unten hinlegen und ruhen lassen. Nach ca. 15 Minuten auf das Blech legen, mit einer Schere über Kreuz einschneiden und mit einem mit etwas Wasser verquirlten Eigelb abstreichen.

Kümmelstangen
Die Teigstücke rund wirken, quadratisch ausrollen (ca. ½ cm dick) und diagonal zusammenrollen. Nach ca. 15 Minuten auf das Blech legen, mit einem mit etwas Wasser verquirlten Eigelb abstreichen und mit Kümmel bestreuen.

Mohnzöpfe
Die Teigstücke rund wirken und zu ca. 20 cm langen Rollen formen. In der Mitte knicken und umeinanderdrehen. Nach ca. 15 Minuten mit einem mit Wasser verquirlten Eigelb abstreichen und mit Mohn bestreuen.

Sesamschnecken
Die Teigstücke rund wirken und zu ca. 20 cm langen Rollen formen, in Sesamsa-

men wälzen und zu Schnecken aufrollen (siehe Abb. Scite 49). Nach ca. 15 Minuten auf das Blech setzen und mit etwas Wasser abstreichen.

Aniskipferl

Die Teigstücke rund wirken und zu etwa bleistiftdicken Quadraten ausrollen, diagonal zusammenrollen und halbmondförmig einlegen. Nach ca. 15 Minuten auf das Blech legen, mit einem mit Wasser verquirlten Eigelb abstreichen und mit gemahlenem Anis bestäuben.

Schmalzschnecken

Etwa 12 Stück

Vorbereiten: ca. 60 Minuten
Backen: ca. 30 Minuten
E: 225 °C, G: Stufe 5–6

40 g Hefe
^{1}/$_2$ Tasse lauwarmes Wasser (30 °C)
250 g Roggenmehl Type 997
250 g Weizenmehl Type 550
ca. ^{1}/$_4$ l lauwarmes Wasser (30 °C)
1^1/$_2$ TL Salz
125 g Schweineschmalz
Mehl zum Bestäuben
Fett für das Backblech
Wasser zum Abstreichen
1 Tasse heißes Wasser

Die zerbröckelte Hefe in der halben Tasse Wasser auflösen. Das Mehl mischen, in eine Schüssel sieben, in die Mitte eine Vertiefung drücken, die aufgelöste Hefe hineingießen und von der Mitte her mit dem Mehl vermengen. Nach und nach Wasser, Salz und das erwärmte Schmalz zugeben, alles gut und ausgiebig durcharbeiten, bis sich der Teig von der Schüssel gelöst hat. Mit etwas Mehl bestäuben, zudecken und an einem warmen Ort 25–35 Minuten gehen lassen.

Hat sich das Teigvolumen verdoppelt, auf eine bemehlte Arbeitsplatte heben, kurz durchkneten und eine lange Rolle auswirken. In 12 ca. 60 g schwere Stücke schneiden, rund wirken und ca. 20 cm lange Rollen formen. Zu Schnecken einrollen (siehe Abb. Seite 49), zudecken und warm gestellt 15–20 Minuten ruhen lassen.

Mit etwas Wasser abstreichen und in den vorgeheizten Ofen – mittlere Schiene – schieben, die Tasse Wasser dazustellen oder vorsichtig auf die Bodenplatte schütten. Die Schnecken 25–35 Minuten backen. Sie sind gar, wenn das Holzstäbchen bei der Garprobe trocken bleibt.

▷ Noch warm zu kernigen Eintöpfen, Suppen oder zu Gerichten vom Holzkohlengrill servieren.

Würz- oder Speckschnecken

Wenn dem Teig 1 TL Majoran oder Thymian zugegeben wird, erhalten die Schnecken eine besonders würzige Note. Man kann auch 100 g durchwachsenen Speck goldbraun braten und unter den Teig kneten.

Bayerische Bierstangen

Eine Knabberei zu Bier
Etwa 10 Stück
Foto Seite 139

> Vorbereiten: ca. 25 Minuten
> Backen: ca. 30 Minuten
> E: 200 °C, G: Stufe 3–4

30 g Hefe
$^1/_2$ Tasse lauwarmes Wasser (30 °C)
250 g Weizenmehl Type 550
1 TL Salz
5 g Backpulver
ca. $^1/_4$ l lauwarmes Wasser (30 °C)
Mehl zum Bestäuben
Fett für das Backblech
1 Ei
Salz und Kümmel zum Bestreuen
$^1/_2$ Tasse heißes Wasser
Wasser zum Abstreichen

Die zerbröckelte Hefe in der halben Tasse Wasser auflösen. Mehl, Salz und Backpulver mischen, in eine Schüssel sieben, in die Mitte eine Vertiefung drükken, die aufgelöste Hefe hineingießen und von der Mitte her mit dem Mehl vermengen. Nach und nach das Wasser zusetzen und gut unterarbeiten. Wenn sich der Teig von der Schüssel löst, auf eine mit Mehl bestäubte Arbeitsfläche heben, rund wirken und eine Rolle formen. In 10 gleiche Stücke teilen und ca. 20–30 cm lange Rollen herstellen, auf das gefettete Backblech legen, mit dem verquirlten Ei abstreichen und mit Küm-

mel und Salz – wie auf dem Foto ersichtlich – bestreuen, in den vorgeheizten Ofen – mittlere Stufe – schieben, die halbe Tasse heißes Wasser dazustellen. Nach ca. 10 Minuten die Tasse aus dem Ofen nehmen. Die Bierstangen müssen ca. 30 Minuten backen.
Herausnehmen und mit etwas Wasser abstreichen.

Münchner Laugenbrezen

Nach dem Rezept einer der ältesten Münchner Bäckereien
Etwa 15 Stück

> Vorbereiten: ca. 30 Minuten
> Backen: ca. 25 Minuten
> E: 225 °C, G: Stufe 5–6

40 g Hefe
$^1/_2$ Tasse Wasser (30 °C)
500 g Weizenmehl Type 550
ca. $^1/_4$ l lauwarmes Wasser (30 °C)
1 EL Salz
Mehl zum Bestäuben
5 g Natron
1 l Wasser
Fett für das Backblech
25 g grobes Salz

Die Hefe zerbröckeln und in der halben Tasse Wasser auflösen. Das Mehl in eine Schüssel sieben, in die Mitte eine Vertiefung drücken, die aufgelöste Hefe hineingießen und von der Mitte aus mit dem Mehl vermengen. Nach und nach Wasser und Salz zugeben. Den Teig gut durcharbeiten, bis er Blasen wirft und sich von der Schüssel löst. Auf eine mit Mehl bestäubte Arbeitsplatte heben, rund wirken und eine lange Rolle formen.

In 15 gleiche Teile schneiden, ca. 30 cm lange Rollen formen, die in der Mitte dick und an den Enden dünn sind. Brezen formen. Zudecken und 10 Minuten gehen lassen.

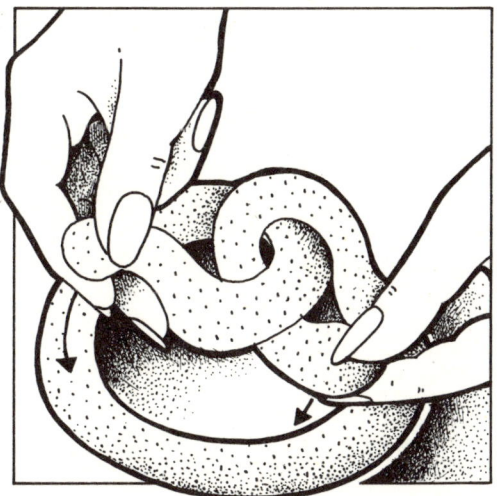

Inzwischen das Wasser mit dem Natron zum Kochen bringen, die Brezen hineinwerfen und nach einer halben Minute vorsichtig mit dem Schaumlöffel herausnehmen, auf das heiße, gefettete Backblech legen, mit Salz bestreuen und in den vorgeheizten Ofen – mittlere Schiene – schieben. Die Brezen sind nach 25–30 Minuten gar.
▷ Zu Bier, Wein, Leberkäs oder Weißwurst essen.

Schrotbrötchen
Etwa 16 Stück

Vorbereiten: ca. 60 Minuten
Backen: ca. 30 Minuten
E: 200 °C, G: Stufe 3–4

40 g Hefe
1 TL Zucker
¹/₂ Tasse lauwarmes Wasser (30 °C)
300 g Weizenmehl Type 550
200 g Roggenschrot, mittel
ca. ¹/₄ l lauwarmes Wasser (30 °C)
1 EL Salz
Mehl zum Bestäuben
Fett für das Backblech
Wasser zum Abstreichen
¹/₂ Tasse heißes Wasser
2 EL Speisestärke
6 EL heißes Wasser

Die zerbröckelte Hefe mit dem Zucker in der halben Tasse Wasser auflösen. Das Mehl in eine Schüssel sieben, den Schrot dazustreuen, in die Mitte eine Vertiefung drücken, die aufgelöste Hefe hineingießen und von der Mitte aus mit dem Mehl vermengen. Nach und nach Wasser und Salz zuschütten und den Teig durcharbeiten, bis er sich von der Schüssel löst, einen Kloß formen und in die bemehlte Schüssel legen.

Warm stellen und 30–35 Minuten gehen lassen. Hat sich das Teigvolumen ungefähr verdoppelt, den Teig auf eine bemehlte Arbeitsplatte heben, kurz durchkneten, rund wirken und eine lange Rolle formen. In 16 gleiche Teile schneiden, rund wirken und dann etwa handbreite, längliche Teiglinge formen. Mit dem Schluß nach oben auf ein Tuch legen, zudecken und 10 Minuten ruhen lassen. Mit dem Schluß nach unten auf das heiße, gefettete Blech legen, mit einem scharfen Messer der Länge nach einschneiden und mit Wasser abstreichen. In den vorgeheizten Ofen – mittlere Schiene – schieben, die halbe Tasse Wasser vorsichtig auf die Bodenplatte gießen und den Ofen sofort schließen. Die Brötchen 30–35 Minuten backen. Sie sind gar, wenn sie beim Beklopfen der Unterseite hohl klingen. Herausziehen und mit der Mischung aus Speisestärke und Wasser abstreichen. So bekommen sie einen schönen, knusprigen Glanz.

Lippische Kräuterbrötchen
Etwa 16 Stück
Foto Seite 121

> Vorbereiten: ca. 45 Minuten
> Backen: ca. 15 Minuten
> E: 200 °C, G: Stufe 4–5

40 g Hefe
1 TL Zucker
½ Tasse lauwarmes Wasser (30 °C)
500 g Weizenmehl Type 550
1 EL Salz
20 g Schmalz
ca. ³/₈ l Wasser (30 °C)
Mehl zum Bestäuben

je ½ Bund Petersilie und Schnittlauch
Fett für das Backblech
Wasser zum Bestreichen
½ Tasse heißes Wasser

Die zerbröckelte Hefe mit dem Zucker in dem Wasser auflösen. Das Mehl in eine Schüssel sieben, in der Mitte eine Vertiefung eindrücken, die aufgelöste Hefe zugießen und von der Mitte her mit dem Mehl vermengen. Salz, das erwärmte Schmalz und nach und nach das Wasser unterkneten. Der Teig soll mittelfest sein und sich rissig von der Schüssel lösen. Mit etwas Mehl bestäuben, mit einem Tuch zudecken und warm gestellt 30–40 Minuten gehen lassen. Inzwischen die Kräuter fein wiegen.

Wenn der Teig sein Volumen verdoppelt hat, auf die mit Mehl bstäubte Arbeitsfläche heben, die Kräuter daraufstreuen und den Teig noch einmal durchkneten, eine längliche Rolle wirken und in 16 gleich große Stücke schneiden. Runde Brötchen ausformen, mit dem Schluß nach unten auf das gefettete Backblech legen, mit einem scharfen Messer der Länge nach einschneiden und zugedeckt noch einmal etwa 15 Minuten gehen lassen. Die Brötchen in den vorgeheizten Backofen – mittlere Schiene – schieben und das heiße Wasser vorsichtig auf die Bodenplatte gießen. Die Brötchen etwa 15 Minuten abbacken. Sie sind gar, wenn sie beim Beklopfen der Unterseite hohl klingen. Herausziehen und mit Wasser abstreichen.

Riemische Weckerl
Münchner Spezialität
16 Stück

Vorbereiten: ca. 60 Minuten
Backen: ca. 25 Minuten
E: 225 °C, G: Stufe 5–6

40 g Hefe
$^1/_2$ Tasse lauwarmes Wasser (30 °C)
200 g Roggenmehl Type 997
200 g Weizenmehl Type 812
200 g Sauerteig
ca. $^1/_4$ l lauwarmes Wasser (30 °C)
1 TL Salz
Mehl zum Bestäuben
3 EL Kümmel
Fett für das Backblech
Roggenmehl zum Bestäuben
1 Tasse heißes Wasser
Wasser zum Abstreichen

Die zerbröckelte Hefe in der halben Tasse Wasser auflösen. Das Mehl mischen und in eine Schüssel sieben, in die Mitte eine Vertiefung eindrücken, den Sauerteig und die aufgelöste Hefe hineingießen und von der Mitte her mit dem Mehl vermengen. Nach und nach Wasser und Salz anschütten. Den Teig durcharbeiten, bis er sich leicht von der Schüssel löst. Mit etwas Mehl bestäuben, zudecken und warm gestellt 30–40 Minuten gehen lassen.
Hat das Teigvolumen gut um die Hälfte zugenommen, den Teig auf eine bemehlte Arbeitsfläche heben, kurz durchkne-

ten, rund wirken und eine lange Rolle formen. 16 ca. 60 g schwere Stücke schneiden, rund wirken und in Kümmel wälzen. Je zwei Stück zusammendrücken und mit dem Schluß nach unten oder oben hinlegen, zudecken und nochmals 10–15 Minuten ruhen lassen.
Je nach Lage bei der Teigruhe umgedreht auf das heiße, gefettete Backblech legen, mit Roggenmehl bestäuben, in den vorgeheizten Ofen – mittlere Schiene – schieben, die Tasse heißes Wasser vorsichtig auf die Bodenplatte gießen und den Ofen sofort schließen.
Die Weckerl 20–25 Minuten backen. Sie sind gar, wenn sie beim Beklopfen der Unterseite hohl klingen. Herausziehen und mit etwas Wasser kurz abstreichen.

Kuchenbrötchen
Etwa 15 Stück

Vorbereiten: ca. 60 Minuten
Backen: ca. 30 Minuten
E: 200 °C, G: Stufe 3–4

40 g Hefe
1 TL Zucker
¹⁄₂ Tasse lauwarme Milch (30 °C)
500 g Weizenmehl Type 405
ca. ¹⁄₄ l lauwarme Milch (30 °C)
50 g Butter
75 g Zucker
15 g Salz
Mehl zum Bestäuben
Fett für das Backblech
1 Tasse heißes Wasser
1 Ei
etwas Milch

Die zerbröckelte Hefe mit dem Zucker in der halben Tasse Milch auflösen. Das Mehl in eine Schüssel sieben, in die Mitte eine Vertiefung drücken, die aufgelöste Hefe hineingießen, die Milch, die erwärmte Butter, Zucker und Salz zufügen und den Teig durcharbeiten, bis er Blasen wirft. Eine Kugel formen, die Schüssel bemehlen, den Teig wieder hineinlegen, zudecken, warm stellen und 20–30 Minuten gehen lassen.

Hat das Teigvolumen sich ungefähr verdoppelt, den Teig auf eine bemehlte Arbeitsplatte heben, rund wirken und eine lange Rolle formen. Die Brötchen wie die nachfolgend beschriebenen Formen

ausformen. Die Teiglinge auf das gefettete Blech legen, in den vorgeheizten Ofen – mittlere Schiene – schieben, die Tasse Wasser vorsichtig auf die Bodenplatte schütten, den Ofen sofort schließen. Die Kuchenbrötchen 25–35 Minuten backen. Sie sind gar, wenn das Holzstäbchen bei der Garprobe trocken bleibt.

Milchbrötchen
Die Teiglinge rund wirken und mit dem Schluß nach unten hinlegen oder handbreite, längliche Brötchen formen und ebenfalls mit dem Schluß nach unten hinlegen, zudecken und ca. 15 Minuten zugedeckt ruhen lassen. Mit verquirltem Ei abstreichen.

Rosinenbrötchen
100 g Rosinen unter den Teig mengen, die Teiglinge rund wirken und flach drücken. Rosenblattartig einschlagen, umdrehen und zugedeckt ca. 15 Minuten gehen lassen. Umgedreht auf das Blech legen und mit verquirltem Ei abstreichen.

Korinthensemmeln
100 g Korinthen unter den Teig mengen, die Teiglinge rund wirken und auf das Brett legen, mit dem Schluß nach unten. Zudecken und ca. 15 Minuten ruhen lassen. Mit dem Schluß nach unten oder oben auf das Blech legen, mit verquirltem Ei abstreichen.

Der Beck, kolorierter Holzschnitt, 1685

XIII.
Der Beck.

Auf dieser Tafel sehen wir dasjenige Handwerk abgebildet, welches uns das unentbehrlichste aller unserer Nahrungsmittel, das Brod, bereitet. Zween Beckerknechte sind damit beschäftigt: einer knädet den Teig, und der andre schiebt, oder in der Sprache der Becker zu reden, schießt die aus diesem Teige formirten Laibe mit der Backschaufel in den Backofen: der dabey stehende Junge giebt einer zum Brodkaufen einsprechenden Magd, was sie verlangt. — Sowohl die Gewohnheit, als auch die Sorge für die Erhaltung unserer Gesundheit macht uns das Brod bey allen unsern Mahlzeiten nothwendig; da nun nicht ein jeder Zeit und Geschicklichkeit hat, sich solches selbst zu bereiten, so verdienen die Leute allemal geschätzt zu werden, die uns mit gutem Brod versehen.

Bagels aus dem Wilden Westen

Eine Brötchenspezialität, wie sie die
Siedler in den USA liebten
Etwa 15 Stück

Vorbereiten: ca. 90 Minuten
Backen: ca. 15 Minuten
E: 225 °C, G: Stufe 5–6

50 g Hefe
1 TL Zucker
¹/₂ Tasse lauwarme Milch (30 °C)
500 g Weizenmehl Type 550
oder eine dunklere Type
ca. ¹/₄ l Kartoffelwasser
(von Salzkartoffeln; 30 °C)
2 EL Honig
2 Eier
3 TL Sonnenblumenöl
1 TL Salz
Öl für die Schüssel
2 l Wasser
4 EL brauner Zucker
Fett für das Backblech

Die zerbröckelte Hefe mit dem Zucker in
der halben Tasse Milch auflösen. Das
Mehl in eine Schüssel sieben, in die Mitte
eine Vertiefung drücken, die aufgelöste
Hefe hineingießen und von der Mitte aus
mit dem Mehl vermengen. Nach und
nach die Hälfte des Kartoffelwassers, den
Honig, die Eier, das Sonnenblumenöl
und das Salz anschütten. Den Teig kräftig
durcharbeiten. Evtl. noch etwas Wasser
angießen, der Teig soll mittelfest sein und
sich von der Schüssel lösen. Auf einem
bemehlten Brett ausgiebig (etwa 10 Minuten) durchkneten, einen Ball formen
und in eine geölte Schüssel legen, zudekken und warm gestellt ca. 60 Minuten gehen lassen.
Das Wasser mit dem braunen Zucker in
einem großen Topf zum Kochen bringen
und sieden lassen.

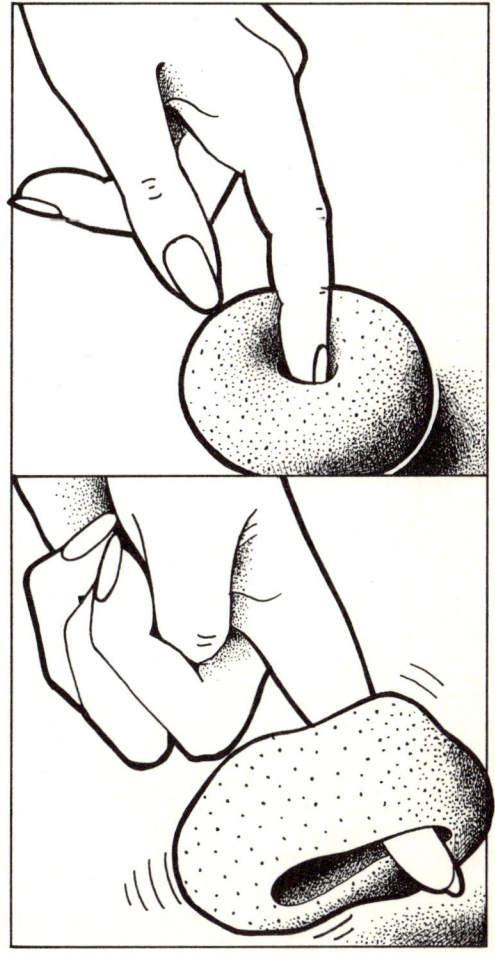

Wenn der Teig sich verdoppelt hat, auf ein Arbeitsbrett heben, kurz durchkneten, in 15 gleiche Teile schneiden, Kugeln formen, etwas flach drücken und in der Mitte mit dem Zeigefinger durchstoßen. Das Loch durch Drehen des Teigstückes um den Finger vergrößern, so daß gleichmäßige Ringe entstehen.

Die Teiglinge in das siedende Zuckerwasser werfen. Wenn sie hochkommen, die Ringe wenden und noch eine Minute ziehen lassen. Mit dem Schaumlöffel herausnehmen und vorsichtig auf das gefettete Blech setzen. In den vorgeheizten Ofen – mittlere Schiene – schieben und 10–15 Minuten goldbraun abbacken.

Croissants
Eine französische Spezialität
zum Frühstück
Etwa 10 Stück

Vorbereiten: ca. 30 Minuten
Backen: ca. 15 Minuten
E: 225 °C, G: Stufe 5–6

300 g Blätterteig (aus der Tiefkühltruhe)
1 Ei

Den aufgetauten Blätterteig ausrollen und in etwa 10 Dreiecke teilen. Das Ei trennen, die Dreiecke mit dem Eiweiß auf einer Seite bestreichen und von der

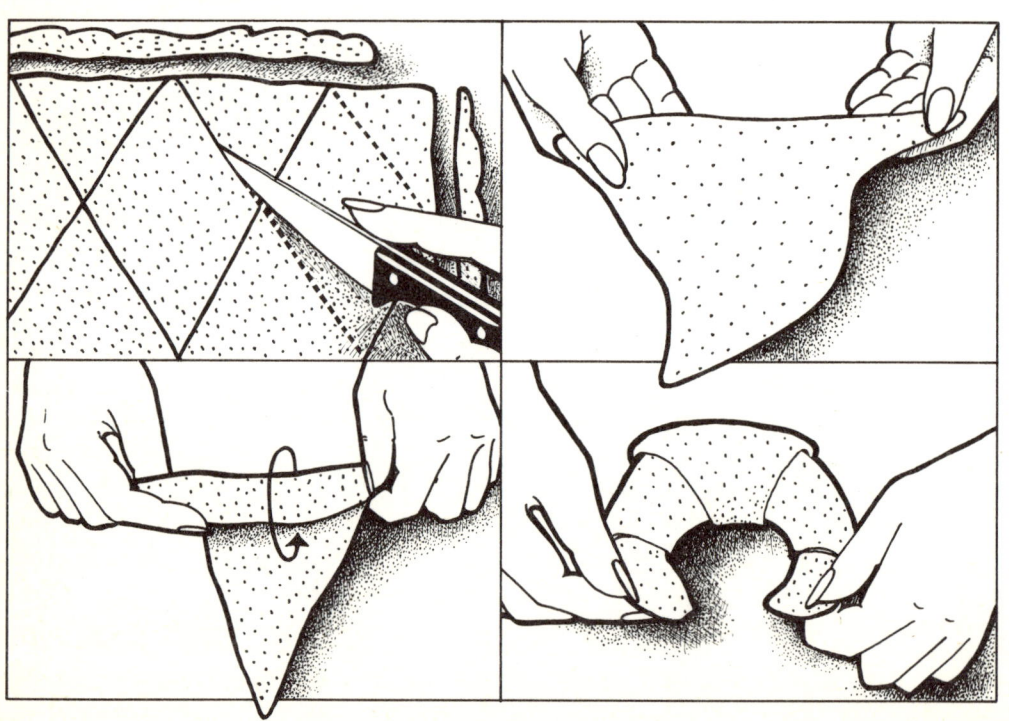

Langseite zur Spitze einrollen, u-förmig legen und dann für ca. 15 Minuten im Kühlschrank ruhen lassen.

Das Eigelb mit etwas Wasser verrühren, die Croissants damit abstreichen, auf ein mit Wasser abgespültes Blech legen und im vorgeheizten Ofen – mittlere Schiene – ca. 15 Minuten goldbraun backen. Herausziehen und gleich servieren, denn leicht warm schmecken sie am besten.

▷ Die Croissants können Sie auch schon am Vortag vorbereiten und über Nacht im Kühlschrank ruhen lassen. Dann sollten Sie sie bei E: 200 °C, G: Stufe 3 ca. 25 Minuten backen.

▷ Die Croissants können Sie auch noch füllen – mit Nußcreme, mit Marzipan o. ä.

Brioches
Eine französische Spezialität
zum Frühstück
Etwa 24 Stück

Vorbereiten: ca. 75 Minuten
Backen: ca. 10 Minuten
E: 225 °C, G: Stufe 5–6

50 g Hefe
1 TL Zucker
$^1/_2$ Tasse lauwarme Milch (30 °C)
550 g Weizenmehl Type 405
8 Eier
500 g Butter
50 g Zucker
10 g Salz

Mehl zum Bestäuben
Fett für das Backblech
2 Eier zum Abstreichen
Zum Bestreuen: nach Wunsch
Hagelzucker, gehackte oder
gestiftelte Mandeln
$^1/_4$ Tasse Wasser

Die zerbröckelte Hefe mit dem Teelöffel Zucker in der halben Tasse Milch auflösen. Das Mehl in eine Schüssel sieben, in die Mitte eine Vertiefung drücken, die aufgelöste Hefe hineinschütten und von der Mitte her mit dem Mehl vermengen. Die Eier, die erwärmte Butter, Zucker und Salz zugeben und den Teig kräftig durcharbeiten, bis er sich von der Schüssel gelöst hat. Der Teig muß mittelfest bis fest sein, damit die Brioches ihre Form behalten. Mit etwas Mehl bestäuben, zudecken und warm gestellt 30–40 Minuten gehen lassen.

Hat sich das Teigvolumen etwa verdoppelt, den Teig auf eine bemehlte Arbeitsfläche heben, kurz durchkneten, rund wirken und eine lange Rolle formen. In 24 ca. 50 g schwere Stücke schneiden, die einzelnen Stücke in eine größere und eine kleinere Kugel teilen. Die größere Kugel mit der Hand flach drücken und in der Mitte eine Vertiefung eindrücken, die andere Kugel in der Mitte daraufsetzen. Die Teiglinge zugedeckt nochmals ca. 10 Minuten ruhen lassen.

Auf das heiße, gefettete Blech legen, mit den verquirlten Eiern leicht abstreichen. Nach Belieben mit Hagelzucker oder gestiftelten oder gehackten Mandeln bestreuen, in den vorgeheizten Ofen schieben – mittlere Schiene – und die halbe Tasse Wasser dazustellen oder vorsichtig auf die Bodenplatte gießen. Den Ofen sofort schließen. Die Brioches sind nach ca. 10 Minuten gar.

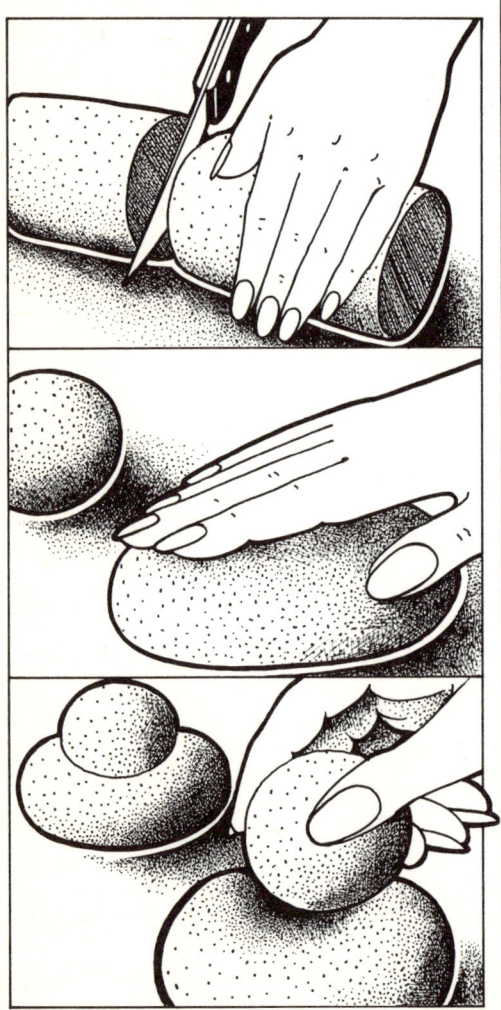

▷ Bereiten Sie den Teig am Vorabend zu, lassen Sie ihn im Kühlschrank stehen und backen die Brioches frisch zum Frühstück!

Kopenhagener Frühstücksgebäck
Etwa 10 Stück

> Vorbereiten: ca. 30 Minuten
> Backen: ca. 15 Minuten
> E: 225 °C, G: Stufe 5–6

300 g Blätterteig
(aus der Tiefkühltruhe)
1 Ei
50 g Marmelade nach Geschmack
3 EL Obstwasser, abgestimmt auf
die Marmelade

Den aufgetauten Blätterteig ausrollen und in 10 Quadrate teilen. Das Ei trennen. Die Ecken der Blätterteigquadrate mit Eiweiß einstreichen und nach oben umklappen. Die Marmelade mit dem Obstwasser verrühren und auf jedes Stück einen Klecks geben. Den Teig mit Eigelb abstreichen, auf ein mit Wasser abgespültes Blech legen und in den vorgeheizten Ofen – mittlere Stufe – schieben.
Die Kopenhagener ca. 15 Minuten backen, herausziehen und möglichst bald auf den Tisch bringen.
▷ Am besten schmecken sie noch leicht warm.

Käse-Knusperstangen

Etwa 20 Stück   Foto Seite 139

Vorbereiten: ca. 30 Minuten
Backen: ca. 15 Minuten
E: 225 °C, G: Stufe 4

300 g Blätterteig (aus der Tiefkühltruhe)
Mehl zum Bestäuben
125 g geriebener Käse
(Emmentaler, Appenzeller o. ä.)
Muskatnuß, 1 Eigelb
2–3 EL Wasser
Fett für das Backblech

Den Blätterteig auftauen lassen, auf einer mit Mehl bestäubten Arbeitsfläche zu einem etwa 40 x 20 cm großen Rechteck ausrollen, mit dem Käse bestreuen, mit etwas frisch geriebenem Muskat pudern und auf die Hälfte zusammenklappen. Noch einmal mit dem Rollholz glattrollen und die Ränder dabei gut zusammendrücken. Die Teigplatte in 20 cm breite Streifen schneiden.

Die Streifen drehen. Dazu die Handflächen auf die Enden der Teigstreifen legen, dann eine Hand zum Körper und die andere vom Körper weg bewegen, so daß der Teigstreifen in sich gedreht wird.
Das Eigelb mit dem Wasser verquirlen, die gedrehten Streifen damit abstreichen, auf das gefettete Backblech legen und im vorgeheizten Backofen etwa 10–15 Minuten goldbraun backen. Herausnehmen, auf ein Kuchengitter legen und auskühlen lassen.

▷ Die Käse-Knusperstangen können sowohl warm als auch kalt serviert werden, zu Suppen, zu Bier oder Wein und auch zu Käseplatten.

▷ Anstelle der im Rezept genannten Käsesorten können Sie auch andere nehmen, zum Beispiel Parmesan, der die Stangen besonders würzig macht. Und anstelle von Muskatnuß können Sie auch mit Kümmel würzen.

▷ Bereiten Sie aus diesem Teig doch einmal Salzstangen zu, die Sie mit grobem Salz statt mit Käse bestreuen.

Backen mit vollem Korn

Die inzwischen ja schon weithin bekannte Tatsache, daß das Getreidekorn eine wichtige Rolle im Rahmen der gesunden Ernährung, insbesondere bei der Verhütung und Heilung von ernährungsbedingten Zivilisationserkrankungen, spielt, haben führende Wissenschaftler anläßlich des letzten »Internationalen Brot-Symposiums« in Zürich noch einmal ausführlich dokumentiert.

So betonte Prof. Hegsted, daß »die stärkere Berücksichtigung von Brot aus vollwertigem Korn in der Ernährung ein Garant dafür ist, daß zivilisatorische Krankheiten – insbesondere Fettsucht und Karies – zurückgedrängt werden. Außerdem verhindert Brot die übermäßige Aufnahme unerwünschter Nahrungskomponenten wie Fett und Zucker und versorgt den Körper in wünschenswerter Weise mit Mineralstoffen, Vitaminen und Ballaststoffen.«

Und mit der Bedeutung der Ballaststoffe befassen sich ebenfalls drei Wissenschaftler, der Chemiker Dr. Schweizer und die Mediziner Dr. Cummings und Dr. Eastwood. Hierbei geht es besonders um die physiologische Bedeutung der Ballaststoffe, die sich wie ein Schwamm durch den Verdauungstrakt bewegen und dabei Gallensäuren und Kationen absorbieren und Wasser aufnehmen. Im Vergleich zu den Ballaststoffen anderer Nahrungsmittel wie Obst und Gemüse sind die Getreideballaststoffe außerdem effektiver und haben eine 2–3 mal so hohe Quellfähigkeit. Außerdem haben die Ballaststoffe einen positiven Einfluß auf den Blutfett- und Blutzuckerspiegel.

Unumstritten ist insbesondere der hohe Wert der Ballaststoffe bei Verstopfungsproblemen. Denn die im vollwertigen Getreide und in daraus hergestellten Backwaren enthaltenen Ballaststoffen füllen den Darm. Ferner haben während der Darmpassage entstehende Gase einen zusätzlich positiven Einfluß auf das Verdauungsgeschehen.

Der Stellenwert, den vollwertiges Korn innerhalb unserer gesunden Ernährung hat, wird schnell auch jedem Laien klar, wenn er sieht, daß das Korn nahezu alles bietet, was zur Erhaltung unserer Gesundheit notwendig ist (siehe auch Seite 20).

Der Keimling und die Aleuronschicht enthalten wertvolles, pflanzliches Eiweiß, hochwertiges Keimöl, nahezu den gesamten Vitamin-B-Komplex, die Vitamine D und E sowie Carotin (die Vorstufe des Vitamin A) und lebenswichtige Mineralstoffe und Spurenelemente (Kalium, Kalzium, Natrium, Magnesium, Eisen usw.). Dazu kommen zahlreiche Geschmacks- und Aromastoffe.

Die Samen- und Fruchthäute und -schalen enthalten insbesondere unverdauliche Ballaststoffe, die während des Verdauungsvorganges Wasser binden, aufquellen, das Sättigungsgefühl verlängern und die Verdauung anregen.

Der Mehlkörper enthält überwiegend Stärke sowie Anteile von pflanzlichem Eiweiß, das aber geringerwertig ist als das im Keimling und in der Aleuronschicht. Außerdem enthält er Spuren von Vitaminen und Mineralstoffen.

Daraus ergibt sich, daß Mehle, die aus vollwertigem Korn (mit Keimling, Aleuronschicht, Samen- und Fruchtschalen sowie -häuten und dem Mehlkörper) gemahlen werden, weitaus gehaltvoller sind als das beliebte, blütenweise Haushaltsmehl, das nur noch aus dem Mehlkörper besteht.

Der erste Schritt in die richtige Richtung

Wir müssen nur einen kleinen Schritt machen, um uns von einem »Schönheitsideal« zu trennen – vom blütenweißen, faden, langweilig schmeckenden Brot. Und statt dessen zu einer gesunden Alternative zu kommen – Brot, Brötchen, Backwaren und Kuchen aus vollem Korn – voller Aroma, voller Geschmack und voller Gesundheit.

Gut – vielleicht sehen diese Bäckereien nicht so »schön« aus. Aber was heißt »schön«? Ist das nicht eine Frage der Gewöhnung, der Erziehung (auch Selbsterziehung) und des Geschmacks? Denken wir nur einmal daran, daß zu Rubens' Zeiten mollig »in« war, schön war. Heute ist es die sportliche Figur. Und die – übrigens – bekommen wir alle schneller, wenn wir vernünftig essen würden. Wenn wir anstelle von denaturierten Lebensmitteln zu Lebensmitteln greifen würden, die noch – oder wieder – natürlich sind. Ein kleiner Nachteil – beim Brot – liegt darin, daß wir es vorwiegend selber backen müssen. Das aber sollte für Sie, da Sie sich dieses Buch ja gekauft haben und Brot sowieso selber backen möchten, nicht so schwierig sein. Denn eigentlich können Sie alles, was Sie bisher über das Backen erfahren haben, auch verwerten, wenn Sie mit vollwertigem Korn backen. Was Sie zusätzlich wissen oder beachten müssen, lesen Sie auf den folgenden Seiten.

Das richtige Getreide

Wie Sie in der Einleitung erfahren haben, ist das übliche Haushaltsmehl, das blütenweiße Weizenmehl der Typen 405 oder 550, für das Backen mit vollem Korn nicht geeignet. Nur die Mehle, die aus dem ganzen Korn gemahlen sind, sind eigentlich geeignet, denn sie enthalten die Wertstoffe des vollen Korns. Dadurch sind diese Sorten aber auch überaus empfindlich, weil schon direkt nach dem Mahlvorgang ein Oxydationsprozeß einsetzt, der die Inhaltstoffe zerstört. Ferner kann es durch den Fettanteil des Keimlings in kurzer Zeit zum Ranzigwerden kommen.

Daher ist es immer zu empfehlen, daß das benötigte Mehl entweder immer frisch gemahlen gekauft wird (eine Vielzahl von Reformhäusern und Bioläden besitzt Getreidemühlen) oder zu Hause gemahlen wird (mehr über die auf dem Markt angebotenen Getreidemühlen erfahren Sie im folgenden Kapitel).

Verwenden sollten wir im Haushalt nur Getreide aus biologisch-dynamischem Anbau, das weitestgehend frei ist von Schadstoffen und Umweltgiften. Denn leider gibt es kein Getreide mehr – kein Lebensmittel mehr –, das völlig frei von solchen Schadstoffen ist.

Da die einzelnen Getreidesorten unterschiedliche Zusammensetzungen haben, ist es zu empfehlen, für die Ausgeglichenheit der Ernährung, alle Sorten zu verwenden.

Roggen ist das wichtigste Getreide für die Vollwertbäckerei. Es eignet sich in erster Linie für herzhaft-rustikale Backwaren.

Weizen kommt an zweiter Stelle und eignet sich für mildere Backwaren oder wird mit Roggen gemischt verbacken.

Gerste ist nicht nur für unser Bier da. Sie wird als spelzenfreie Nacktgerste auch zum Backen von herzhaften Backwaren mitverwendet.

Buchweizen kannten unsere Eltern und Großeltern noch. Die Kerne dieses Knöterichgewächses lassen sich ausgezeichnet verbacken – für feine ebenso wie für rustikale Backwaren.

Mais hat verschiedentlich noch – leider – einen unbestimmten Nachkriegsgeschmack, was er aber nicht verdient. Sie bekommen ihn schon in verschiedenen Formen – als feine Polenta oder als gröberen Kukuruz (beides im eigentlichen Sinne Grieß) – angeboten. Mais eignet sich gut zum Backen in Kombination mit Weizen.

Hafer macht Backwaren herzhafter. Man sollte jedoch spelzenlosen Nackthafer kaufen. Auch Haferflocken lassen sich mit verbacken.

Dinkel ist die Urmutter unseres Weizens, eignet sich für alle Weizenrezepte und hat ein ganz spezifisches, leicht nußartiges Aroma.

Grünkern ist Dinkel, der milchreif geerntet und dann gedarrt (schwach geröstet) wird und macht Backwaren besonders würzig.

Reis (Natur- und Braunreis) läßt sich vorzüglich verbacken und eignet sich für milde Backwaren.

Hirse eignet sich insbesondere für herzhaftes und knuspriges Gebäck, für Fladen und so weiter. Sie ist besonders reich an Mineralstoffen.

Soja ist kein Getreide, sondern eine Hülsenfrucht und ist besonders reich an wertvollem, pflanzlichem Eiweiß, an Fett, Lecithin, Vitaminen und Mineralstoffen. Soja wird kombiniert mit Roggen oder Weizen verwendet und eignet sich für milde, gehaltvolle Backwaren.

Alle vorgenannten Getreidesorten und Soja bekommen Sie in Reformhäusern, Bioläden und – inzwischen – zum großen Teil auch in gut geführten Reformabteilungen von Lebensmittelgeschäften. Sollten Sie keine Möglichkeit haben, Getreide aus biologischem Anbau zu bekommen, so bekommen Sie Adressen durch:
- Demeter-Bund e. V. – Wellingstr. 24 – 7000 Stuttgart
- Fördergemeinschaft organisch-biologischer Landbau – 7326 Heiningen

Getreide muß – besonders wenn Sie es in größeren Mengen, die nicht gleich verbraucht werden, eingekauft haben – trocken und luftig gelagert werden. Da dies heute im normalen Stadthaushalt kaum möglich ist, empfiehlt es sich, immer nur das Mehl, das gebraucht wird, im Reformhaus oder im Bioladen einzukaufen. Dort haben Sie die Gewißheit, daß es richtig gelagert ist.

Getreidemühlen

Fürs erste würde ich empfehlen, das Mehl im Geschäft mahlen zu lassen. Denn schließlich kostet eine Getreidemühle einige hundert Mark – und eine solche Anschaffung sollte überlegt sein. Wenn Sie sich entschlossen haben, in Zukunft die Vorteile der Vollwertkost für Ihre Ernährung zu nutzen, dann ist sicher der Tag gekommen, an dem Sie sich eine eigene Getreidemühle anschaffen werden, denn sie wird ja mehrmals in der Woche gebraucht.

Empfehlenswert ist die Anschaffung einer elektrisch betriebenen Mühle – als eigenständiges Gerät oder auch als Zusatzgerät zur Küchenmaschine.

Teiglockerungsmittel

Wenn wir uns schon die Mühe machen, naturgetreu zu leben – mit vollwertigem, naturreinem Mehl, dann sollten wir auch bei dem Teiglockerungs- und -triebmittel die gleichen Maßstäbe anlegen.

Wir unterscheiden zwischen natürlichen und chemischen Teiglockerungs- und -triebmitteln:

Natürliche Teiglockerungs- und -triebmittel

Luft wird bei der Teigbereitung eingearbeitet.

Wasser verdunstet beim Backen und der Wasserdampf läßt das Gebäck aufgehen.

Kohlensäurehaltiges Mineralwasser wirkt wie Wasser, außerdem lockert die Kohlensäure das Gebäck.

Milchsäure wirkt durch Wasseranteile wie Wasser, außerdem lockern die Milchsäurebakterien das Gebäck.

Alkohol wirkt durch die Flüssigkeit wie Wasser, außerdem lockern die Alkoholdämpfe (CO_2) das Gebäck.

Hefe wirkt durch die Bakterien, die mit den Enzymen des Mehles die Stärke in Zucker umwandeln, der dann in Kohlendioxyd und Äthylalkohol gespalten wird. Beide gehen in Gasform über und lockern den Teig.

Sauerteig wirkt durch Milchsäure- und Essigsäurebakterien sowie Wildhefen. Herstellung siehe auch Seite 123.

Backferment wirkt wie Sauerteig und wird aus biologisch reinen Zutaten (Honig und Getreide) hergestellt. Gibt es im Reformhaus oder im Bioladen.

Natur-Weinstein-Backpulver wirkt wie gewöhnliches Backpulver, wird aber aus reinem Weinstein hergestellt.

Chemische Teiglockerungs- und -triebmittel

Backpulver wird zur Lockerung insbesondere von Rührteigen verwendet.

Pottasche dient zur Lockerung schwerer Teige (Honig- und Lebkuchen) und wird heute auf rein chemischer Basis erzeugt.

Hirschhornsalz wird wie Pottasche eingesetzt und heute ebenfalls chemisch erzeugt.

Zucker

Eine der schlimmsten »Erfindungen«, die uns der Fortschritt beschert hat, ist der weiße Zucker, ein völlig leeres Kohlenhydrat, dem alle Vitalstoffe entzogen sind und das – zum Abbau – Kalzium und Vitamin B vom Körper benötigt.

Wer gesund süßen will, sollte in jedem Fall zu Honig greifen, wobei es nicht gerade eine teuere Sorte sein muß. Außerdem kann nicht raffinierter Rübensirup, Ahornsirup oder auch Birnendicksaft verwendet werden. Dazu werden Sie feststellen, daß vieles besser schmeckt – natürlicher, aromatischer –, wenn es nicht mehr übersüßt ist.

Butter

Ein Blick in die Kochbücher unserer Großmütter zeigt, daß sie schon wußten, was gut ist: gute Butter. Denn die verwendeten sie immer für feines Gebäck. Und wir sollten es heute auch tun, denn die handelsüblichen Margarinesorten mögen zwar billiger sein, sind aber auch mit technischen Hilfsmitteln hergestellt. Neben Butter können noch kaltgepreßte, naturbelassene Keimöle oder Reformmargarinen verwendet werden.

Einige Worte vor dem Backen

Trotz aller Mühe, die Sie sich nun mit der Vorbereitung gegeben haben, können Sie es nicht vermeiden, daß während des Backprozesses Zutaten geschädigt werden. Insbesondere sind die hitzeempfindlichen Vitamine des B-Komplexes hier zu nennen, die bei Temperaturen von über 160 °C zerstört werden. Da beim Backen die Temperaturen in der Krume aber nie so hoch ansteigen, gilt die Schädigung nur für die Kruste.

Mit Brot aus vollwertigem Korn kann kein anderes Brot in seinem gesundheitlichen Wert konkurrieren.

Ansatz mit Backferment

Vorstufe
40 ml Wasser (40 °C)
1 geh. TL Backferment (aus dem Reformhaus oder Bioladen)
35 g feingeschroteter Weizen

Hauptstufe
50 ml Wasser (10 °C)
75 g feingeschroteter Weizen

Für die Vorstufe das Wasser mit dem Backferment gründlich verrühren, dann das Mehl zufügen und einen glattflüssigen Teig herstellen, bei dem sich kein Wasser absetzen darf. Diese Masse in ein Glas geben, verschließen und bei ca. 30 °C etwa 1 Tag ruhen lassen, bis sich Gärbläschen gebildet haben.

Das Wasser der Hauptstufe zufügen, das Mehl ebenfalls kräftig unterrühren, zudecken und den Ansatz bei 30 °C zum Gären bringen. Nach etwa 5 Stunden kann der Ansatz – wenn er lebhaft gärt – verwendet werden.

▷ Wichtig ist, daß der Ansatz reif ist und kräftig gärt, ehe er zum Backen verwendet wird. Nur dann werden Ihre Backwaren gelingen.

▷ Der fertige Ansatz kann im Kühlschrank problemlos aufbewahrt werden, wobei er in einem fest zugeschraubten Glas gelagert werden sollte, das nur zu etwa $^2/_3$ gefüllt sein darf.

▷ Wir der Ansatz länger aufbewahrt, so bildet sich an der Oberfläche eine graue Verfärbung aus arteigenen Hefen. Dies aber beeinflußt die Gärfähigkeit nicht. Sollte sich Wasser an der Oberfläche absetzen, so wird es abgegossen.

Sie werden schon beim ersten »Backversuch« feststellen, daß es gar nicht schwierig ist, urgesundes, wohlschmeckendes Brot zu backen. Wie Sie die Mehlmischung zusammensetzen, wie fein oder grob Sie es mahlen, welche Würzzutaten Sie noch dazugeben, das alles ist eine Frage Ihres persönlichen Geschmacks. Nachfolgend finden Sie eine Reihe von Rezepten, die Sie beim zweiten Mal sicher noch abwandeln können, denn das Brotbacken im eigenen Ofen ist ein sehr individuelles Hobby, das Ihrer Phantasie sehr viel Spielraum läßt.

Mein Lieblings Hausbrot

2 Kastenbrote

> Vorbereiten: ca. 45 Minuten
> Teigruhe: ca. 16 Stunden
> Backen: ca. 120 Minuten
> E: 200 °C, G: Stufe 3–4

³/₄ l Wasser (40 °C)
1¹/₂ EL Ansatz (siehe Seite 170)
1 TL Backferment
750 g mittelgrob geschroteter Roggen

300 ml Wasser (40 °C)
1 EL Sina-Sulz (natriumarmer
Kochsalzersatz)
300 g feingemahlener Roggen
350 g feingemahlener Weizen
Butter und Mehl für die Formen

Das Wasser in eine Schüssel geben. Ansatz und Backferment mischen, in das Wasser rühren und das Mehl nach und nach unterrühren. Das Ganze gut durcharbeiten, den Teig glattstreichen, mit Frischhaltefolie abdecken und bei Raumtemperatur (ca. 20 °C) 12–16 Stunden gehen lassen (Durch die längere Teigruhezeit wird das Brot säuerlicher). Der Vorteig hat sich während dieser Zeit um etwa die Hälfte vergrößert, die Oberseite ist aufgerissen und Gärbläschen sind gut sichtbar.

Das Salz im Wasser für den Hauptteig auflösen. Die Hälfte des gemischten Mehles auf den Vorteig geben und unter Zugabe des Wassers alles gut verrühren.

Das restliche Mehl zugeben und unterarbeiten, bis ein glatter, zäher Teig entstanden ist. Zudecken und etwa 60 Minuten warm gestellt gehen lassen.

Zwei Kastenformen (30 cm Länge) mit der Butter ausstreichen, mit Mehl ausstäuben. Den Teig noch einmal kurz und kräftig durchkneten, halbieren und in die beiden vorbereiteten Formen füllen. Mit einem nassen Eßlöffel o. ä. glattstreichen, mit einem feuchten Tuch abdecken und warm gestellt noch einmal etwa 75 Minuten gehen lassen, wobei sich an der Oberfläche Löcher durch geplatze Gärbläschen bilden.

Die Formen in den vorgeheizten Backofen – untere Schiene – schieben und die Brote ca. 120 Minuten backen. Nach etwa 90 Minuten mit Alufolie abdecken, damit die Oberfläche nicht zu dunkel wird. Garprobe mit einer Stecknadel oder einem Holzstäbchen machen. Die fertigen Brote herausziehen, die Formen umgedreht auf ein Kuchengitter legen, die Brote auskühlen lassen, die Formen abheben.

Das Brot vor dem Anschneiden mindestens einen Tag ruhen lassen, damit sich das Aroma voll entfalten kann.

▷ Das im Rezept verwendete Sina-Salz ist ein natriumarmer Kochsalzersatz aus Kaliumsalzen. Es ist zu empfehlen, da wir ja allgemein darauf achten sollten, daß unser Salzverbrauch eingeschränkt wird. Anstelle von Sina-Salz können Sie auch jodreiches Meersalz verwenden.

Dieses Grundrezept für ein herzhaftes Hausbrot können Sie noch vielfältig abwandeln – zu:

Sesambrot
Die in die Kästen gegebenen Brote dicht mit Sesamkörnern bestreuen, andrücken und backen.

Kümmelbrot
Die in die Kästen gegebenen Brote mit Kümmel bestreuen, andrücken und backen.

Sonnenblumenbrot
Etwa 150 g geschälte, geröstete Sonnenblumenkerne unter den Hauptteig mischen. Die in die Kästen gegebenen Brote mit Sonnenblumenkernen bestreuen.

Gartenkräuterbrot
4–6 EL gemischte, gehackte Kräuter (Gartenkräuter der Saison oder Kräuter für die Grüne Soße) unter den Teig mischen.

Dreikornbrot
Anstelle des Roggens für den Hauptteig die gleiche Menge feingemahlene Gerste oder auch feingemahlenen Hafer verwenden.

Hausbrot mit Grünkern
Beim Hauptteig nur 250 g Weizen verwenden und 100 g feingeschrotetes Grünkernmehl dazugeben.

Schwarzbrot auf westfälische Art
2 Kastenbrote

Vorbereiten: ca. 45 Minuten
Teigruhe: ca. 16 Stunden
Backen: ca. 6 Stunden
Vorbacken: E: 200 °C, G: Stufe 3–4
Backen: E: 125 °C, G: Stufe ½–1

³/₄ l Wasser (40 °C)
1¹/₂ EL Ansatz (siehe Seite 170)
1 TL Backferment
750 g feingeschroteter Roggen

300 ml Wasser (40 °C)
50 ml Rübenkraut (40 °C)
1 EL Meersalz
350 g feingeschroteter Roggen
350 g grobgeschroteter Roggen
Butter für die Formen

Das Wasser in eine Schüssel geben. Ansatz und Backferment mischen, in das Wasser rühren und das Mehl nach und nach unterrühren. Das Ganze gründlich durcharbeiten, den Teig glattstreichen, mit Frischhaltefolie abdecken und bei Raumtemperatur (ca. 20 °C) 12–16 Stunden gehen lassen. Der Vorteig hat sich während dieser Zeit um etwa die Hälfte vergrößert, die Oberseite ist aufgerissen und Gärbläschen werden vielfach sichtbar.
Das Salz im Wasser für den Hauptteig auflösen. Das erwärmte Rübenkraut dazugeben. Die Hälfte des gemischten Roggenschrotes auf den Vorteig geben und

unter Zugabe der Flüssigkeit gut verrühren. Den restlichen Schrot dazugeben und kräftig unterarbeiten, bis ein glatter, zäher Teig entstanden ist. Zudecken und gut 60 Minuten warm gestellt gehen lassen.

Die Kastenformen mit Butter ausstreichen. Den Teig noch einmal kräftig durchkneten, halbieren und in die Formen geben. Mit einem feuchten Tuch bedecken und warm gestellt noch einmal etwa 75 Minuten gehen lassen, bis sich auf der Oberfläche Löcher durch zerplatzte Gärbläschen gebildet haben. Die Formen mit gebutterter Alufolie abdecken, die Kästen in die Fettpfanne des Backofens stellen, mit Wasser (etwa 2 cm hoch) umgießen und in den vorgeheizten Backofen schieben. Auf der unteren Schiene etwa 90 Minuten backen, die Folie entfernen und die Brote bei geringerer Ausbacktemperatur noch weitere 4–4^1/$_2$ Stunden backen. Garprobe mit einer Stecknadel machen.

Die fertigen Brote herausziehen, die Formen umgedreht auf ein Kuchengitter stürzen und die Brote auskühlen lassen. Nach etwa 30 Minuten die Formen abheben und die Brote noch 2 Tage bis zum Anschneiden ruhen lassen, damit sich das Aroma voll entfalten kann.

▷ Dieses Brot erinnert im Geschmack sehr an den pechschwarzen, herbsüßen Pumpernickel. (Das Rezept finden Sie auf Seite 142.) Es läßt sich übrigens auch sehr gut aufbewahren und bleibt lange saftig und frisch.

Dreikorn Krustenbrot
2 mittlere Brote

Vorbereiten: ca. 30 Minuten
Teigruhezeit: ca. 12 Stunden
Backen: ca. 75 Minuten
E: 225 °C, G: Stufe 4–5

400 g mittelgrob geschroteter Roggen
600 ml Wasser (40 °C)
1 TL Meersalz
1 EL Honig

300 g feingemahlener Weizen
300 g mittelfein gemahlener Dinkel
100 ml Wasser (30 °C)
1 TL Honig
40 g Hefe
1 EL Sina Salz
Butter und Mehl für das Backblech
geschroteter Grünkern zum Bestreuen

Das Wasser mit Salz und Honig verrühren, mit dem Mehl zu einem glatten Brei verrühren, zudecken und bei Raumtemperatur, über Nacht gehen lassen. Weizen und Dinkel auf den Vorteig geben. Wasser, Honig und Hefe verrühren und nach und nach zu dem Teig, der kräftig geknetet wird, geben. Salzen und den Teig durcharbeiten, bis er Blasen wirft. Zudecken und warm gestellt gut 1 Stunde gehen lassen, bis er sein Volumen verdoppelt hat.

Den Teig halbieren, noch einmal durchkneten und längliche Laibe formen, auf das gebutterte, bemehlte Backblech legen, mit Wasser abstreichen und mit dem Grünkern bestreuen. Zugedeckt noch einmal etwa 45 Minuten gehen lassen. In den vorgeheizten Backofen – untere Schiene – schieben und die Brote etwa 75 Minuten backen. Das Brot ist gar, wenn es beim Anklopfen der Unterseite hohl klingt.

▷ Anstelle von Grünkern kann das Brot auch mit gehackten Wal- oder Haselnüssen bestreut werden. Es kann auch noch mit Gewürzen (Kümmel, Koriander o. ä.) verändert werden.

▷ Selbstverständlich kann auch die Mehlmischung – ganz nach Ihrem persönlichen Geschmack – variiert werden. Wenn Sie ein helles Brot wünschen, wechseln Sie zum Beispiel den Dinkel einfach gegen die gleiche Menge Weizen aus. Wenn Sie ein dunkleres Brot wünschen, können Sie Roggen nehmen.

Weizen-Kornbrot
3 Kastenbrote

Vorbereiten: ca. 60 Minuten
Teigruhe: ca. 16 Stunden
Backen: ca. 120 Minuten
E: 175 °C, G: Stufe 2

³/₄ l Wasser (40 °C)
2 EL Ansatz (siehe Seite 170)
2 TL Backferment
750 g mittelfein gemahlener Roggen
³/₄ l Wasser
450 g Weizenkörner
825 g feingemahlener Weizen
1 EL Meer- oder Sina Salz
Butter für die Formen
Weizenkleie zum Ausstreuen

Das Wasser in eine Schüssel geben. Ansatz und Backferment verrühren, in das Wasser rühren und das Mehl nach und nach untermischen. Gründlich durcharbeiten, bis ein glatter, zäher Teig entstanden ist, glattstreichen, mit Frischhaltefolie abdecken und bei Raumtemperatur (20 °C) zwischen 12 und 16 Stunden gehen lassen. Durch eine längere Teigruhezeit bekommt das Brot ein säuerliches Aroma. Während dieser Zeit hat das Volumen um etwa die Hälfte zugenommen, die Oberfläche ist aufgerissen und Gärbläschen werden vielfach sichtbar.

Das Wasser zum Kochen bringen, die Weizenkörner hineinschütten, einmal aufkochen und dann zugedeckt auf der ausgeschalteten Kochstelle bis zum nächsten Tag stehen lassen. Dabei sollen die Körner aufspringen. Die Hälfte des Weizens auf den Vorteig geben, die Weizenkörner zufügen und alles gut durcharbeiten, salzen und das restliche Mehl unterarbeiten, bis der Teig glatt ist. Mit einem feuchten Tuch zudecken und warm gestellt etwa 3 Stunden gehen lassen, bis sein Volumen vergrößert ist und Gärbläschen sichtbar werden.

Den Teig noch einmal gut durchkneten, in drei gleiche Stücke teilen und in die ausgebutterten, mit Weizenkleie ausgestreuten Kastenformen legen. Zudecken und noch einmal an einem warmen Ort etwa 1 Stunde gehen lassen. Die Brote längs etwa 2 cm tief einschneiden, 10 Minuten ruhen lassen.

In den vorgeheizten Backofen – untere Schiene – schieben und etwa 120 Minuten backen. Garprobe mit einer Stecknadel machen.

Das fertige Brot herausziehen, auf ein Kuchengitter legen und auskühlen lassen. Das Brot vor dem Anschneiden einen Tag ruhen lassen, damit sich das Aroma richtig entfalten kann.

Weizen-Maisbrot

1 Brot

Vorbereiten: ca. 120 Minuten
Backen: ca. 90 Minuten
E: 200 °C, G: Stufe 3–4

500 g mittelfein gemahlener Weizen
500 g Polenta (Maisgrieß)
ca. $\frac{1}{8}$ l Wasser (30 °C)
1 TL Honig
1 Beutel Natur-Sauerteig oder 150 g
Sauerteig (siehe Seite 123)
2 TL Meersalz
ca. 400 ml Wasser (30 °C)
Butter für die Form

Mehl und Mais mischen, in eine Schüssel geben und in der Mitte eine Vertiefung drücken, das Wasser hineinschütten, die Hefe hineinbröckeln und den Honig dazugeben. Verrühren und 10 Minuten ruhen lassen. Den Sauerteig zur Hefe geben und von der Mitte mit dem Mehl verrühren, salzen und nach und nach das Wasser dazugeben. Kneten, bis ein glatter Teig entstanden ist. Zudecken und warm gestellt etwa 20 Minuten gehen lassen.

Den Teig in eine gebutterte, große Kastenform geben, glattstreichen und zugedeckt an einem warmen Ort etwa 75 Minuten gehen lassen, bis sich das Volumen des Teiges etwa verdoppelt hat.

In den vorgeheizten Backofen – untere Schiene – schieben und etwa 90 Minuten backen. Garprobe mit einer Stecknadel machen.

Das fertige Brot herausziehen, auf ein Kuchengitter legen und auskühlen lassen. Das Brot vor dem Anschneiden einen Tag ruhen lassen, damit sich sein Aroma richtig entfalten kann.

Schottisches Gerstenbrot

4 Brote

Vorbereiten: ca. 3 Stunden
Backen: ca. 50 Minuten
E: 200 °C, G: Stufe 3–4

500 g feingemahlener Hafer
900 ml Wasser (40 °C)
300 ml Wasser (30 °C)
40 g Hefe, 1 EL Honig
1500 g mittelfein gemahlene Gerste
Salz
Butter und Haferflocken für die Formen

Das Hafermehl mit dem Wasser mischen und über Nacht zugedeckt stehen lassen. Die Hefe in das Wasser bröckeln und den Honig einrühren. Etwa 10 Minuten gehen lassen, bis sich Bläschen bilden.

Das Gerstenmehl in eine Backschüssel geben, mit dem eingeweichten Hafermehl und der Hefeflüssigkeit zu einem glatten Teig verkneten. Salzen.

Den Teig zugedeckt an einem warmen Ort etwa 90 Minuten gehen lassen, bis er sein Volumen verdoppelt hat.

Den Teig noch einmal durchkneten, in vier gleiche Stücke teilen, in die ausgebutterten, mit Haferflocken ausgestreuten Formen legen und mit Wasser abstreichen. Mit Haferflocken bestreuen, zudecken und noch einmal warm gestellt etwa 30 Minuten gehen lassen.

In den vorgeheizten Backofen – untere Schiene – schieben und etwa 50 Minuten backen. Garprobe mit einer Stecknadel machen.

Das fertige Brot herausziehen, auf ein Kuchengitter legen und auskühlen lassen. Das Brot vor dem Anschneiden einen Tag ruhen lassen, damit sich sein Aroma richtig entfalten kann.

Niederbayerisches Früchtebrot
1 mittleres Brot

Vorbereiten: ca. 12 Stunden
Teigruhe: ca. 16 Stunden
Backen: ca. 3 Stunden
E: 200 °C, G: Stufe 3–4

750 g gemischte Trockenfrüchte (Äpfel, Birnen, Aprikosen, Zwetschen)
250 g getrocknete Feigen
250 g Sultaninen
125 g Zitronat oder Orangeat
100 g gehäutete Walnußkerne
100 g gehäutete Haselnußkerne
100 g gehäutete Mandeln
1 EL Zimtpulver
1–2 Msp Nelkenpulver
1 Msp Pimentpulver
1 Msp Korianderpulver
1 Msp Kardamompulver
1–2 Msp gemahlener weißer Pfeffer

1/2 l Wasser (40 °C; Einweichwasser der Früchte)
400 g feingeschroteter Roggen
1 TL Meersalz
1 EL Honig oder Birnendicksaft
40 g Hefe
200 g feingemahlener Roggen
400 g feingemahlener Weizen
Butter und Mehl für das Blech

Die Trockenfrüchte mit handwarmem Wasser knapp bedeckt etwa 4 Stunden einweichen, abgießen und gut abtropfen lassen. Das Einweichwasser auffangen. Die Trockenfrüchte grob zerschneiden, die Feigen und das Zitronat ebenfalls. Mit den Nüssen und den Mandeln in eine große Schüssel geben, die Gewürze darüberstreuen und alles mischen.

Das Wasser mit dem Roggen, Salz und Honig verrühren, zudecken und warm gestellt über Nacht ruhen lassen.

Die Hefe fein zerbröckelt unter den Vorteig mischen, das gemischte Mehl daraufgeben und gründlich unterarbeiten, bis sich der Teig von der Schüssel löst. Zugedeckt an einem warmen Ort ca. 45 Minuten gehen lassen, bis sich das Volumen etwa verdoppelt hat. Die Fruchtmischung dazugeben und unterkneten. Einen länglichen oder runden Laib formen, auf das gebutterte und mit Mehl bestäubte Backblech setzen, mit einem Tuch bedecken und warm gestellt noch einmal 3–4 Stunden gehen lassen. Diese lange Zeit braucht das Brot wegen der Schwere seines Teiges.

Das Brot in den kalten Backofen – untere Schiene – schieben, den Ofen einschalten und das Brot etwa 180 Minuten backen lassen. Nach etwa 90 Minuten mit Alufolie bedecken, damit es nicht zu dunkel wird. Garprobe mit einem Holzstäbchen oder einer Stecknadel machen. Das fertige Brot herausziehen und auf ein Kuchengitter legen. Mindestens 2 Tage trocken und luftig lagern, dann im Frischhalte- oder Alufolie eingeschlagen kühl lagern.

▷ Das Brot kann natürlich auch in Formen oder in einer Tonform, die entsprechend vorbereitet ist, gebacken werden.

▷ Beim Einkauf des Trockenobstes sollen Sie unbedingt darauf achten, daß Sie ungeschwefelte Ware bekommen. Sie bekommen sie im Reformhaus oder im Bioladen und z. T. auch in Warenhäusern.

Grünkernbrötchen
20 Brötchen

Vorbereiten: ca. 90 Minuten
Backen: ca. 30 Minuten
E: 225 °C, G: Stufe 5–6

40 g Hefe, 1 TL Honig
$^1/_2$ l Wasser (30 °C)
250 g feingemahlener Grünkern
500 g feingemahlener Weizen
1 TL Meersalz
Butter und Mehl für das Blech
Wasser zum Abstreichen
$^1/_2$ Tasse Wasser

Die zerbröckelte Hefe mit dem Honig im Wasser auflösen, das Mehl nach und nach unterarbeiten, den Teig salzen und kneten, bis er Blasen wirft. Zudecken, warm stellen und etwa 60 Minuten gehen lassen, bis er sein Volumen verdoppelt hat. Den Teig noch einmal durchkneten, eine Rolle formen, in 20 gleiche Stücke schneiden und diese rund wirken. Zudecken, warm stellen und noch einmal 10 Minuten gehen lassen. Auf das gebutterte, mit Mehl bestäubte Blech legen – mit dem Schluß nach unten.

Im vorgeheizten Backofen – mittlere Schiene – etwa 30 Minuten backen. Dabei die halbe Tasse Wasser gleich beim Einschieben der Brötchen dazustellen, damit sie durch den Schwaden schöner aufgehen. Die fertigen Brötchen mit Wasser abstreichen, so bekommen sie einen seidigen Glanz.

▷ Zu diesen herzhaften Brötchen schmeckt besonders gut Honig, hausgemachtes Zwetschenmus oder auch Apfelkraut. Und wer es herzhaft mag, nimmt Käse oder Schinken.
▷ Die Brötchen können Sie auch vor dem Backen noch bestreuen – mit Mohn, Haferflocken, Sesam, Kümmel und so weiter.

Vollwertbrötchen
20 Brötchen

Vorbereiten: ca. 30 Minuten
Teigruhe: ca. 24 Stunden
Backen: ca. 40 Minuten
E: 200 °C, G: Stufe 3–4

¹/₄ l Wasser (40 °C)
1 EL Ansatz (siehe Seite 170)
¹/₂ TL Backferment
250 g feingemahlener Roggen

¹/₈ l Wasser (40 °C)
1–2 TL Sina Salz
200 g feingemahlener Roggen
3 EL Butter, 15 g Hefe
2 EL Wasser (40 °C)
100 g feingemahlener Weizen
Butter und Mehl für das Blech
¹/₂ Tasse Wasser
Wasser zum Abstreichen

Das Wasser in eine Schüssel geben. Ansatz und Backferment verrühren, in das Wasser rühren und das Mehl nach und nach untermischen. Gründlich durcharbeiten, bis ein glatter, zäher Teig entstanden ist, glattstreichen, mit Frischhaltefolie abdecken und bei Raumtemperatur (20 °C) zwischen 12 und 16 Stunden gehen lassen. Durch eine längere Teigruhezeit bekommt das Brot ein säuerlicheres Aroma. Während dieser Zeit hat das Volumen um etwa die Hälfte zugenommen, die Oberfläche ist aufgerissen und Gärbläschen werden vielfach sichtbar.

Das Salz im Wasser für den Hauptteig auflösen. Die Hälfte des Mehles auf den Vorteig geben und unter Zugabe des Wassers gut unterrühren. Das restliche Mehl dazugeben und gründlich unterarbeiten, bis ein glatter, zäher Teig entstanden ist. Zudecken und warm gestellt etwa 60 Minuten ruhen lassen.

Die Butter bei milder Hitze zerlassen und von der Kochstelle nehmen. Die Hefe im Wasser auflösen und unter den Teig kneten, dann auch die Butter unterarbeiten. Den Teig noch einmal zugedeckt an einem warmen Ort 2 Stunden gehen lassen, wieder durchkneten und eine Rolle formen. Aus der Rolle 20 gleich große Stücke schneiden, rund wirken und mit dem Schluß nach oben auf das gebutterte, bemehlte Backblech legen. Zudecken und weitere 60 Minuten an einem warmen Ort gehen lassen.

In den vorgeheizten Ofen – mittlere Schiene – schieben, das Wasser dazustellen und die Brötchen etwa 40 Minuten backen, herausziehen und auf einem Kuchengitter auskühlen lassen.

Was man mit Brot noch machen kann

Brotspezialitäten

Jetzt haben Sie schon über 150 Brot- und Kleingebäcksorten aus aller Welt kennengelernt. Milde Weizenbrote und würzige Roggenbrote. Lockere Joghurtbrote, deftige Schrotbrote und herrliche Brote und Brötchen aus vollem Korn. Und vielleicht haben Sie auch schon dieses oder jenes Rezept im eigenen Ofen nachgebacken.

Mit den folgenden Rezepten will ich Ihnen jedoch Spezielles und Spezialitäten mit und aus Brot und Brotteigen vorstellen und Vorschläge machen, wie Sie mit Brot kochen können. Die Palette der Möglichkeiten reicht dabei von Brotspezialitäten wie dem beliebten Knäckebrot, über würzig gefüllte Brote bis hin zu Brotsuppen mit süßer oder würziger Note und zu einer Leckerei wie das Pumpernickel-Eis.

Mit diesen Leckereien, die Sie unbedingt ausprobieren sollten, werden Sie und Ihre Familie völlig neue Seiten am Brot entdecken. Es sind Vorschläge, die zugleich Ihre Phantasie anregen wollen, denn mit Brotteig können Sie ja noch viel mehr machen, als »nur« knuspriges Brot backen. Und mit Brot können Sie eben auch noch viel mehr machen, als es nur, mit Wurst oder Käse belegt, essen. Probieren Sie es doch einfach einmal aus.

Alles, was Sie brauchen, um selbst neue Rezepte mit Brot zu erfinden, ist etwas Backerfahrung, eine gute Portion Phantasie und Experimentierfreudigkeit. Dann werden Sie Ihre Familie, Ihre Freunde und Bekannten sicher schon bald mit neuen, gut schmeckenden Ideen aus Ihrer Küche überraschen. Und vielleicht geht es Ihnen dann so wie mir. Für mich gibt es eigentlich nichts, was ich nicht mit oder aus Brot backen könnte, bzw. aus altbackenem Brot zubereiten könnte.

Sechskorn-Knäckebrot
Spezialität aus Schweden
16 Scheiben

Vorbereiten: ca. 30 Minuten
Backen: ca. 20 Minuten
E: 175 °C, G: Stufe 2–3

600 g Weizenmehl Type 550
1 EL Salz
200 g Sechskornmischung
30 g Butter oder Margarine
ca. ³/₈ l Wasser
Mehl zum Bestäuben

Das Mehl in eine Schüssel sieben, Salz und Sechskornmischung zufügen und vermischen. Das Fett in Flöckchen daraufsetzen und mit dem Mehl gut verreiben. Das Wasser zum Kochen bringen, nach und nach angießen und gründlich verkneten, bis ein fester, elastischer Teig entstanden ist. Eine Kugel formen, im Kühlschrank gut durchkühlen lassen.
Den Teig auf einer mit Mehl bestäubten Arbeitsfläche noch einmal kräftig durchkneten und in 16 gleiche Stücke teilen. Jedes Stück zu einer dünnen, kreisförmigen Platte von ca. 20–25 cm Durchmesser ausrollen. Auf das Backblech legen und im vorgeheizten Ofen – mittlere Schiene – ca. 20 Minuten backen, bis das Brot weiß und hart ist. Es darf nicht braun werden.
Herausnehmen, auskühlen lassen und trocken aufbewahren, damit es knusprig und knackig bleibt.

▷ Dieses Rezept kann noch vielfältig variiert werden – zum Beispiel mit der gleichen Menge Roggenmehl Typ 1150 für ein herzhaftes Roggen-Knäckebrot, mit Milch anstelle von Wasser für ein mildes Milch-Knäckebrot oder ganz nach Geschmack mit Gewürzen wie Kümmel, Anis, Koriander oder auch geriebenem Käse (Parmesan) für würzige Sorten.

Amerikanisches Maisbrot
1 Brot

Vorbereiten: ca. 15 Minuten
Backen: ca. 30 Minuten
E: 200 °C, G: Stufe 3–4

100 g Weizenmehl Type 405
1 Päckchen Backpulver
75 g Zucker
15 g Salz
500 g Maisgrieß (Polenta)
3–4 EL Butter
2 Eier
ca. ¹/₂ l lauwarme Milch (30 °C)
Fett für die Kastenform

Mehl in eine Schüssel sieben, Backpulver, Zucker, Salz und Maisgrieß zugeben und alles gut durchmischen. Die Butter erwärmen und mit den Eiern verschlagen. Zum Mehl geben und gut durcharbeiten. Nach und nach die Milch zugeben und den Teig kneten, bis er ausgiebig durchmischt ist.

Die Kastenform ausfetten, den Teig hineingeben und glattstreichen, in den vorgeheizten Ofen schieben – mittlere Schiene – und ca. 30 Minuten abbacken. Backprobe mit einem Holzstäbchen machen. Bleibt das Holz trocken, das Brot herausziehen.

Russische Riesenpirogge

Ein Rezept, mit dem Sie Ihre Familie und Ihre Freunde bezaubern werden

Vorbereiten: ca. 45 Minuten
Backen: ca. 45 Minuten
E: 200 °C, G: Stufe 3–4

Teig
¹/₄ l lauwarme Milch (30 °C)
600 g Weizenmehl Type 405
200 g Butter oder Margarine
1 TL Salz
40 g Hefe

Füllung
2 Zwiebeln
3 EL Öl
1 EL Rosenpaprika
600 g Beefsteakhack
150 g Schweinemett
2 Eier
2 EL Paniermehl
Salz
Pfeffer
Mehl zum Bestäuben
Fett für das Backblech
1 Eigelb

Die lauwarme Milch in eine Schüssel geben, das Mehl zugeben und durchkneten, die erwärmte Butter oder Margarine und das Salz zugeben und ebenfalls unterarbeiten. Die Hefe darüberbröckeln und kräftig mit einem Quirl durcharbeiten. Den Teig kneten, bis er sich von der Schüssel löst, zudecken und etwa 20 Minuten gehen lassen.

Die Zwiebeln in feine Würfel schneiden und in Öl glasig andünsten, den Paprika unterheben und vom Feuer nehmen. Hack und Mett vermischen, die Zwiebeln dazugeben und unterarbeiten. Die Eier zugeben und mit dem Paniermehl unterkneten. Mit Salz und Pfeffer kräftig abschmecken.

Den Teig nun auf eine bemehlte Arbeitsfläche heben und zu einem ca. 70 × 45 cm großen Rechteck ausrollen. Die Hackfleischmasse gleichmäßig darauf verteilen, dabei ca. 2 cm vom Rand freilassen. Die belegte Teigplatte nun mit beiden Händen gleichmäßig aufrollen und auf das gefettete Backblech legen. Einen Ring formen, mit Eigelb abstreichen und in den vorgeheizten Ofen – mittlere Schiene – schieben. Nach ca. 45 Minuten ist die Pirogge schön goldbraun und gar. Herausziehen und in dicke Scheiben geschnitten servieren.

▷ Väterchen Leser, Mütterchen Leserin – werden Sie dieses feine Piroggchen nun jemals vergessen können?

Griechisches Hirtenbrot
Eine würzig gefüllte Spezialität
1 Brot

> Vorbereiten: ca. 75 Minuten
> Backen: ca. 60 Minuten
> E: 175 °C, G: Stufe 2–3

Teig
¹/₈ l lauwarme Milch
(30 °C)
2 Päckchen Trockenhefe
¹/₂ TL Zucker
500 g Weizenmehl Type 405
ca. ¹/₈ l lauwarme Milch (30 °C)
1 EL Zucker
1–2 TL Salz
125 g Butter

Füllung
250 g Schafskäse (50 % Fett i. Tr.)
125 g reifer Camembert
125 g Sahnequark
20 g Butter
1 Ei
schwarzer Pfeffer aus der Mühle
Mehl zum Bestäuben
Fett für die Form
1 Tasse Wasser
Wasser zum Abstreichen

Die Milch in einen Becher geben, Trockenhefe und Zucker einstreuen, nach Vorschrift unterrühren und gehen lassen. Das Mehl in eine Schüssel sieben, Milch, Hefelösung, Zucker, Salz und die weiche Butter dazugeben und kräftig verrühren.

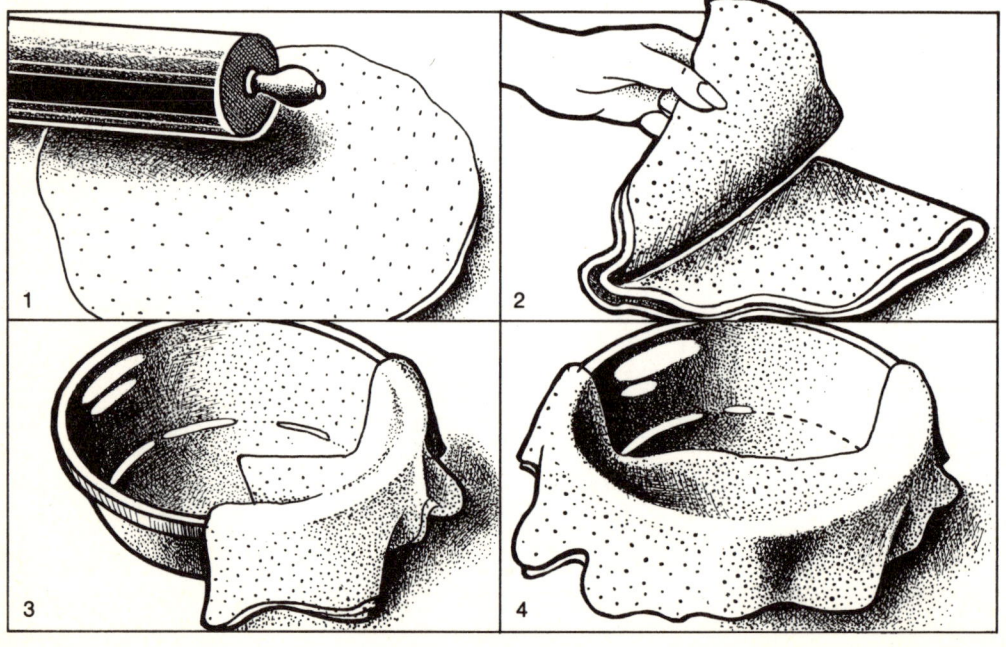

Den Teig so lange durcharbeiten, bis er Blasen wirft und sich von der Schüssel löst. Danach auf bemehlter Arbeitsfläche noch ca. 10 Minuten durchkneten. In eine Schüssel geben, zudecken und warm gestellt ca. 45 Minuten gehen lassen, bis er sein Volumen verdoppelt hat.

Inzwischen den Schafskäse zerbröckeln, mit Camembert (ohne Rinde), Quark, Butter und Ei glattrühren und mit Pfeffer würzen.

Den Teig noch einmal durchkneten und auf einer bemehlten Arbeitsfläche zu einem Kreis von ca. 60 cm Durchmesser ausrollen, mit Mehl bestäuben und zweimal einschlagen, so daß ein Dreieck entsteht. Eine Form (Backschale) aus Keramik oder Gußeisen ausfetten. Den Teig mit der Spitze auf die Mitte der Form legen und wieder auseinanderlegen, so daß er gleichmäßig über den Rand der Form hängt. Die Käsemasse in der Mitte aufhäufen und den Teig in lockeren Falten darüberlegen. Die Teigenden zusammenfassen und zu einer Schnecke verdrehen, zudecken und noch einmal 15 Minuten gehen lassen.

In den vorgeheizten Ofen – mittlere Schiene – schieben, die Tasse mit heißem Wasser dazustellen, nach 10 Minuten den Ofen kurz öffnen, damit der Schwaden entweichen kann und das Brot dann noch ca. 50 Minuten backen, herausziehen, mit Wasser abstreichen und auskühlen lassen. Das Brot wird wie eine Torte aufgeschnitten und serviert.

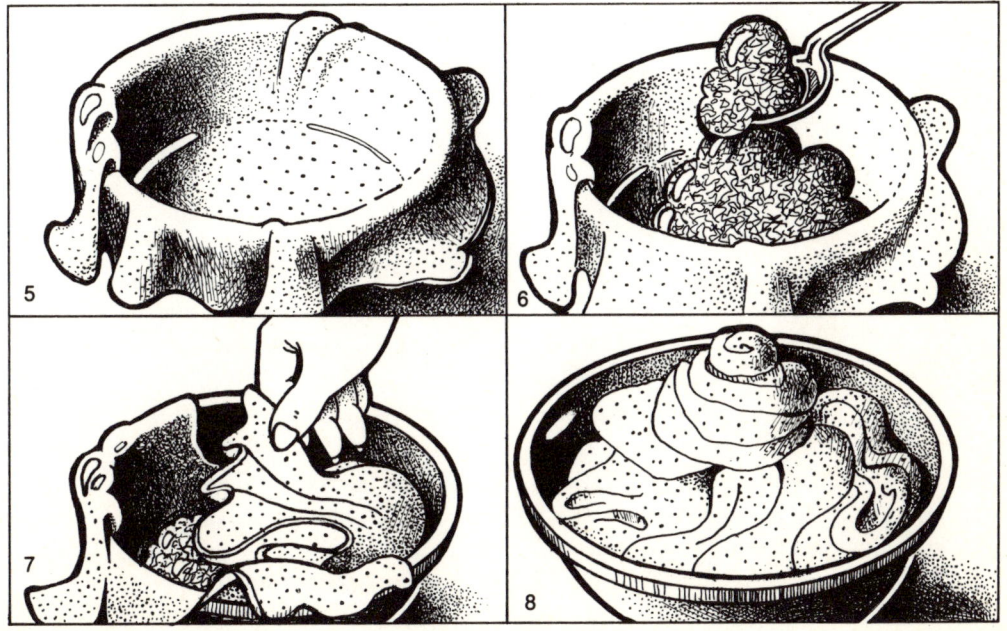

Gefülltes Brot
Für 6 Personen

Vorbereiten: ca. 60 Minuten
Backen: ca. 45 Minuten
E: 200 °C, G: Stufe 3–4

Teig
30 g Hefe
1 Tasse lauwarmes Wasser (30 °C)
375 g Weizenmehl Type 550
30 g Margarine
1 Prise Salz
$1/2$ TL Thymian

Füllung
250 g Puterschnitzel
125 g Geflügelleber
1 Zwiebel
je 100 g Paprikaschoten grün und rot
1 EL Butter
2 hartgekochte Eier
50 g Rahmfrischkäse
Knoblauchsalz
Pfeffer
Mehl zum Bestäuben
Fett für das Backblech
1 Ei zum Abstreichen

Die zerbröckelte Hefe in der Tasse Wasser auflösen. Das Mehl in eine Schüssel sieben, in die Mitte eine Vertiefung drücken, die aufgelöste Hefe hineingießen und von der Mitte aus vermengen. Nach und nach das restliche Wasser, die erwärmte Margarine, Salz und Thymian zugeben und alles gut verkneten, bis sich

der Teig von der Schüssel löst. Zudecken und warm gestellt ca. 20 Minuten gehen lassen.
Für die Füllung Putenschnitzel, Geflügelleber, Zwiebel und Paprikaschoten fein würfeln, in der Butter anbraten, bis die Flüssigkeit verdampft ist, erkalten lassen. Die Eier fein hacken, zuerst mit dem Käse und den Gewürzen, dann mit dem Fleisch-Gemüse-Gemisch vermengen.
Den Teig auf eine mit Mehl bestäubte Arbeitsfläche heben, kräftig durchkneten und ca. $1/2$ cm dick ausrollen. Die Füllung in die Mitte geben, den Teig ringsum anheben, ein Bündel formen und zusammendrehen. Den restlichen Teig abschneiden und nochmals ausrollen. Den Brotkloß vorsichtig hochheben und mit dem Schluß nach unten auf das gefettete Blech legen.
Die ausgerollten Teigreste in Streifen schneiden, den Brotkloß mit verquirltem Ei abstreichen, die Teigstreifen gitterförmig auflegen und ebenfalls abstreichen. Den Brotkloß nun nochmals zugedeckt ca. 10 Minuten gehen lassen.
In den vorgeheizten Ofen – mittlere Schiene – schieben und etwa 45 Minuten backen.
Wenn das Brot schön goldbraun ist, herausziehen, mit dem restlichen Ei abstreichen und noch einmal kurz zum Abtrocknen in den ausgeschalteten Backofen stellen.
▷ Dieses Brot ist ein komplettes Abendessen.

Schinken in Brotteig
Für 10–12 Personen

Vorbereiten: ca. 120 Minuten
Backen: ca. 90 Minuten
E: 200 °C, G: Stufe 3–4

2500 g Roggenmischbrotteig
(z. B. vom Bauernbrot siehe
Seite 99)
Mehl zum Bestäuben
2 TL schwarzer Pfeffer aus der Mühle
2500 g gekochter Schinken im Stück,
ohne Knochen
Wasser zum Abstreichen
Fett für das Backblech
1 TL Kümmel

Den Brotteig nach Rezept herstellen und gehen lassen.
Wenn der Teig zum ersten Mal gegangen ist, auf ein bemehltes Arbeitsbrett heben, kräftig durchkneten und ca. $\frac{1}{2}$ cm dick ausrollen. Mit reichlich Pfeffer bestreuen, den Schinken darauflegen und einschlagen. Die Enden mit etwas Wasser befeuchten und fest zudrücken. Den restlichen Teig abschneiden, daraus eine lange Rolle wirken, dreiteilen und einen Zopf flechten, der den Umfang des Brotes hat. Die Unterkante des Brotes anfeuchten und den Zopf herumlegen. Das Brot auf das gefettete Blech legen, zudecken und gut 10 Minuten gehen lassen. Mit einer Gabel einige Male einstechen, mit Wasser abstreichen, mit Kümmel bestreuen und in den vorgeheizten Ofen –

untere Schiene – schieben. Den Schinken im Brotteig 75–90 Minuten backen. Herausziehen und mit etwas Wasser abstreichen.
▷ Der Schinken bleibt im knusprigen Brotteig saftig und wird bevorzugt warm gegessen.

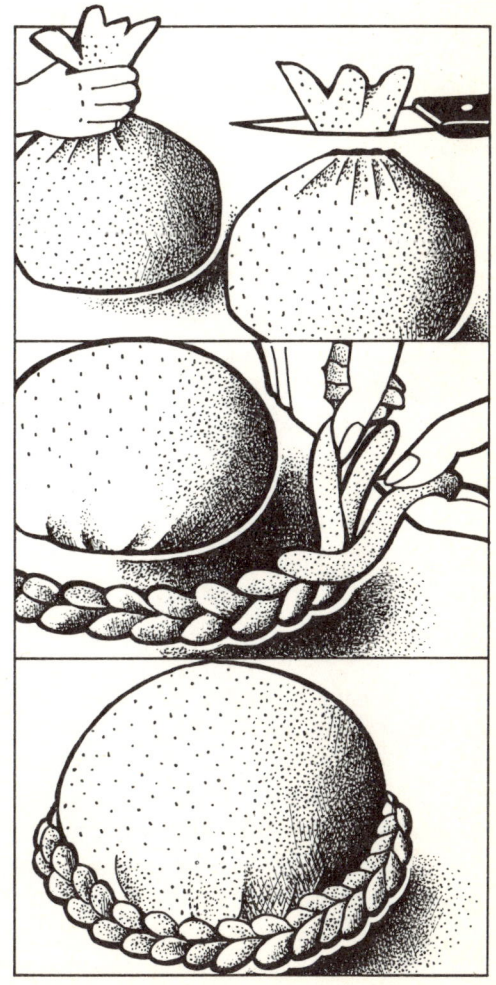

Lyoner-Wurst im Brioche-Teig

1 Brot, das für 6 Personen reicht

> Vorbereiten: ca. 60 Minuten
> Backen: ca. 60 Minuten
> E: 200 °C, G: Stufe 3–4

Teig
20 g Hefe
ca. ⅛ l lauwarmes Wasser (30 °C)
500 g Weizenmehl Type 550
250 g Butter
6 Eier, 1 TL Salz

Füllung
800 g Lyoner oder Mortadella (im Stück)
Mehl zum Bestäuben
Fett für das Backblech
1 Ei zum Abstreichen
½ Tasse heißes Wasser

Die Hefe im Wasser auflösen, 125 g Mehl zugeben und untermengen. Ca. 15 Minuten warm gestellt gehen lassen. Das restliche Mehl in eine Schüssel sieben, in die Mitte eine Vertiefung drücken, den Vorteig hineingeben und unter Zugabe von Wasser, erwärmter Butter, den verquirlten Eiern und dem Salz kräftig durchkneten, bis sich der Teig von der Schüssel löst. Mit etwas Mehl bestäuben, zudecken und etwa 30 Minuten gehen lassen. Die Wurst mit einer Gabel mehrmals einstechen. Den Teig auf eine bemehlte Arbeitsplatte heben, kurz und kräftig durchkneten und dann ein etwa 20 x 20 cm großes Rechteck ausrollen.

Den Teig in 5 cm breite Streifen schneiden, mit den Enden überlappend aneinanderlegen, die Enden zusammendrücken, so daß ein 5 cm breiter, ca. 80 cm langer Teigstreifen entsteht. Die Wurst spiralförmig einwickeln, dabei die Enden mit Wasser anfeuchten und fest zusammendrücken. Auf das gefettete Blech legen, zudecken, 5 Minuten ruhen lassen.

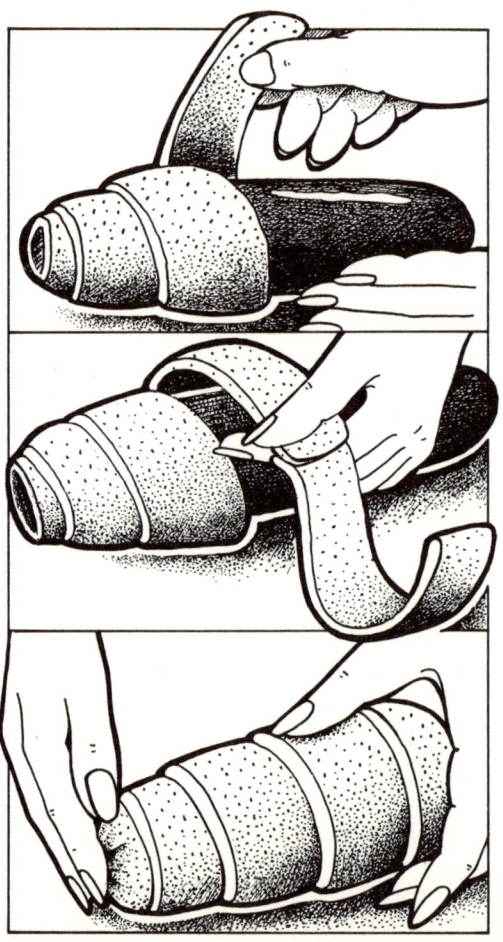

Mit dem verquirlten Ei abstreichen, in den vorgeheizten Ofen – mittlere Schiene – schieben, die halbe Tasse Wasser dazustellen oder vorsichtig auf die Bodenplatte gießen.

Das Brot ca. 60 Minuten backen. Garprobe mit einem Holzstäbchen machen. Herausziehen und mit dem restlichen Ei abstreichen.

▷ Am besten schmeckt die Lyoner im Briocheteig, wenn Sie sie in dicke Scheiben schneiden und einen Kräutersenf – zum Beispiel: Moutarde de Meaux – dazugeben.

Würstchen im Schlafrock
Etwa 10 Stück

Vorbereiten: ca. 30 Minuten
Backen: ca. 15 Minuten
E: 225 °C, G: Stufe 5–6

300 g Blätterteig (aus der Tiefkühltruhe)
1 Ei
10 Bratwürstchen (am besten Thüringer)

Den Blätterteig auftauen lassen und leicht ausrollen. In 10 Stücke schneiden, die etwas länger und etwa dreimal so breit wie der Durchmesser der Würste (etwa 10 cm) sind. Die Kanten mit dem Eiweiß abstreichen, die Würste auflegen und einrollen, die Kanten fest zusammendrücken und die Stücke auf ein mit Wasser abgespültes Blech legen. Mit einer Gabel mehrmals einstechen und mit

Eigelb abstreichen. In den vorgeheizten Ofen – mittlere Schiene – schieben. Die Würstchen im Schlafrock sind nach etwa 15 Minuten goldbraun und gar.
Servieren und heiß essen.
▷ Mit würzigem Senf und einem kühlen Bier ein köstlicher Imbiß.

Gefülltes Pußtabrot
Foto Seite 190

Vorbereiten: ca. 20 Minuten
Backen: ca. 20–25 Minuten
E: 200 °C, G: Stufe 3–4

1 rundes Bauernbrot (750 g)
150 g ungarische Salami
150 g Paprikaspeck
1–2 Zwiebeln
1 Glas (60 g) Kapern
2 Eier
mittelscharfer Senf
50 g Schmelzkäsescheiben

Vom Brot einen Deckel abschneiden und danach innen – bis auf einen etwa zentimeterbreiten Rand – aushöhlen. Die herausgelöste Krume zerzupfen und in eine Schüssel geben.
Die Salami in kleine Würfel, den Paprikaspeck in dünne Scheiben schneiden. Das Brot innen mit Speckscheiben auslegen. Die restlichen Speckscheiben und die Salami zur Brotkrume geben. Die Zwiebel schälen und fein würfeln, mit den abgetropften Kapern ebenfalls zur

Brotkrume geben. Das Ganze mit den Eiern kräftig durchkneten, mit Senf abschmecken und in das Brot füllen. Den Käse in Streifen schneiden und auf das Brot legen, im vorgeheizten Backofen etwa 20–25 Minuten backen, herausnehmen, mit dem Deckel belegen und gleich servieren. Bei Tisch wird das Pußtabrot wie eine Torte in Stücke geschnitten.

Party-Überraschungsbrot
Foto Seite 190

1 Weißbrot (Rezept Seite 44)
Senf
300 g gemischtes Hackfleisch
1 Zwiebel
1 Eigelb
Pfeffer, Salz
Sojasauce
Tabascosauce
Delikateßpaprika
1 EL Kapern
8–10 gefüllte, grüne Oliven
3–4 wachsweiche Eier

Vom Brot einen Deckel abschneiden, die innere Krume bis auf einen etwa zentimeterdicken Rand herauslösen und das Brot innen dünn mit Senf ausstreichen. Die Zwiebel schälen und fein hacken, mit dem Hackfleisch und dem Eigelb gut mischen, mit Pfeffer, Salz, Sojasauce, Tabascosauce und Paprika pikant abschmecken. Die Kapern und die Oliven daruntermischen.

Etwa ein Drittel der Hackfleischmasse auf dem Boden des Brotes verteilen, die Eier darauflegen und mit dem restlichen Hackfleisch bedecken.
Den Deckel des Brotes wieder aufsetzen, andrücken und das Brot in Alufolie einschlagen. Im Kühlschrank bis zum Gebrauch lagern und in der Folie dann im vorgeheizten Backofen einige Minuten aufbacken, damit die Kruste wieder knackig wird.
▷ Natürlich kann das Hackfleisch auch noch ganz nach persönlichem Geschmack variiert gewürzt werden – mit Knoblauch, einem Gläschen Cognac und so weiter.

Münchner Semmelknödel
8 Knödel

500 g altbackene Brötchen oder
500 g Semmelbrot
1/4 l Milch
1 Zwiebel
30 g Butter
1 Bund glatte Petersilie
3 Eier
Salz
Pfeffer
Muskat
Salzwasser zum Kochen

Die Kruste der Brötchen abreiben und die Brötchen danach in dünne Scheiben schneiden. Alles in eine Schüssel geben und mit lauwarmer Milch übergießen, stehen lassen. Die Zwiebel schälen, fein hacken und in der Butter glasig braten. Die Petersilie waschen, abtrocknen, fein hacken und dazugeben. Mit den Eiern unter die eingeweichten Brötchen rühren. Mit Salz, Pfeffer und Muskat würzen. Die Masse 10 Minuten ruhen lassen. Mit nassen Händen 8 Knödel formen, in siedendes (nicht kochendes) Salzwasser legen und die Knödel ca. 20 Minuten garziehen lassen.

▷ Diese urbayerische Spezialität aus altbackenen Brötchen (Semmeln) wird zu Schweinebraten gereicht. Oder es gibt ein würziges Pilzragout dazu – aus selbst gesuchten Pilzen in einer hellen Soße.

Brotsuppe
Herzhafte, deftige Spezialität
4 Teller

1 l Wasser
1 Würfel klare Fleischbrühe
200 g altbackenes, dunkles Roggenbrot
1 Zwiebel, 30 g Schmalz
1 Bund Suppengrün
Pfeffer aus der Mühle
4 EL saure Sahne
2 hartgekochte Eier
2 EL gehackte Petersilie

Das Wasser zum Kochen bringen, die Fleischbrühe darin auflösen. Das Brot damit übergießen und über Nacht darin weichen lassen.

Die Zwiebel und das Suppengrün putzen, waschen und in kleine Würfel schneiden. Schmalz heiß werden lassen und das Gemüse darin schmoren, bis die Zwiebel goldgelb ist. Zusammen mit der Suppe durch ein Sieb passieren und einige Minuten unter ständigem Rühren heiß werden lassen. Mit Pfeffer abschmecken.

Die Suppe in Tellern anrichten, jeweils einen Eßlöffel saure Sahne daraufgeben. Die Eier fein hacken, über die Suppe streuen und mit der Petersilie garnieren.

Bayerische Brotsuppe
4 Teller

150 g Hausbrot (Weizenmischbrot)
1 l helles Bier (Export)
Kümmel
Salz
Zucker
1 EL Butter
$^1/_8$ l süße Sahne
2 Eigelb
4 Scheiben Toastbrot
abgeriebene Zitronenschale

Das Brot fein zerbröckeln, mit dem Bier begießen, mit zerstoßenem Kümmel würzen und ca. 10 Minuten kochen lassen. Die Suppe mit Salz und Zucker nach Geschmack würzen. Die Butter zugeben und noch einmal aufkochen. Die Sahne mit den Eigelb verquirlen, die Suppe damit legieren und in Tellern anrichten. Das Toastbrot goldbraun rösten, quer in

Dreiecke schneiden und jeweils 2 Stücke auf einen Teller Suppe geben. Mit etwas abgeriebener Zitronenschale bestreuen.
▷ Im Frankfurter Raum wird diese Suppe auch mit Apfelwein zubereitet.

Süße Brotsuppe

2 Brötchen
4 Scheiben Roggenbrot
³/₄ l Wasser
1 Spirale unbehandelte Zitronenschale
1 Stange Zimt
Zucker
Salz
4 EL süße Sahne
4 Eigelb
¹/₄ l halbtrockener Weißwein

Die Brötchen und das Brot in Würfel schneiden, mit dem Wasser begießen und zum Kochen bringen. Zitronenschale und Zimtstange dazugeben und ca. 10 Minuten kochen. Die Würzzutaten herausnehmen, die Suppe durch ein Sieb passieren oder im Mixer pürieren. Mit Zucker und einer Prise Salz abschmecken.
Die süße Sahne mit dem Eigelb und dem Wein gut verquirlen, mit der Suppe verrühren und auf milder Hitze unter ständigem Rühren so lange kochen, bis die Suppe glatt gebunden ist. Sie darf keinesfalls zu stark erhitzt werden, da dann das Eigelb ausflockt. Nochmals abschmekken. Die Suppe in einer Terrine oder in Suppentellern anrichten und servieren.

Süßer Brotauflauf

Vorbereiten: ca. 15 Minuten
Backen: ca. 40 Minuten
E: 175 °C, G: Stufe 2–3

150 g Weißbrot ohne Kruste
100 g Butter
6 Eier
75 g Zucker
Zimtpulver
100 g Rosinen (Sultaninen)
4 EL Weinbrand
Fett für die Auflaufform

Das Weißbrot fein zerbröseln, am besten mit dem Passierstab des Handmixers durch ein grobes Sieb passieren. Mit der weichen Butter und dem Eigelb zu einer glatten Masse verrühren.
Das Eiweiß zu steifem Schnee schlagen. Den Zucker unter die Masse rühren, mit Zimt würzen und das Eiweiß so unterheben, daß keine »Inseln« zurückbleiben. Zuletzt die im Weinbrand eingeweichten Rosinen untermischen.
Eine Auflaufform ausfetten, die Masse hineinfüllen, glattstreichen und im vorgeheizten Backofen ca. 40 Minuten backen, bis die Oberfläche goldbraun geworden ist.

Oben: *Gefülltes Pußtabrot (Seite 187)*

Unten: *Party-Überraschungsbrot (Seite 188)*

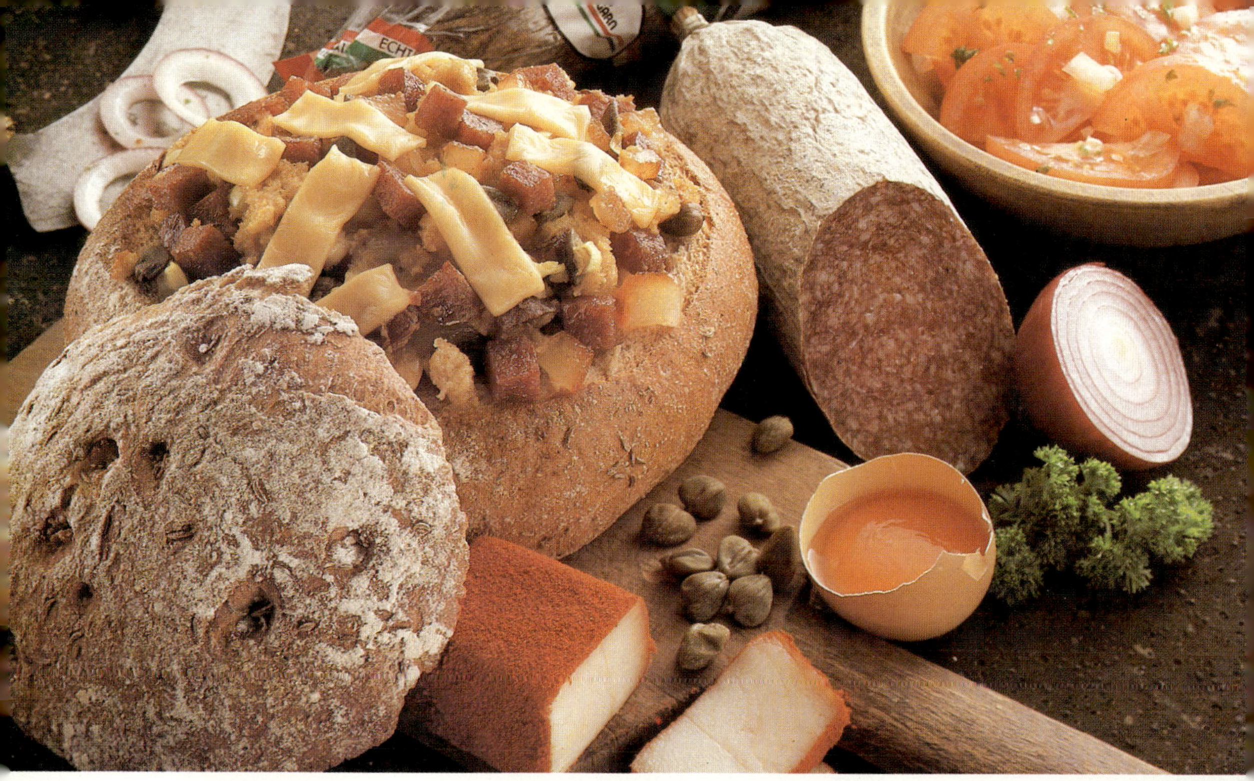

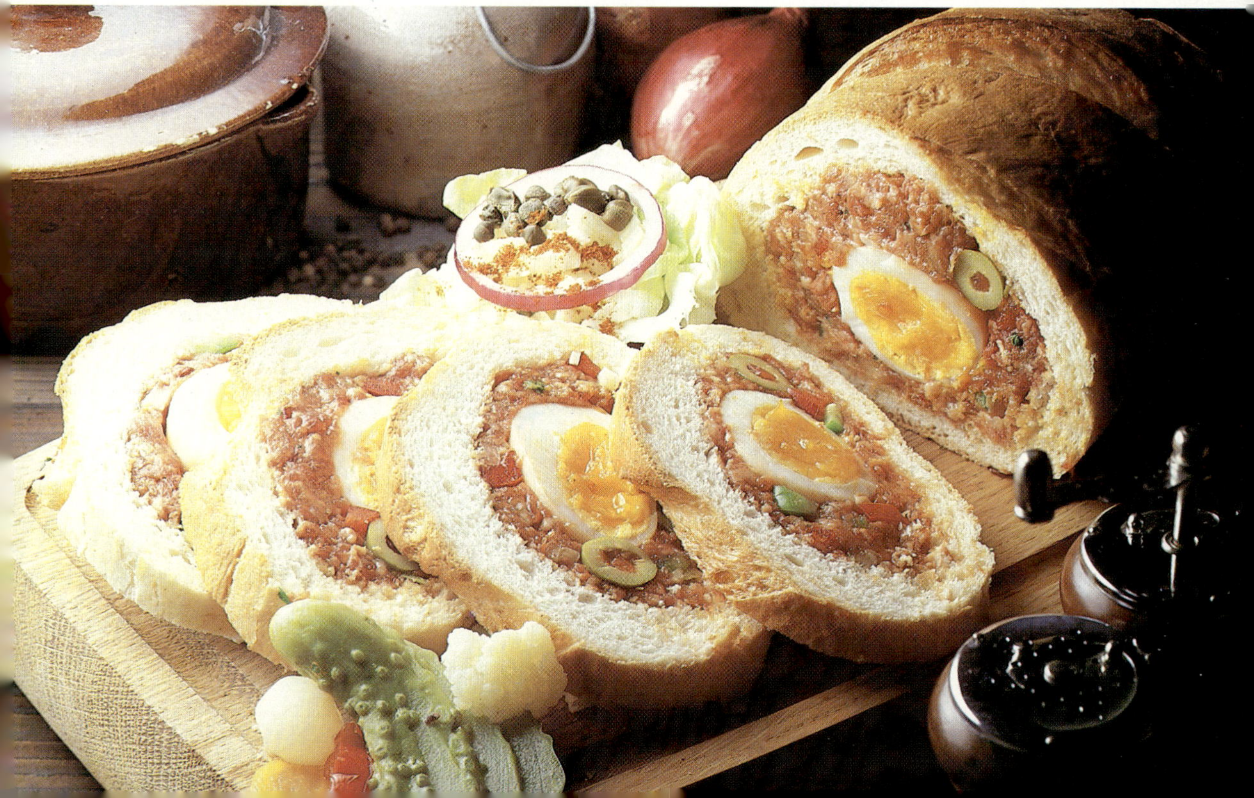

Pumpernickel-Eis mit Kirsch-Sabayon

125 g Pumpernickel
6 cl Maraschino- oder Mandellikör
500 g Vanilleeis
5 Eigelb
100 g Zucker
100 ml süße Sahne
4 cl Kirschwasser

Den Pumpernickel fein zerbröseln oder reiben, mit Likör beträufeln und 1 Stunde durchziehen lassen. Das Eis antauen lassen, den Pumpernickel dazugeben und untermischen. In eine Form geben und im Gefrierfach fest werden lassen.

Die Eigelb mit Zucker im warmen Wasserbad so lange schlagen, bis der Zucker aufgelöst ist und die Masse weißschaumig und cremig geworden ist. In Eiswasser kalt rühren. Die Sahne steif schlagen, mit Kirschwasser verrühren und unter den Eischaum ziehen.

Das Eis in Kugeln abstechen, anrichten und die Sabayon darübergeben.

▷ Sie können dieses leckere Dessert noch verfeinern, wenn Sie Rumfrüchte, Armagnacpflaumen o. ä. dazugeben.

Einladung zur Brot-Zeit

Brot schmeckt nicht nur mit Wurst allein

Es ist nicht immer ganz einfach, den idealen Belag für Brot zu finden. Denn jedes Brot schmeckt anders, und jeder Belag auch.

Daß viele Brotsorten – gerade wenn sie frisch sind – am besten dick mit Butter schmecken, brauche ich Ihnen ja nicht zu sagen. Ansonsten sind die Geschmäcker so unterschiedlich wie die Zahl der Brote.

Bevor Sie jetzt aber über Ihren Brotkorb herfallen, noch ein paar Worte zum idealen Verhältnis von Brot und Belag. Denn ich finde, Ihr knuspriges Brot aus dem eigenen Ofen soll Ihnen besonders gut schmecken.

Im Volksmund heißt es: In der größten Not schmeckt die Wurst auch ohne Brot. Ich finde, das ist ein dummer Spruch, und man sollte ihn nicht so wörtlich nehmen. Brot ist kein geschmackloser Belagträger, der dünn wie Papier geschnitten und doppelt dick mit Butter und dreimal so dick mit Wurst oder Käse belegt werden sollte. Wer ein gutes Brot hat, der soll es auch schmecken können. Das beste Verhältnis – für die Gesundheit und auch für den Geschmack – ist fünf zu eins. Das bedeutet: auf eine 50 Gramm schwere Brotscheibe kommen 10 Gramm Belag. Ein besonderes Verhältnis haben wir Deutschen zu den Brotkrusten und zum

Anschnitt, je nach Mundart Knust, Scherzel, Knäppchen oder Kanten genannt. Wir essen es am liebsten. Und eine knackige, kräftige Kruste bedeutet, daß das Brot gut durchgebacken, also bekömmlich ist.

Daß Brot dick mache, diese Auffassung ist inzwischen veraltet. Man hat inzwischen erkannt, daß zum Beispiel Vollkornbrot die Sehkraft stärkt, Pumpernikkel die Verdauung fördert und damit der Spruch aus Großmutters Zeiten untermauert wird, der da heißt:
Salz und Brot macht Wangen rot. Aber Butterbröter machen sie noch röter.

Brot-Party

Laden Sie Ihre Freunde, Ihre Bekannten doch einmal zu einfachen, aber dennoch raffinierten Genüssen ein – zu einer Brot-Party mit knusprig frischen Erzeugnissen aus Ihrem eigenen Backofen. Auch wenn das Angebot im ersten Moment schlicht erscheinen mag, die Delikatesse enthüllt sich schnell – auf dem Gaumen.

Das Brot
Sie sollten möglichst viele Sorten bereithalten. Am einfachsten bereiten Sie zwei verschiedene Grundteige vor und backen daraus verschieden gewürzte und geformte Brote. Knuspriges Stangenweißbrot darf ebenso wenig fehlen wie würziges Mischbrot, herzhaftes Bauernbrot und rustikales Vollkornbrot. Und auch knackige Brötchen nicht vergessen!
Alle Brote werden dekorativ in Weidenkörben oder auf Holzbrettern angerichtet. Dazu legen Sie einige scharfe Brotschneidemesser.

Frische Butter
Auf frischem Brot schmeckt Butter am besten entweder pur oder pikant gewürzt. Wenn Sie gewürzte Butter zubereiten wollen, nehmen Sie Butter ca. 2 Stunden vorher aus dem Kühlschrank, damit sie sich leicht verarbeiten läßt.

Bavaria blu-Butter

125 g Butter, 1 TL Salz
75 g Bavaria blu (Blauschimmelkäse)

Die Butter mit Salz cremig rühren, den Käse durch ein Sieb passieren und kräftig unterrühren. Die Butter zu einer Rolle formen, in Alufolie einschlagen und bis zum Gebrauch in den Kühlschrank legen.

Kräuterbutter

125 g Butter
1 TL Salz
1 Knoblauchzehe
6–8 EL feingehackte frische Kräuter
(Petersilie, Schnittlauch, Dill, Estragon, Basilikum, Kerbel, Minze usw.)
2 cl Weinbrand

Die Butter mit Salz cremig rühren, die zerdrückte Knoblauchzehe, die Kräuter und den Weinbrand zugeben und kräftig unterrühren. Die Butter zu einer Rolle formen, in Alufolie einschlagen und bis zum Gebrauch in den Kühlschrank legen.

Lachsbutter

125 g Butter
1 TL Salz
1 Schalotte
50 g Räucherlachs
1 cl Aquavit

Die Butter mit Salz cremig rühren. Die Schalotte und den Lachs mit dem Schneidstab des Handmixers fein zerkleinern, dabei den Aquavit und nach und nach die Butter zugeben, eine Rolle formen, in Alufolie einschlagen und bis zum Gebrauch in den Kühlschrank legen.

Nußbutter

125 g Butter
1 TL Salz
100 g gemahlene Haselnüsse
2 cl Nußlikör

Die Butter mit Salz cremig rühren, die gemahlenen Nüsse und den Likör kräftig unterrühren, eine Rolle formen, in Alufolie einschlagen und bis zum Gebrauch in den Kühlschrank stellen.

Mandelbutter

Ebenso können Sie Mandelbutter – mit der gleichen Menge gemahlener Mandeln und Mandellikör – herstellen.

Rotweinbutter

125 g Butter
1 TL Salz
2 Schalotten
$\frac{1}{8}$ l Rotwein (Burgunder)

Die Butter mit Salz cremig rühren. Die Schalotten fein würfeln, mit dem Wein zum Kochen bringen und die Flüssigkeit auf ca. 2 EL einkochen. Auskühlen lassen und unter die Butter rühren. Eine Rolle formen, in Alufolie einschlagen und bis zum Gebrauch in den Kühlschrank legen.

Natürlich gibt es noch eine Vielzahl anderer Buttervariationen, die hier aber nicht alle aufgezählt werden können. Lassen Sie Ihrer Küchenphantasie auch ruhig einmal freien Lauf und denken Sie an Würzzutaten wie Senf, Tomatenmark, Schinken, Leberpastete und so weiter. Sie werden sicher noch viele Ideen haben – für Ihre Brot-Party.

Schmalz

Sie können es fertig kaufen als Schweineschmalz mit und ohne Grieben, als Gänseschmalz oder als Mischschmalz aus Schweine- und Gänseschmalz. Und natürlich können Sie das Schmalz auch noch verfeinern – zum Beispiel mit Knoblauch, mit Kräutern oder Röstzwiebeln.

Käse, Wurst und Schinken

Lassen Sie Ihrer Phantasie freien Lauf. Abwechslung ist Trumpf. Kaufen Sie, was Ihnen und Ihren Gästen schmecken könnte – nach dem Motto: Lieber kleine Mengen, dafür aber mehrere Sorten.
Außerdem sollten Sie gekochte Eier (vielleicht Soleier), Tomaten, Radieschen, Gewürzgurken bereitstellen.
Und jetzt fehlen eigentlich nur noch die Getränke.

Essen macht durstig

Welche Getränke Sie bereitstellen, hängt von der Zusammensetzung Ihrer Gäste ab. Je mehr Autofahrer dabei sind, desto mehr Alkoholfreies muß vorhanden sein. Natürlich darf Bier – vom Faß – nicht fehlen. Und auch ein leichter Landwein sollte bereitstehen.

So – nun ist alles vorbereitet. Selbstverständlich haben Sie auch Teller und Bestecke, Gläser und Servietten angerichtet. Ihre Gäste können kommen – und Sie werden sehen, wie schnell bei Ihrer Brot-Party der Brottisch bis auf den letzten Krümel geleert ist.

Wenn der Bäcker durchs Brot gekrochen ist

So sagt der Volksmund, wenn ein Brot große Löcher aufweist. Welche Ursachen diese und andere Backfehler haben und was Sie dagegen tun können, sagt Ihnen das folgende Kapitel.

Brotfehler und Brotkrankheiten sind Abweichungen von den Grundeigenschaften einwandfreier Brote. Sie können sowohl auf biologischen Gründen wie Mehlschäden oder Fehlern bei Hefe- und Sauerteig beruhen, als auch auf Fehler in der Herstellung zurückzuführen sein.

Abgebackene Oberrinde

Charakteristisch ist ein mehr oder weniger großer Spalt zwischen Krume und Rinde. Grund dafür ist eine zu hohe Ofentemperatur.

Abgefressener Sauer

Charakteristisch sind grobe Löcher in der Krume. Grund dafür sind Mängel in der Sauerführung, die durch einen frischen Sauer behoben werden können.

Aufgeplatzte Seitenrinde

Charakteristisch sind Risse in der Rinde freigeschobener Brote. Gründe dafür können ein zu fester Teig, zu knappe Garzeit oder auch eine zu niedrige Unterhitze beim Backen sein.

Aufgerissener Schluß

Charakteristisch ist das Platzen des Schlusses auf der Unterseite. Grund dafür kann ein zu fester Teig sein oder zu knappe Gare.

Blasen in der Krume

Charakteristisch sind dabei Luftblasen, die der Krume des Brotes das Aussehen eines Emmentalers geben können.

Grund für diesen Brotfehler kann neben einem zu weichen Teig auch schlechtes Wirken, Übergare oder ein zu heißer Ofen sein.

Brandblasen

Siehe unter Süßblasen.

Fadenziehen
Charakteristisch ist ein obstartiger Geruch und die schmierig-fadenziehende Konsistenz der Brotkrume.
Grund dafür sind im Mehl enthaltene Heubazillen, die nur in zu schwach gesäuerten Broten Entwicklungsmöglichkeiten finden können. Also vor allem in Hefeteigbroten. Das Brot ist zum Genuß nicht mehr geeignet und sollte sofort verbrannt werden.

Feuchte Krume
Charakteristisch ist die nasse Konsistenz der Krume. Grund dafür kann sowohl ein schlecht backfähiges Mehl bei Roggenbroten oder zu geringe Teigsäuerung sein.

Krumenrisse
Charakteristisch sind kleinere oder größere Risse der Brotkrume. Grund dafür kann schlecht backfähiges Mehl sein, zu geringe Säuerung, schlechtes Wirken und falsche Ofentemperatur.

Krustenrisse
Charakteristisch sind Risse in der Brotkruste. Grund dafür kann Hautbildung bei der Gare, zu kurze oder zu lange Gare, ein zu kalter Ofen oder zu wenig Schwaden sein.

Schimmel
Bei dieser Brotkrankheit bildet sich durch Infizierung des gebackenen Brotes Schimmel auf der Krume. Besonders bei angeschnittenem Brot ist die Gefahr des Schimmelbefalls vorhanden. Das Brot wird unbekömmlich.

Speckstreifen
Siehe unter Wasserstreifen.

Süßblasen
Auch Brandblasen genannter Brotfehler, dessen Charakteristik Blasen auf der Rinde sind. Gründe dafür können schlecht backfähige Mehle, falsche Teigkonsistenz und ein zu heißer Ofen sein.

Splittern der Kruste
Charakteristisch ist das Absplittern der Kruste. Grund dafür ist besonders bei Brötchen und Weißbroten die falsche Einlagerung beim Gefrieren.

Wasserring
Charakteristisch sind speckige Ringe in der Brotkrume. Grund dafür ist sowohl ein während des Backens auftretender Druck oder die Abkühlung des Brotes von außen nach innen unter zunehmendem Schrumpfungsdruck. Wasserringe treten besonders bei Roggenmisch- und Roggenbroten auf.

Wasserstreifen
Sind ähnlich wie Wasserringe.

Wirkblasen
Charakteristisch sind Blasen im Brot. Der Grund dafür liegt im falschen Wirken des Teiges.

Bäckerlatein

Ein altes Handwerk wie das Bäckerhandwerk hat natürlich im Laufe der Jahrhunderte seine eigene Fachsprache entwickelt. Und einige Worte davon sollten auch Sie kennen, wenn Sie Ihr Brot selber backen.

Abdecken
Schutz des Teiges oder der Teiglinge mit Hilfe von baumwollenen Abdecktüchern. Zum Beispiel beim Gehen oder bei der Teigruhe.

Absetzen
Beiseitestellen der zugedeckten Teiglinge an einem warmen Ort zur Gare.

Abstreichen
Befeuchten der Teiglinge vor dem Einschießen oder der Brote gleich nach dem Herausziehen mit Wasser, Milch, Eimilch oder einem dünnen Stärkebrei. Dadurch erhält das Brot einen appetitlichen Glanz.

Anbacktemperatur
Ofentemperatur beim Einschießen des Brotes.

Aneinandersetzen
Art der Teigformung, indem mehrere rund oder lang gewirkte Teigstücke aneinandergesetzt werden.

Anfrischen
Vermehrung des Sauers mit Wasser und Mehl, um im Rahmen der Sauerführung die Konzentration des Sauers zu vermindern.

Anfrischsauer
Erste Stufe der Sauerführung aus Anfrischsauer, Mehl und Wasser. Der Anfrischsauer wird ziemlich weich und warm gehalten.

Angeschobenes Brot
Es steht beim Backen nicht allseitig frei auf dem Backblech und bekommt daher

stellenweise keine Kruste. Zum Beispiel Paderborner Landbrot, Hannoversches Gersterbrot. Im eigenen Ofen backen Sie diese Brote am einfachsten in einer Kastenform.

Anstellsauer
In der Regel wird er von der letzten Sauerstufe genommen und ist besonders reich an Hefen und Säurebakterien. Er ist zugleich die erste Stufe für neuen Sauerteig.

Aufmachen
Den gegarten Teig in Teigstücke gleicher Form und Beschaffenheit verwandeln. Das Aufmachen wird von Hand vorgenommen.

Ausbund
Rißbildung der Rinde an vorgezeichneten Stellen, durch Schneiden, Drücken usw. Die vergrößerte Oberfläche intensiviert das Aroma, gibt dem Gebäck das typische Aussehen und schützt vor Backfehlern.

Ausmahlungsgrad
Menge des ermahlenen Mehles in Prozenten des gereinigten Mahlgetreides.

Ausrollen
Formung von Teigstücken.

Ausschießen
Das fertige Brot aus dem Backofen holen.

Auszugmehl
Alte Bezeichnung für Weizenmehl Type 405.

Backblech
Blech, auf das die Teigstücke zum Bakken, oft auch schon zum Garen, gesetzt werden.

Backbrett
Wird auch Gärbrett genannt. Die Teigstücke werden auf diese Bretter gelegt, um zu garen oder nach dem Backen auszukühlen.

Backen
Im weiteren Sinn alle Arbeitsgänge zur Herstellung von Backwaren. Im engeren Sinn die Umwandlung von Teig unter Hitzeeinwirkung in Brot, Kuchen usw.

Backhefe
Aus Getreidemaischen gewonnene Preß- oder Trockenhefe. Sie lockert durch ihre Triebkraft den Teig.

Backprozeß
Erhitzen des gegarten, reifen Teiglings, um den weichen, verderblichen und schwerverdaulichen Teig in die feste, haltbare und leichtverdauliche Form des Brotes zu bringen.

Backtrog
Zubereitungsmulde für den Teig aus Holz oder Metall, die durch moderne Maschinen verdrängt wurde.

Backverlust

Gewichtsverlust der Teigstücke durch Backen und Auskühlen. Bei freigeschobenen Broten beträgt er ungefähr bei
1000 g Teiggewicht 13%
1500 g Teiggewicht 12%
2000 g Teiggewicht 11%.

Backzeit

Die Zeit vom Einschießen der Teiglinge bis zum Herausziehen der fertigen Brote. Sie schwankt bei den einzelnen Brotsorten und ist abhängig von der Größe des Teiglings und der Ofentemperatur sowie dem gewünschten Brotcharakter.

Die Werte dieser Tabelle sind Mittelwerte. Die genauen Backzeiten und -temperaturen finden Sie im jeweiligen Rezept

Gebäckart	Ofentemperatur °C	Backzeit/ Min.
Brötchen		
glatt	220–230	22–25
ausgebunden	240–250	18–20
Weißbrot		
angeschoben oder		
im Kasten	210–220	35–50
freigeschoben	220–230	35–50
Mischbrote	220–240	45–60
Roggenbrot		
hell, angeschoben oder		
im Kasten	230–240	55–75
hell, freigeschoben	230–250	45–60
dunkel, freigeschoben	240–270	60–70
Schrotbrot	180–230	75 Min.– 6 Std.
Pumpernickel	100–150	10–24 Std.

Brotkrume

Der weiche Innenteil eines Brotes, der gleichmäßig gut gelockert, elastisch und schnittfest sowie aromatisch sein soll, weil von der Krume der Nährwert des Brotes abhängt.

Brotkruste

Wird auch Rinde genannt. Der äußere, feste Teil des Brotes entsteht unter schnellem Wasserentzug und wird durch die Ofenhitze gebräunt. Die Kruste ist zugleich Schutzhülle der Krume und entscheidender Faktor der Aromabildung. Die Kruste soll gleichmäßig dick, trocken und knusprig sein.

Brotmehle

Weizen- und Roggenmehle, die zum Backen von Brot verwendet werden.

Brotsorten

In Deutschland zählt man etwa 200 Sorten mehr oder weniger unterschiedliche Brotsorten, siehe auch unter »Kleine Brotschule« Seite 33.

Doppelback

Intensiv gebackenes Brot mit starker Rinde und vollem Aroma.

Einschießen

Schieben der gärreifen Teiglinge in den vorgeheizten Backofen.

Freigeschobenes Brot

Es steht beim Backen allseitig frei auf dem Backblech und bekommt eine geschlossene Rinde. Zum Beispiel Land- und Bauernbrote.

Gare

Zeit vom Aufmachen bis zum Einschießen. Sie lockert den Teigling und gibt ihm die Porung und das Volumen.

Gerstern

Der Teigling wird für kurze Zeit einer sehr starken Hitze ausgesetzt, so daß sich sofort eine Kruste mit den typischen dunklen Flecken bildet und damit die Aromastoffe nicht mehr aus dem Teig entweichen können.
Dies kann z. B. unter einem Grill geschehen.

Kleber (Eiweiß des Weizenmehles)

Dank der Eigenschaften (Dehnbarkeit, Elastizität, Standvermögen) ist er der Hauptfaktor der Backfähigkeit.

Knetvorgang

Früher mit der Hand, heute mit Knetmaschinen ausgeführte Zubereitung des Teiges aus den einzelnen Zutaten. Neben der gleichmäßigen Mischung der Zutaten ist die gute Durchlüftung und Wasseraufnahme des Teiges wichtig. Von der Quellbarkeit (Wasseraufnahme) und der Sauerstoffaufnahme (Durchlüftung) des Teiges hängt die Hefeaktivität und die Backfähigkeit ab.

Knetzeit

Die Zeit, in der ein Teig durchgearbeitet werden muß, um die Eigenschaften, die im Knetprozeß gefordert werden, zu erfüllen.

Als Faustregel kann gelten: Der Teig ist ausreichend durchgeknetet, wenn er Blasen wirft oder sich von der Schüssel gelöst hat.

Krume, Kruste

Siehe unter Brotkrume, Brotkruste

Mehl

Pulverförmiges Produkt, das durch intensive Zerkleinerung und Abschichten der Schale aus Getreidekörnern gewonnen wird. Je nach Ausmahlungsgrad ist es heller oder dunkler.

Mehlaufbereitung

Vorbereitung des Mehles für die Teigfertigung. Sieben, Mischen und Temperieren. Zur Teigbereitung sollte das Mehl immer Zimmertemperatur haben.

Mehltype

Seit 1934 wird die Mehltype in Deutschland nach dem tausendfachen Aschegehalt in der Trockensubstanz der Mehle angegeben. Es werden folgende Typen angeboten (siehe folgende Seite).

Sauer (Sauerteig)

Teigsäuerungsmittel aus vergärendem Roggenteig.

Schluß

Die beim Wirken von Teigstücken entstehende Naht in der Oberfläche. Der Schluß ist empfindlich gegen steigenden Druck von innen und reißt bei unsachge-

Weizen	Roggen
Type 405 (Auszugsmehl)	Type 610
Type 550	Type 815
Type 630	Type 997
Type 812	Type 1150
Type 1050	Type 1370
Type 1200	Type 1740
Type 1600	Type 1800 (Roggenschrot)
Type 1700 (Weizenschrot)	
Type 2000	

Mischmehle	
(60% Weizen, 40% Roggen)	(60% Roggen, 40% Weizen)
Type 700	Type 890
Type 1000	Type 1100
	Type 1320

mäßer Behandlung leicht auf. Bei verschiedenen Gebäcken wird dieses Aufreißen allerdings auch als Charakteristikum gefördert.

Schrot (Backschrot)

Mahlerzeugnis von mehr oder weniger grober Konsistenz, das alle Bestandteile des Korns mit Ausnahme des Keimlings und der äußeren Schale enthält. Die hohen Anteile an Eiweiß, Mineralstoffen und Vitaminen machen Schrot besonders wertvoll.

Schwaden

Wasserdampf im Ofen, der die Brotrinde noch einige Zeit elastisch hält und damit die Volumenbildung günstig beeinflußt.

Teigführung

Behandlung des Teiges, um ein optimales Backergebnis zu erreichen.

Teigling

Aufgemachtes, also fertig ausgeformtes Teigstück, das zur weiteren Gare abgesetzt wird.

Teigtemperatur

Sie ist entscheidend für ein gutes Backergebnis. Am einfachsten ist sie mit einem Backthermometer zu kontrollieren. Für die Teigarten gelten folgende Richtwerte:

Brötchen	22–26 °C
Weißbrot	24–24 °C
Mischbrote	26–28 °C
Roggenbrot	27–29 °C
Schrotbrote	28–30 °C

Wirken

Arbeitsgang beim Aufmachen des Teiges. Zu kurzes Wirken führt zu Wirkblasen.

Brot aufbewahren und einfrieren

Da Sie Ihr hausgebackenes Brot ja sicher nicht auf einmal aufessen werden, sollten Sie auch wissen, wie es richtig gelagert wird, damit es lange frisch bleibt.

Die beste Möglichkeit, Brot zu lagern, ist der Steinguttopf, den schon unsere Großmütter kannten. Mit der Schnittseite nach unten hineingelegt und mit einem Deckel oder Tuch verschlossen, sollte Ihr Brot darin bei Temperaturen zwischen +10 °C und +18 °C lagern. Brotreste und Krümel sollten immer gleich entfernt werden, da sie die Schimmelbildung fördern.

Auf keinen Fall gehört Brot in den Kühlschrank! Denn dort wird es schnell altbacken und trocken.

Das Einfrieren von selbstgebackenem Brot hingegen ist problemlos möglich. Und so wird es gemacht:

Das Gefriergut (Brot oder Brötchen) lauwarm auskühlen lassen, in einen Gefrierbeutel geben, die Luft heraussaugen, verschließen und in das Vorgefrierfach legen. Bei −40 °C etwa 3–5 Stunden gefrieren lassen und dann in ein Lagerfach umpacken.

Lagerzeit: 4–6 Monate.

Und nun zum richtigen Auftauen: Brötchen und Brote sollten immer langsam aufgetaut werden. Am besten lassen Sie sie erst 30–45 Minuten bei Zimmertemperatur antauen. Dann erst werden sie im vorgeheizten Ofen aufgebacken. Und zwar wie folgt:

▷ **Brötchen** 5–10 Minuten
(E: 225 °C, G: Stufe 5–6)
▷ **Weizenbrote** 15–20 Minuten
(E: 225 °C, G: Stufe 5–6)
▷ **Mischbrote** 30–45 Minuten
(E: 175 °C, G: Stufe 2–3)
▷ **Roggenbrote** 40–60 Minuten
(150–175 °C, G: Stufe 2)

Es kann allerdings passieren, daß die Kruste und die Krume bei aufgetautem Brot bröckelig werden.

Register

BLV Küchen-Ratgeber

Marlene Große Berg
Selbstgebackenes

Über 600 sorgfältig überprüfte Rezepte für Kuchen, Torten, Gebäck, Plätzchen, Konfekt, Waffeln, Hörnchen, Brot und Pikantes.
2. Auflage, 364 Seiten, 36 Farbfotos, 36 Zeichnungen

Isolde Bräckle
Gerichte aus dem Schnellkochtopf

Anleitungen und Rezepte für das Kochen mit Dampfdruck, für Diät-, Schlankheits- und Babykost.
6. Auflage (Neuausgabe), 207 Seiten, 11 Farbfotos

Ursula Grüninger
Das Käsebuch*

136 Käsesorten mit Angaben über Form, Aussehen, Geschmack und Verwendung und interessante Rezepte für warme, kalte, pikante und süße Käsegerichte.
214 Seiten, 26 Farbfotos

Erna Horn
Wild in der Küche

Über 400 überprüfte Rezepte – vom Auerhahn bis zum Wildschwein. Anregungen für die Zubereitung von Wildgerichten und sinnvolle Resteverwertung.
10. Auflage, 203 Seiten, 16 Farbfotos, 55 Zeichnungen

Susanne Lücke
Hausgemachtes für Küche und Keller

Konservierungsmethoden ohne chemische Zusatzstoffe und ihre Wirkungsweisen. Rezepte zu Brot, Fleisch, Milchprodukten, Gemüse, Obst, Wein, Süßigkeiten u.v.a.
2. Auflage, 207 Seiten, 16 Farbfotos, 9 Zeichnungen

Annette Sander
Vorräte selbst gemacht zu jeder Zeit

Moderne und traditionelle Vorratsbereitung und -haltung. Über 350 Rezeptvorschläge zur Verfeinerung und Abwandlung von Speisen mit eigenen Vorräten.
263 Seiten, 24 Farbfotos

Sybille Schall
Neue Kalte Küche

Sonderausgabe

Über 1000 Rezepte – vom Frühstück über das Pausenbrot, Mittagessen und einfachen Abendessen zum Kalten Buffet für Party und Feste.
387 Seiten, 36 Farbfotos, 15 Zeichnungen

Horst Scharfenberg
Das praktische Buch vom Wein*

Alles über Weinanbau, Rebsorten, Weinberge und -keller, Weinkauf, Lagerung, Weinproben und Wein in der Küche.
2. Auflage, 344 Seiten, 34 Farbfotos, 10 Zeichnungen

Hedwig Maria Stuber
Ich helf dir kochen*

Das Grundkochbuch für jeden Haushalt mit über 1600 Rezepten und Informationen über Gästebewirtung, gesunde Ernährung, Schonkost und Diät, Einkauf und einer Nährwerttabelle.
27. Auflage, 519 Seiten, 73 Farbfotos, 90 Zeichnungen

* Ausgezeichnet mit der Silbermedaille der Gastronomischen Akademie Deutschlands

---

In unserem Verlagsprogramm finden Sie Bücher zu folgenden Sachgebieten:
Garten und Zimmerpflanzen · Natur · Haus- und Heimtiere · Angeln, Jagd, Waffen · Sport und Fitness · Wandern und Alpinismus · Automobile · Bavarica · Essen und Trinken · Basteln, Handarbeiten, Werken.
Wünschen Sie Informationen, so schreiben Sie bitte eine Karte an:
BLV Verlagsgesellschaft, Postfach 40 03 20, 8000 München 40